New Flow Of General English

NEW FLOW OF GENERAL ENGLISH

Jagram Singh

KALPAZ

First Published, 2019

Published by
Kalpaz Publications
C-30, Satyawati Nagar,
Delhi – 110052
E-mail: kalpaz@hotmail.com
Ph.: 9212142040

Printed at: G. Print Process, Delhi

Cataloging in Publication Data—DK
Courtesy: D.K. Agencies (P) Ltd. <docinfo@dkagencies.com>

Singh, Jagram, author.
New flow of general English / Jagram Singh.
pages cm
ISBN 9789353240684

1. English language—Grammar. 2. English language—Textbooks for foreign speakers. 3. English language—Grammatical categories. I. Title.

LCC PE1112.S56 2019 | DDC 428.2 23

"HAPPINESS CONSISTS IN FREE AND SUCCESSFUL EXPRESSION OF ONE'S OWN PERSONALITY"

किसी व्यक्ति के व्यक्तित्व की स्वतंत्र एवं सफल अभिव्यक्ति में ही उसके जीवन का आनंद व सार्थकता निहित हैं।

Contents

Messages

This book will help the students to use and understand the language. The detailed information about the language in the form of the grammar will provide an ample guidance and practice in sentence building, correct usage of English language structures as well.

I assume so

With best wishes

Yours

Dr. Ganesh Gupta
M.A. Ph.D. English
Jiwaji university Gwalior
Post – U.D.T. Govt. Excellence
H.S.S. Kailaras
Dist. – Morena (M.P.)

I read your book. I think your book is very useful for those who want to enlarge their knowledge in English for conversation and basic grammar. I am very much impressed with your book. If I have a chance to meet you, I would meet you and share your experience to shine my life.

I am very much obliged you.

With best wishes

Yours

Jayvir Singh Jadon
M.A. English, B.Ed.
Principal Govt. Exe. School Kailaras
Distt. Morena (M.P.)

I got through this book and found it very helpful for those students who have less knowledge of English. The language of the book is very simple itself and can easily be understand by the readers without guidance of other experts. Having use of different words, sentences and meanings make it different from other grammar books.

With best wishes

Yours

Mukesh Kumar Dhakad
M.A. English, B.Ed.
Jiwaji University Gwalior
Senior Teacher (English)
Govt. H.S.S. Sujarma
Morena (M.P.)

Preface

The first edition of **"New flow of General English"** is in your hands. For preparing this book we have surveyed many students, understood their problem with English language and tried to sort them out as per the modern requirements.

Today in spite of the fact that maximum time is devoted to the teaching of English; our schools have hardly succeeded in equipping the students with ability of speaking and writing even few correct sentences of their own. English, the most fastidious language of the world, has been reduced merely to Hinglish by the unwanted admixture of Hindi & English.

This book is an endeavour to supply the students at school and college level with various constructions of Grammar and its usage in easy and idiomatic language. Covering nearly all the aspects of applied Grammar with exhaustive exercises, the book is expected to teach the scholar correct English with the exactness of mathematical formulae. A definite plan has been followed in its compilation. The book clarifies different kinds of sentence and explains how to convert a direct statement into indirect one and vice-versa. Comprehensive exercises and examination papers at the end of the chapters will give a good practice to the scholars.

Every method of 'synthesizing and transforming the sentences has been clarified with the help of up to date rules in the form of formulae. Syntax, the essence of entire grammatical portion, is the special attraction of this book. Synonyms, antonym, paronyms one word substitution and idioms and phrases from common parlance of the Indian people in different walks of life have been selected and explained with the help of easy usage. The book is fully based on the latest amended syllabus notified.

I decide to come out with the first edition, with some additions such as book language and tips for an effective communication to make it further learner friendly. I am confident, the edition of the book will be further useful to it users and all those who are using it on their journey of excellence in the area on effective communication. We hope that more advanced learners and teachers will also find it useful.

Any suggestions or feedback for further improvement of the book may please be directly sent at.

We wish to thank all who have assisted in the preparation of the first edition. We would also like to thank all colleagues for their friendly and helpful suggestions.

Jagram Singh

Golden Rules for Spoken English

'The Golden Rules of Spoken English' provides a potential learner with a handful of essential rules to practice speaking English. This write-up identifies some tried and tested rules to improve spoken English skills and explains them with examples. The list includes helpful tips for building vocabulary, individual speaking styles and confidence level. One can learn a language most effectively through a practice-based approach rather than just learning the rules. Learners can follow these points as a checklist and utilize each one of them for effective communication:

1. **When to build your vocabulary**: First focus on speaking English and listening to English with whatever vocabulary you have; once you are comfortable in speaking and understanding, then start building advanced vocabulary.
2. **The importance of grammar**: You can speak English even if you have little knowledge of grammar. Do you remember your childhood when you started speaking Hindi or your mother tongue without going to school and without learning any grammar? Moreover, there are thousands of people who never attended school and can speak their mother tongues or other languages comfortably.
3. **Do not blame your atmosphere**: If you do not want to do something, it is easy to blame your circumstances. But the fact is that you can always create your own situations. For example, if you say that you do not have any friend to speak English, you can practice before the mirror. Another example would be saying, that no one speaks English at your home watch TV and listen to people who speak English.
4. **Practice before the mirror**: When you practice speaking English with your friend, you cannot watch your confidence

level- and facial expression. But when you practice before the mirror. You can always evaluate your confidence level, observe your facial expressions and body.

5. **Using a dictionary with pronunciation**: When you start speaking English, you always fear to mispronounce words. You can overcome this fear by listening to people who speak good English and buying a dictionary with CD for pronunciation so that you can understand and copy correct pronunciation.
6. **Observe different speaking styles**: Everyone wants to develop a good style of speaking. The best way to develop this is to observe and listen to people who speak good English.
7. **Practice different tones of voice**: To develop confidence in speaking it is a best to practice speaking a single sentence in different tones, You will feel comfortable if you practice speaking in different tones, i.e., speak confidently for two minutes speak angrily for two minutes.
8. **Record yourself**: For better results, audiotape or videotape yourself. Find out what you really like in your speaking style and make it stronger: if you feel that you need to improve something in your speaking, work on that also.
9. **Speak without fear**: Last but not the least, you cannot make a good impression with a shaky voice, so always make sure you speak with confidence. Just like your favourite artist in a movie who speaks with power and authority in his/her voice, try to articulate your speech.

Chapter – 1

1. Printing Capital Letters छापे के बड़े अक्षर

A B C D E F G H I J K
L M N O P Q R S T U V
W X Y Z

2. Printing Small Letters छापे के छोटे अक्षर

a b c d e f g h i j k
l m n o p q r s t u v
w x y z

3. Writing Capital Letters लिखने के बड़े अक्षर

A B C D E F G H I J K
L M N O P Q R S T U V
W X Y Z

4. Writing Small Letters लिखने के छो़टे अक्षर

a b c d e f g h i j k

l m n o p q r s t u v

w x y z

5. Vowels स्वर

a e i o u

6. Consonant व्यंजन

b c d f g h j k l m n
p q r s t v w x y z

Chapter – 2

1. **मात्रायें स्वर Vowels**

अ आ इ ई उ
a a, aa i, e, i, ee, u ,
ऊ ए ऐ ओ औ
u, oo, a, e, ai, o, ou, au,
अं अः
an, ah

2. **व्यंजन Consonant**

क ख ग घ ङ
ka, kha, ga, gha, nga,
च छ ज झ ञ
cha, chha, ja, jha, yana,
ट ठ ड ढ ण
ta, tho, da, dha, na,
त थ द ध न
ta, tha, da, dha, na,
प फ ब भ म
pa, pha, fa, ba, bha, ma,
य र ल व श
ya, ra, la, va, wa, sha,
ष स ह क्ष त्र
sa, sa, ha, ksha, xa, tra,
ज्ञ श्र ड़ ढ़
gya shra ra, rha

3. बारह खड़ी

क	का	कि	की	कु
ka,	ka,	ki,	kee,	ku,
कू	के	कै	को	कौ
koo,	ke,	kai,	ko,	kou,kau
कं	कः			
kan,	kah			

Note:- इस प्रकार बारह खड़ी को मिलाकर लिखा जाता हैं।

4. **स्वर व्यंजन संयोग Join vowels & consonants**

ba	be	bi	bo
बा, बे	बि, बी बे,	बि बी, बाई,	बो, बॉ,
bu			
बु बू व्यू			

Note:- इस प्रकार मिलाकर लिखा जा सकता हैं।

5. **स्वर व्यंजन संयोग Join vowels & consonants**

ab,	eb,	ib,	ob,
आब, एब,	इब ईब एब,	इब ईब आब,	ओब, ऑब,
ub			
अब, ऊब, अब			

Note:- इस प्रकार गिलाकर लिखा जा सकता हैं।

Chapter – 3

1. Vowels Part

(स्वर भाग)

Rules of pronunciation

(उच्चारण के नियम)

1. "A"

Rule (i) यदि A के बाद एक या दो अक्षर हों तो A की आवाज ऐ जैसी होगी जैसे–

An ऐन, Can कैन, Hand हैण्ड, Stand स्टैण्ड, Stamp स्टैम्प,

Rule (ii) यदि A के बाद Y अथवा i हों तो A की आवाज ऐ जैसी होगी जैसे–

Pay पे, Pray प्रे, Play प्ले, Train ट्रेन, Main मेन, etc.,

2. "E"

Rule (i) यदि E शब्द के अन्त में हों तो उसकी आवाज इ जैसी होगी जैसे–

Be बि, We वि, She शि, The दि, etc.

Rule (ii) यदि EE हों तो उसका उच्चारण ई जैसा होगा जैसे–

Bee बी, See सी, Seed सीड, Sleep स्लीप, etc.,

Rule (iii) यदि E के साथ A हो तो उसकी आवाज ई जैसी होगी जैसे–

Beat बीट, Beak बीक (चोंच), Clean क्लीन, Treat ट्रीट, etc.,

Rule (iv) यदि तीन या चार अक्षरों वाले शब्द में E बीच में हो तो वह ऐ जैसी होगी जैसे–

Bed बेड, Red रेड, Pen पेन, Bell बेल, When वेहन, etc.,

Rule (v) कभी कभी शब्द के अन्त वाली E की कोई आवाज नहीं होती है जैसे–

Game गेम, Hope होप, Pipe पाईप, Tube ट्यूब, etc.,

3. "I"

Rule (i) यदि I के बाद एक या दो अक्षर हों तो उसकी आवाज इ जैसी होगी जैसे–

If इफ, Is इज, Whip व्हिप, ill इल, mill मिल, etc.

Rule (ii) यदि I के बाद दो तीन या दो से अधिक व्यंजन अक्षर हो तो I की आवाज आई जैसी होगी जैसे–

Mind माइन्ड, Wild वाइल्ड, Blind ब्लाइंड, Behind बिहाइंड, etc.,

Rule (iii) यदि I के बाद gh हो तो उसका उच्चारण भी आई की तरह ही होगा जैसे–

Fight फाइट, Night नाइट, Light लाईट, Sight साईट, etc.,

4. "O"

Rule (i) इसकी आवाज प्रायः ओ की ही भांति होती है? जैसे–
Ox, Fox, Form, For, Hog, Pox, Cock, etc.

5. "U"

Rule (i) यदि U के बाद E हो तो U की आवाज यू जैसी होती है जैसे–
Blue ब्ल्यू, Due डयू, Tissue टिस्यू, etc.

6. "Y"

Rule (i) Y को प्रायः अर्द्ध स्वर माना जाता है यदि अन्त में हो तो

Rule (ii) Y की प्रायः आवाज आई की ही भांति होती है जैसे
By बाई, Cry क्राई, Try ट्राई, Dry ड्राई etc.

Rule (iii) यदि Y शब्द के प्रारंभ में हों तो उसकी आवाज प्रायः य जैसी होती है जैसे
Yak याक, Yearn यार्न, etc.

7. "W"

Rule (i) W को प्रायः अर्द्ध स्वर माना जाता है

Rule (ii) यदि अन्त में आवे तो ओ की आवाज होती है यदि प्रारंभ में आवे तो व की आवाज होती है जैसे
Brow ब्रो, Crow क्रो, Vow बो, Bow बो, (Weak, Week, Work etc.).

2. Consonants Part
Rules of Pronunciation

1. "C"

Rule (i) यदि C के बाद E, I,Y हों तो उसका उच्चारण स की तरह होता ही कभी कभी क जैसी होती ही जैसे –
Century सेन्चुरी, Cycle साइकिल, Cinema सिनेमा,

Rule (ii) यदि C के बाद H आवे तो उसकी आवाज च जैसी होती है जैसे–
Catch कैच, Cheat चीट, Check चेक, Chemistry केमिस्ट्री, etc.,

Rule (iii) शेष सभी प्रकार के C के प्रयोगो में आवाज प्रायः क जैसी ही होती है जैसे–
Cat कैट, Care केयर, Come कम, Arithmetic एरिथमेटिक, etc.,

2. "G"

Rule (i) यदि G प्रारंभ में आवे तो उसकी आवाज ग जैसी होती है जैसे
Get गेट, Grind ग्राइन्ड, Give गिव, Ground ग्राउण्ड, etc.

Rule (ii) यदि G प्रायः शब्द के मध्य में आवे तो उसकी आवाज प्रायः ज जैसी होती है जैसे–
Age एज, Page पेज, Cage केज, Sage सेज, etc.,

Rule (iii) यदि G के बाद N हो तो G का उच्चारण नहीं होता है जैसे जैसे–

Gnash नेश (दांत किटकिटाना), Gnarl नार्ल (गरजना), Gnaw ना (कुतरना) etc.,

3. "K"

Rule (i) यदि K के बाद N हो तो K का उच्चारण नहीं होता है जैसे – Knife नाइफ, Knee नी, Know नो, Kneed नीड, etc.

4. "L"

Rule (i) यदि L के पहले A हो तो L नही बोला जाता है जैसे – Walk वाक, Talk टाक, Palm पाम (ताड़ का पेड़), Alm आम (भिक्षा), etc.

5. "S"

Rule (i) यदि किसी शब्द के अन्त में be, g, gg, ge, ie, oe, ve, y आदि हो और उनके बाद S हो तो S की आवाज ज जैसी होती है जैसे –

Tribes ट्राइब्स, Bags बैग्ज, Eggs एग्ज, Pages पेजेज, Babies बेबीज, Leaves लीब्ज, Goes गोज, Boys बॉयज etc.

Rule (ii) यदि S के बाद I हो तो S की आवाज श जैसी होती है जैसे – Asia एशिया, Pension पेंशन, etc.

6. "T"

Rule (i) यदि T के बाद ion आवे तो T की आवाज श जैसी होती है जैसे – Education एजूकेशन, Station स्टेशन, etc.

Rule (ii) यदि S के बाद tion अथवा T से पहले S तथा T के बाद ion आवे और T के बाद U आवे तो T की आवाज च जैसी होती है जैसे –

Question क्वेश्चन, Culture कल्चर, Pasture पाश्चर, etc.

Rule (iii) यदि T के बाद H आवे और T की आवाज कभी द तथा कभी थ जैसी होती है जैसे –

This दिस, There देअर, Thin थिन, Three थ्री, etc.

7. "Join Sounds"

Rule (i) यदि Ck साथ साथ आवें तो आवाज क जैसी होगी जैसे –
Cock कोक, Rock रोक, etc.

Rule (ii) यदि C के बाद A, O, U, आवे तो C की आवाज क जैसी होती है जैसे –
Cat, Come, Cut etc.

Rule (iii) यदि C शब्द के मध्य हो तो आवाज स जैसी होती है जैसे –
Price प्राइस, Voice वाइस, etc.

Rule (iv) यदि शब्द के अन्त में pe, p, te, fu आदि हो और उसके बाद S हो तो उसकी आवाज स जैसी होती है जैसे –
Tops टोप्स, Pipes पाइप्स, Blates ब्लेट्स, Status स्टेट्स, etc.

Rule (v) कई शब्दो में S श की आवाज देती है जैसे –
Russia रशिया, Accasia अकेशिया, etc.

Rule (vi) कभी कभी cia, cea, tion से श की आवाज होती है जैसे –
Action एक्शन, Special स्पेशियल, Ocean ओशन, etc.

Rule (vii) यदि H के पहले W आवे तो W नहीं बोला जाता है जैसे –
Who हू, whom हूम, etc.

Rule (viii) Wh के इकट्ठे अक्षर की आवाज देते है जैसे –
What व्हाट, When व्हेन, Where व्हेअर, Which व्हिच, etc.

8. "Silent words"

1.	B	Debt	डेट	–	ऋण
2.	C	Scent	सेन्ट	–	गंन्ध
3.	D	Budget	बजट	–	बजट
4.	E	Name	नेम	–	नाम
5.	G	Resign	रिजाइन	–	त्याग देना
6.	Gh	Plough	प्लाउ	–	हल
7.	H	Honour	ऑनर	–	प्रतिष्ठा
8.	K	Know	नो	–	जानना
9.	L	Palm	पाम	–	हथेली
10.	M	Nomenie	नोमनी	–	स्मृतिसहाय

11.	N	Column	कॉलम	–	स्तंभ
12.	P	Psychology	साइकालोजी	–	मनोविज्ञान
13.	S	Isle	आइल	–	द्वीप
14.	T	Batch	बैच	–	दल
15.	Th	Isthmus	इसमस	–	स्थल डमरमहाय
16.	U	Unique	यूनीक	–	अद्वितीय
17.	W	Wrap	रैप	–	लपेटना

Chapter – 4

1. Number (वचन)

Number is the form of nouns, which shows whether on things is meant for more than one.

Kinds:-

1. Singular Number एकवचन
2. Plural Number बहुवचन

1. Singular Number एकवचनः– जो शब्द एक का बोध कराये वे Singular Number कहलाते है जैसे Boy, Bag, Cow, Pen, Hen etc.,

2. Plural Number बहुवचनः– जो शब्द एक से अधिक का बोध कराये वे Plural Number कहलाते है जैसे Boys, Bags, Cows, Pens, Hens etc.,

Important Rules

Rule (i) यदि शब्द के अन्त में Y हो और Y से पहले का अक्षर व्यंजन का हो तो Y को I में बदल कर लिख देते है और अन्त में es जोड़ देते है जैसेः–

Baby - Babies, Lady - Ladies etc,

Rule (ii) यदि शब्द के अन्त में Y हो और Y से पहले का एक अक्षर स्वर का हो तो Y को I में नहीं बदलते है केवल S जोड़ देते है जैसेः–

Boy - Boys, Toy – Toys, Day – Days etc,

Rule (iii) यदि शब्द में F हो तो F को V में बदल देते है और अन्त में यदि F के बाद E हो तो केवल S तथा यदि E न हों तो केवल es जोड़ देते है जैसेः–

Life–Lives, Knife – Knives, Leaf – Leaves, Calf – Calves etc.,

Rule (iv) यदि शब्द में oo हो और उसका हिन्दी उच्चारण दीर्घ स्वर (ऊ) में हो तो oo को ee में बदल कर लिखते है और s/es को नहीं जोड़ते है जैसेः–

Goose – Geese, Food – Feed, Foot – Feet, etc.,

Rule (v) यदि शब्द में oo हो और उसका हिन्दी उच्चारण लघु स्वर (उ) में हो तो oo को जैसा का तैसा लिखा रहने देते है। अन्त में S जोड देते है जैसेः–

Book – Books, Hook – Hooks, Look – Looks, etc.,

Rule (vi) यदि शब्द के अन्त में o, s, ss, ch, sh, th, x, z आदि आये तो आवश्यक रुप से es जोड़ दी जाती हैं जैसेः–

Go – Goes, Do – Does, Gas – Gases, Class – Classes, Pass – Passes, Catch – Catches, Match – Matches, Wash – Washes, Push – Pushes, Cloth – Clothes, Bath – Bathes, Box – Boxes, Fox – Foxes, Pox – Poxes, Topaz – Topazes, etc.,

Rule (vii) साधारणतया संज्ञा शब्दों में S लगा देते हैं जैसेः–

Bag - Bags, Cat – Cats, Dog – Dogs, Fan – Fans, etc.,

Rule (viii) कुछ संज्ञा शब्दों का भीतरी स्वर बदल देते हैं जैसेः–

Mouse - Mice, Man – Men, Foot – Feet, etc.,

Rule (ix) कुछ संज्ञा शब्द ऐसे भी होते हैं जिनका एक सा ही रूप रहता है। जैसेः–

Deer, Dozen, Pice, Sheep, Fish, News, Arms, Ashes, Wages, Goods, Physics, Politics, Scissors, etc.,

Rule (x) संज्ञा शब्दों को एकवचन से बहुवचन बनाने के लिए s/es का प्रयोग किया जाता है।

Rule (xi) क्रिया शब्द को बहुवचन से एकवचन बनाने के लिए s/es का प्रयोग किया जाता है।

2. Articles (अग्रशब्द)

अग्रशब्द का प्रयोग भाषा को अधिक सुन्दर बनाने के लिए किया जाता है। A, an और The नामक तीन शब्दों को अग्रशब्द कहते हैं।

Kinds प्रकार

1. Indefinite Article
2. Definite Article

1. Indefinite Article

अनिश्चित अग्रशब्द ये अनिश्चित व्यक्ति या वस्तु के लिए प्रयोग किए जाते हैं।

1. A का प्रयोग

Rule (i) जब किसी शब्द का पहला अक्षर व्यंजन हो और शब्द एक व्यक्ति या वस्तु को प्रकट करे तो A का प्रयोग किया जाता है। जैसेः–

A Boy, a house, a cow, a bird, a penel etc.,

Rule (ii) कभी कभी स्वर से शुरु होने वाले शब्द उच्चारण में व्यंजन ध्वनि प्रकट करें तो A का प्रयोग किया जाता है। जैसेः–

A European, a university, a uniform, a one rupee note etc.,

Note:- जब U का उच्चारण 'यू' तथा O का उच्चारण 'व' हो तब 'A' का प्रयोग किया जाता है।

Rule (iii) निश्चित संख्याओं के पूर्व 'A' का प्रयोग होता है। जैसेः–

a dozen, a scare, a hundred, a thousand etc.,

Rule (iv) वस्तुओं की दर अनुपात सूचित करने के लिए वाक्यांश (Phrases) में 'A' का प्रयोग किया जाता है। जैसेः–

A 20 paise, a kilo, Rs/- 2, a metre, Four times a day etc.,

Rule (v) कुछ शब्दों जैसेः–

Many, quite, such के बाद सदैव A का प्रयोग किया जाता है।

जैसेः– many a flower, quite a rustam, such a beautiful, etc.,

2. An का प्रयोग

Rule (i) जिन शब्दों का पहला अक्षर स्वर का हो और उसके उच्चारण में भी स्वर की ही ध्वनि निकले तो An का प्रयोग किया जाता है साथ ही शब्द एकवचन का भी हो जैसे

An apple, an eye, an inkpot, an orange, an umbrella etc.,

Rule (ii) यदि किसी शब्द में पहला अक्षर H हो और H के बाद O हो तो H छिप जाता है। उस अवस्था में O पहला अक्षर हो जाता है। तब An का प्रयोग किया जाता है। जैसेः–

An hour, an honest man, an honorable boy etc.,

Rule (iii) यदि किसी शब्द का पहला अक्षर व्यंजन का हो और उच्चारण स्वर ध्वनि से प्रकट हो तब उस अवस्था में An का प्रयोग किया जाता है। जैसेः–

An M.A, An M.D, An M.B.B.S, An MLA etc.

2. Definite Article

यह किसी विशेष या निश्चित व्यक्ति या वस्तु के लिए निश्चित अग्रशब्द के लिए प्रयोग किया जाता है।

Rule (i) The का प्रयोग एकवचन तथा बहुवचन दोनों संज्ञा शब्दों के साथ किया जाता है।

Rule (ii) The का प्रयोग खाड़ियों, नदियों, पर्वतों, समुद्रों, देशों, नहरों, ऋतुओं, भौगोलिक नामों, प्रसिद्ध पुस्तकों, अपने ढंग की अनोखी वस्तुओं, इमारतों समाचार पत्रों, जहाजों के साथ किया जाता है। जैसेः–The Bay of Bengal, The ganga, The Himalayas, The sea, The china, The canal, The weather, The high lands, The Ramayan, The Sun – moon – slay, The Taj Mahal, The Hindustan Times, etc.,

Rule (iii) सभी बहुवचन शब्दों के साथ The का प्रयोग किया जाता है जैसे–The boys, The bags, The boxes, The balls, etc.,

Rule (iv) यदि व्यक्ति या वस्तुएं दो या अधिक हो तो अग्रशब्द बार बार लगाया जाता है। और यदि एक ही व्यक्ति या वस्तु का बोध हो तो एक बार लगाया जाता है जैसेः– 1. He has a black & white dog. 2. I saw the secretary and manager.

3. Gender (लिंग)

Gender is the form of nouns which shows whether the thing named is male, female and lifeless.

1. Masculine Gender (पुल्लिंग)

जिन शब्दों से किसी नर प्राणी का बोध हो तो उसे पुल्लिंग कहते है जैसे –Man, Boy, Horse, Dog, King etc.,

2. Feminine Gender (स्त्रीलिंग)

जिन शब्दों से किसी मादा प्राणी का बोध हो तो उसे स्त्रीलिंग कहते है जैसे–Women, Girl, Mare, Bitch, Queen etc.,

3. Neuter Gender (नपुंसक लिंग)

नपुंसक लिंग जिन शब्दों से छोटे छोटे जीवधारियों अथवा प्राणहीन वस्तुओं का बोध हो तो उसे नपुसंक लिंग कहलाते है जैसे –Book, insect, mountain etc.,

4. Common Gender (उभयलिंग)

उभयलिंग जिन शब्दों से नर और मादा दोनों प्राणियों का संयुक्त बोध हो तो उसे उभयलिंग कहलाते है जैसे– Servant, Friend, child, Student, Doctor, Teacher etc.,

5. Person पुरुष:-

Kinds- प्रकार

1. First Person – उत्तम पुरुष

1. Singular Number –I, 2. Plural Number – We

2. Second Person – मध्यम पुरुष

1. Singular Number –Thou, 2. Plural Number – You

3. Third Person – अन्य पुरुष

1. **Singular Number** –He, She, It, Ram, Sita, Boy, Girl etc., **2. Plural Number** – They, Boys, Girls, Cats, Dogs, etc.,

Chapter – 5

5. Case (कारक)

संज्ञा या सर्वनाम के वे रूप जो वाक्य में अपना स्थान बतलाते है। कारक कहलाते है।

1. Nominative Case (कर्त्ता कारक)

A noun naming the does of same action is in the nominative case.

कर्त्ता कारक काम के करने वाले को कहते है।

2. Objective Case (कर्म कारक)

A noun naming the objective of same is in the objective case.

काम का असर जिस संज्ञा या सर्वनाम पर पड़े उसे कर्म कारक कहते है।

3. Possessive Case (संबंध कारक)

A thing naming the possession of same thing is in the possessive case.

जब कोई संज्ञा शब्द किसी दूसरे संज्ञा शब्द से संबंध प्रकट करता है। तब उसे संबंध कारक कहते है।

Case Chart कारक सारणी

Person पुरुष	*Gender* लिंग	*Number* वचन	*Nominative Case*	*Objective Case*	*Possessive Case Double*
I. Person	Masculine + Feminine	Singular	I	Me	My/Mine
		Plural	We	Us	Our/ Ours
II. Person	Masculine + Feminine	Singular	You	You	Your/Yours
		Plural	Thou	Thine	Thy
III. Person	Masculine	Singular	He	Him	His
	Feminine	Singular	She	Her	Her/ Hers
	Neuter	Singular	It	It	Its
	Common	Plural	They	Them	Their/Theirs

Important Rules

Sl. No.	*Person*	*Subject Nominative Form*	*अपना/अपनी के लिए*	*स्वयं के लिए*
1.	First Person	I मैं	My मेरा/मेरी	Myself मैं स्वयं
2.		We हम	Our हमारा/हमारा	Ourselves हम स्वयं
1.	Second Person	You तुम	Yours तुम्हारा/तुम्हारी	Yourself/yourselves तुम स्वयं
2.		Thou तुम	Thy तेरा/तेरी	Thyself तु स्वयं
1.	Third Person पुरुष	He वह (पुलिंग)	His अपना/अपना	Himself वह स्वयं
2.		She वह (स्त्री)	Her अपना/अपना	Herself वह स्वयं
3.		It वह (नपुसंक)	Its अपना/अपना	Itself वह स्वयं
4.		Ram राम	His अपना/अपना	Himself राम स्वयं
5.		Boy लड़का	His अपना/अपना	Himself लड़का स्वयं
6.		Sita सीता	Her अपना/अपना	Herself सीता स्वयं
7.		Girl लड़की	Her अपना/अपना	Herself लड़की स्वयं
8.		They वे	Their अपना/अपना	Themselves वे स्वयं
9.		Boys लड़के	Their अपना/अपना	Themselves वे स्वयं
10.		Girls लड़कियाँ	Her अपना/अपना	Themselves वे स्वयं
	अन्य	Dogs कुत्ते	Its/Their अपना/अपना	Itself/Themselves
		Birds चिड़िया	Its/Their अपना/अपना	Itself/Themselves
		Dog कुत्ता	Its/him अपना/अपना	Itself/himself
		Bird चिड़िया	Its/her अपना/अपना	Itself/herself

6. Mood (ढंग)

किसी बात के कहने के ढंग को Mood कहते है।

Kinds प्रकार

1. Indicative Mood (सूचक भाव दशा)

उन वाक्यों की क्रिया को Indicative Mood सूचक भाव दशा जिसमें किसी वास्तविक घटना का वर्णन किया जाये। और किसी प्रश्न के पूछने में किया जाये जैसे:–

1. He works in the night.
2. He has not found his work.
3. Have you passed?
4. Where do you live?

2. Subjective Mood (कर्त्तव्यीय भाव दशा)

उन वाक्यों की क्रिया को Subjective Mood कर्तव्यदीय भावदशा जिसमें किसी काम के होने में शर्त लगी होती है:–

पहचान:– यह प्राय: If, Though, Although, Till, Until, Era, Lest आदि शब्दों द्वारा जाना जाता है।

3. Imperative Mood (आज्ञार्थ भाव दशा)

यह क्रिया का वह रूप है जिसके द्वारा कोई आज्ञा, अनुरोध, प्रार्थना, उपदेश, सलाह का बोध हो जैसे:–

1. Give us this
2. Take care etc.

4. Infinitive Mood (क्रियार्थक भाव दशा)

यह क्रिया का सामान्य रूप है जिसमें To उसके पहले लगा होता है और जिसका कोई वचन, पुरुष या कर्त्ता नहीं होता हो जैसे –

To let, to sleep, to weep, to walk, etc.,

Chapter – 6

(1)

1. Word (शब्द)

A letter or a group of letters which has some meaning is called word. एक या एक से अधिक अक्षरों से मिलकर शब्द बनता है जिससे किसी व्यक्ति वस्तु, गुण आदि का ज्ञान हो जैसेः–

Go, Play, Walk, People, Fan, Village etc.,

2. Sentence (वाक्य)

Sentence is a word or a group of words which has some meaning. वाक्य शब्दो का वह समूह है जो पूर्ण अर्थ देता हो जैसेः–

1. He plays football
2. Who is there ?
3. Come to me.
4. Ram looks me.

3. Phrase (वाक्यांश)

दो या दो से अधिक शब्दों का वह समूह जिसका कुछ अर्थ निकलता हो, परन्तु उससे पूरी बात की जानकारी नहीं होती है वाक्यांश कहलाता है जैसेः–

1. The book is on the table
2. The sun rises in the east etc.,

4. Clause (उपवाक्य)

उपवाक्य शब्दों का वह समूह है जिसमें एक Subject और Predicate होता है जैसेः– You cannot go unless I come

5. Syllables (शब्द खण्ड / हिज्जे)

शब्द के उस भाग को जो एक बार में बोला जाता है शब्द खण्ड कहते है।

Note: प्रत्येक Syllable में एक स्वर होना आवश्यक है बिना स्वर के syllable नही बन सकता है। जैसेः–

1. Man, 2. Bar-ber, 3. won-der-ful, 4. De-co-ra-tion, etc.,

(2)

1. Subject कर्त्ता

कार्य के करने वाले को कर्त्ता कहते है।

पहिचानः– क्रिया के पहले कौन लगाकर प्रश्न करने से यह आता है जैसेः–

रामू खाना खाता है।

प्र० कौन खाता है?

उ० रामू (कर्त्ता)

2. Object कर्म

कार्य का प्रभाव जिस संज्ञा या सर्वनाम पर पड़े उसे कर्म कहते है।

पहिचानः– क्रिया के पहले क्या, कहां, किसको लगाकर प्रश्न करने से यह आता है

1. क्याः– इसका प्रयोग उस समय करते है जब वाक्य का कर्म वस्तु का बोध कराता हो अर्थात वस्तु से संबंधित है जैसेः–

राम खाना खाता है।

प्र० क्या खाता है?

उ० खाना (कर्म)

2. कहांः– इसका प्रयोग उस समय करते है जब वाक्य का कर्म स्थान से संबंधित है जैसेः–

तुम स्कूल जाते हो।

प्र० कहां जाते हो?

उ० स्कूल (कर्म)

3. किसको:–इसका प्रयोग क्रिया के पहले उस समय किया जाता है जब वाक्य का कर्म किसी जीव/प्राणी/व्यक्ति विशेष से संबंधित है जैसे:–

राम शेर मारता है।
प्र० किसको मारता है?
उ० शेर (कर्म)

3. Verb क्रिया

A verb is the word that says something.

पहचान– जिसमें करने या होने का बोध हो अथवा इसकी पहचान ना लगाने से होती है। जैसे जाना, रोना, दौड़ना, लिखना आदि।

Kinds

1. Transitive Verb

सकर्मक क्रिया वह क्रिया शब्द है जिसका कि कोई कर्म हो जैसे:–

1. He was writing a letter
2. You have gone to home.

2. Intransitive Verb

अकर्मक क्रिया वह क्रिया शब्द है जिसका कि कोई कर्म न हो जैसे –

1. He is weeping
2. You have gone

Main Verb मुख्य क्रिया

मुख्य क्रिया वह है जो वाक्यों में कुछ अर्थ रखती है जैसे –
You laugh, I come, They love etc.,

Helping Verb सहायक क्रिया

सहायक क्रिया वह है जो वाक्य मैं स्वय का अर्थ न रखती है जैसे –

1. He does not go,
2. They did not laugh
3. I have gone
4. Other words अन्य शब्द

वाक्य में कर्त्ता कर्म क्रिया को छोड़ कर जो शब्द शेष बचें वे अन्य शब्द कहलाते है। जैसेः–

राम ने तीर से रावण को मारा

कर्त्ता – राम

क्रिया - मारा

कर्म – रावण

अन्य शब्द – तीर से etc.,

Forms of some verbs कुछ क्रियाओं के रुप

Sl. No.	*Present Tense I*	*Hindi*	*Past Tense II*	*Past Participle III*
1.	Go	गो – जाना	Went	Gone
2.	Come	कम – आना	Came	Come
3.	Sleep	स्लीप – सोना	Slept	Slept
4.	Weep	वीप – रोना	Wept	Wept
5.	Sweep	स्वीप –झाड़ना	Swept	Swept
6.	Wipe	वाइप –पौंछना	Wiped	Wiped
7.	Love	लव – प्यार करना	Loved	Loved
8.	Like	लाईक – पसंद करना	Liked	Liked
9.	Sing	सिंग – गाना	Sung	Sung
10.	Read	रीड – पढ़ना	Read	Read
11.	Teach	टीच – पढ़ाना	Taught	Taught
12.	Bring	ब्रिंग – लाना	Brought	Brought
13.	Buy	बाई – खरीदना	Bought	Bought
14.	Sell	सेल – बेचना	Sold	Sold
15.	Tell	टेल – कहना	Told	Told
16.	Say	से – कहना	Said	Said
17.	Ask	आस्क – पूछना	Asked	Asked
18.	Fly	फ्लाई – उड़ना	Flew	Flew
19.	Play	प्लाये – खेलना	Played	Played
20.	Do	डू – करना	Did	Done
21.	Dig	डिग – खोदना	Dag	Dug
22.	Run	रन – दौड़ना	Ran	Run
23.	Swim	स्विम – तैरना	Swam	Swum
24.	Eat	ईट – खाना	Ate	Eaten
25.	Drink	ड्रिंक – पीना	Drank	Drunk
26.	See	सी – देखना	Saw	Seen
27.	Cook	कुक – पकाना	Cooked	Cooked
28.	Help	हेल्प – मदद करना सहायता करना	Helped	Helped

Chapter – 7

Parts of Speech (शब्द विभाग / शब्द समूह)

1. Noun सज्ञा

Noun is the name of a person place or thing.

Kinds प्रकार

1. Proper Noun – व्यक्तिवाचक संज्ञा

   As - Ramesh, Bhind, Gita, etc.,

2. Common Noun – जातिवाचक संज्ञा

   As - Boy, Women, Road, Dog, Book, etc.,

3. Abstract Noun – भाववाचक संज्ञा

   As - Friendship, Goodness, Madness, Service, etc.,

4. Material Noun – धातुवाचक संज्ञा

   As - Gold, Iron, etc.,

5. Collective Noun – समूहवाचक संज्ञा

   As - Class, Army, Bunch, etc.,

2. Pronoun सर्वनाम

Pronoun is a word used in place of a noun

As – I, we, you, they, he she, it, etc.,

3. Adjective विशेषण

An Adjective is a word used to qualify a noun or a pronoun

As – Black, Good, White, Tall, Some, Great, One, All, Each, Every, German, Indian, This, That, These, Those, Which, Whose, What, My, Your, His, Own, Very, etc.,

4. Verb क्रिया

A verb is a word that says something.
Agree, awake, give, make, etc.,
Intransitive – Arise Breathe, Go, fly, etc.,

5. Adverb क्रिया विशेषण

An Adverb is a word which modifies or qualifies the verb, adverb , adjective and other words except noun or pronoun. As- Soon, seldom, now, here, there, slowly, loudly, always, sometimes, twice, any, almost, much, thus, so, yes, not not at all, etc.,

6. Preposition सम्बन्धबोधक

A Preposition is a word which comes before noun or pronoun to connect it with other words.

1. **Single Preposition - एकांकी संबंधबोधक**

As – at, after, by, down, from, for, in, of, off, on, out, over, since, to, till, through, up, under, with, etc.,

2. **Compund Prepositions – सयुक्त संबंधबोधक**

1. Behind = By + hind = पीछे
2. Before = By + fore = पहले
3. Beneath = By + neath = नीचे
4. Across = On + cross = पार
5. Along = On + long = साथ, किनारे
6. Amidst = On + middle = मध्यम में
7. Between = By + twain = मध्यम में
8. Beyond = By + yonder = परे
9. About = On + By + out = बारे में
10. Above = On + By + up = ऊपर

3. **Double Prepositions – दोहरे संबंधबोधक**

1. Into = In + to = अन्दर में (गति में)
2. Upon = Up + on = ऊपर में (गति में)
3. From off = from + off = से (अलग)
4. Fromamong = From + among = से (मध्य में)
5. Fromunder = From + under = से (नीचे)

6. Fromabove = from + above = से (ऊपर)
7. Within = With + in = अन्दर (समय के लिए)
8. Without = With + out = के बिना

4. Phrase Preposition – वाक्यांश संबंधबोधक

1. According to = अनुसार
2. Along with = साथ
3. Because of = कारण
4. By mean of = द्वारा
5. By virtue of = के गुण से
6. By way of = के द्वारा
7. For the sake of = लिए
8. Inspite of = के बजाय
9. In place of = के स्थान पर
10. In favour of = के पक्ष में
11. In addition to = के अतिरिक्त
12. In accordance with = के सन्दर्भ में
13. In Honour of = के सम्मान में
14. In regard to = के आदर से
15. In view of = के दृष्टिकोण से
16. In order to = के लिए
17. On account of = के कारण
18. With reference to = के सन्दर्भ में etc.,

5. Disguised Preposition – रूप परिवर्तित संबंधबोधक

1. A = on
   He went a hunting. or
   He went on hunting
2. o = of
   It is five 'o' clock
   It is ten 'o' clock
   It is 3 'o' clock
   It is nine 'o' clock
   It is 12 'o' clock etc.,

Important + Rules of Preposition

1. At = (में) (पर) – इसका प्रयोग छोटे स्थानों तथा निश्चित समय के लिए किया जाता है।
2. In = (में) – इसका प्रयोग बड़े स्थानों तथा समय कि निश्चित अवधि के लिए किया जाता है।
3. Into = (में) – इसका प्रयोग गतिशील वस्तुओं में किया जाता है।
4. Within = (में, अन्दर) – इसका प्रयोग अवधि समाप्त हाने से पहले किया जाता है।
5. On = (पर, ऊपर) – इसका प्रयोग जहां छूने का भाव प्रकट हो वहां किया जाता है।
6. Upon = (पर, ऊपर) – इसका प्रयोग गतिशील वस्तुओं के लिए विलग होने में होता है।
7. Over = (पर, ऊपर) –जब वस्तु दुसरे के ऊपर होते हुए भी उससे संपर्क नहीं रखती हो तब करते है।
8. Above = (पर, ऊपर) – इसका प्रयोग उच्चता एवं श्रेष्ठता बताने के लिए किया जाता है।
9. Under = (नीचे अधीन) – इसका प्रयोग गति या स्थिरता दोनों के लिए किया जाता है।
10. Below = (नीचे की ओर / न्यून) – इसका प्रयोग नीचे की ओर या न्यून के लिए किया जाता है।
11. For = (से) – इसका प्रयोग अनिश्चित समय के लिए किया जाता है।
12. Since = (से) – इसका प्रयोग निश्चित समय के लिए किया जाता है।
13. To = (को) – इसका प्रयोग ओर जाने या संबंध के लिए, किया जाता है।
14. From = (से अलग) – इसका प्रयोग अलग होने के लिए किया जाता है।
15. With = (से साथ) – इसका प्रयोग जिससे काम हुआ हो के लिए किया जाता है।
16. By = (तक पास द्वारा) – इसका प्रयोग जिसने काम किया हो उसके लिए किया जाता है।

17. Of = (का, से) – इसका प्रयोग किसी प्रकार का संबंध बताने के लिए किया जाता है।
18. Beyond = (दूसरी ओर, सीमा के परे) – इसका प्रयोग इसी अर्थ के लिए किया जाता है।
19. Against = (विरुद्ध, सहारे) – इसका प्रयोग किसी प्रकार के विरोध के लिए किया जाता है।
20. Between = (बीच में) – इसका प्रयोग दो के लिए किया जाता है।
21. Among = (बीच में) – इसका प्रयोग दो से अधिक के लिए किया जाता है।
22. Beside = (निकट है) – इसका प्रयोग इसी के अर्थ लिए किया जाता है।
23. Besides = (अतिरिक्त) – इसका प्रयोग इसी अर्थ के लिए इसका किया जाता है।
24. Beneath = (नीचे) – इसका प्रयोग इसी अर्थ के लिए किया जाता है।
25. Behind = (पीछे) – इसका प्रयोग इसी अर्थ के लिए किया जाता है।
26. Across = (आर–पारं) – इसका प्रयोग इसी अर्थ के लिए किया जाता है।
27. About = (बारे में) – इसका प्रयोग निकटता प्रकट करने के लिए किया जाता है।
28. Through = (से होकर, के कारण) – इसका प्रयोग इसी अर्थ के लिए इसका किया जाता है।
29. After = (बाद) – इसका प्रयोग अनुक्रम, उद्देश्य, खोज, समानता तथा अन्य भाव बताने के लिए होता है।

7. Conjunction – संयोजक / समुच्चय

A conjuction joins the words and sentences.

1. Cumulative conjunction - योगसूचक / समुच्चबोधक संयोजक

As – and, and-too, both-and, not only – but also, as well as etc.,

2. Adversative conjunction – विरोधात्मक संयोजक

As – but, yet, only, while, except, whereas, however, till, neverthe less (neverthless)

3. Alternative Conjunctions – चयनसूचक / विकल्पसूचक संयोजक

As – or, otherwise, either – or, neither – nor, else, etc.,

4. Ellative Conjunctions – परिणाम संयोजक

As – for, so, thus, hence, therefore, etc.,

5. Interjection Conjunctions – विस्मयादि बोधक संयोजक

An interjection is a word which express some sudden feeling.

I. Oh ! ओह
II. Look ! देखो
III. Hello ! कहिए
IV. Alas ! हाय
V. Bravo ! शाबाश
VI. Hurrah ! वाह वाह
VII. Aha ! अहा
VIII. Hush ! चुप रहो
IX. Pooh ! छि छि
X. Good heaven ! भला
XI. O dear ! प्रिय
XII. Shame / Fie ! शर्म शर्म
XIII. Good bye ! विदायी नमस्ते
XIV. Welldone ! शाबाश
XV. What ! क्या
XVI. Ah ! अरे
XVII. Alas ! हाय
XVIII. Tut tut ! थू थू
XIX. Piss ! छिछि / थूथू
XX. Good Gracious ! ईश्वर करे
XXI. How ! कैसे
XXII. Hark ! जरा सुनो तो

1. Joy – आनन्द (Delight)

(i) Hurrah ! वाह वाह
(ii) Ha ! Ha !
(iii) Hurra ! वाह वाह
(iv) Hurray ! वाह वाह
(v) Oho ! वाह

2. Grief – दुख (sorrow)

(i) Alas ! हाय, अफसोस
(ii) Alack ! हाय
(iii) Ah ! हाय, छी: अरे
(iv) Oh ! ओह
(v) O ! ओह

3. Approval – अनुमोदन

(i) Bravo ! शाबाश
(ii) Welldone ! शाबाश
(iii) Hip Hip ! जय हो
(iv) O dear ! प्रिय

4. Contemt – घृणा / निंदा / उपेक्षा

(i) Tut Tue ! थू थू
(ii) Phool ! छि: छि:
(iii) Piss ! थू थू / छि: छि:
(iv) Pooh ! ऊंह
(v) Shame/Fie ! शर्म शर्म

5. Surprise – आश्चर्य

(i) Aha ! अहा
(ii) Indeed ! सचमुच
(iii) What ! क्या
(iv) How ! कैसे
(v) Good gracious ! भला
(vi) Good Heavens ! ईश्वर करे
(vii) oh ! ओह
(viii) Look ! देखो

Chapter - 8

8. Active Voice
कर्त्तृ वाच्य

Tense (काल)

कोई कार्य किस समय सम्पन्न हुआ यह दर्शाने के लिए क्रिया के रुप में जो परिवर्तन किया जाता है उसे काल कहते है।

"प्रजेन्ट, पास्ट, फ्यूचर सुखदाई।
तीन काल होते हैं भाई।।"

1. Kinds of Present Tense Sub - Departments
(वर्तमान काल के भेद / प्रकार / उपविभाग)

1. Present Indefinite Tense - अनिश्चित वर्तमान काल
   Present Simple Tense – सामान्य वर्तमान काल
2. Present Continuous Tense – निरन्तर / सहत वर्तमान काल
   Present Imperfect Tense – अपूर्ण वर्तमान काल
   Present Progressive Tense – प्रगतिवादी वर्तमान काल
3. Present Perfect Tense – पूर्ण वर्तमान काल
4. Present Perfect continuous Tense – पूर्ण अपूर्ण / निरन्तर वर्तमान काल

2. Kinds of Past Tense Sub - Dapartments
(भूतकाल के भेद / प्रकार / उपविभाग)

1. Past Indefinite/Simple Tense - अनिश्चित / सामान्य भूतकाल
2. Past Continuous/Imperfect/Progressive Tense / निरन्तर / अपूर्ण / प्रगतिवादी भूतकाल।

3. Past Perfect Tense / पूर्ण भूतकाल
4. Past Perfect Continuous Tense / पूर्ण अपूर्ण भूतकाल

3. Kinds of Future Tense Sub Departments
भविष्यत् काल के उपविभाग / प्रकार

1. Future Indefinite Tense – अनिश्चित भविष्यत् काल
2. Future Continuous Tense – निरन्तर भविष्यत् काल
3. Future Perfect Tense – पूर्ण भविष्यत् काल
4. Future Perfect Continuous Tense – पूर्ण अपूर्ण भविष्यत् काल

नोटः– Present Tense की ही तरह Past तथा Future Tense के भी उपविभाग है।

1. Present Indefinite Tense अनिश्चित वर्तमान काल
or
Present Simple Tense सामान्य वर्तमान काल

पहिचानः– जिन हिन्दी वाक्यों के अन्त में ता है, ती है, ता है, ते हो, ते हैं आदि आवें तो वहां पर सामान्य वर्तमान काल होता है।

1. Positive Sentences साधारण वाक्य
or
Affirmative Sentences स्वीकारात्मक वाक्य

नियमः– कर्त्ता + क्रिया की प्रथम अवस्था + कर्म + अन्य शब्द

निर्देश 1:– अन्य पुरुष एक वचन कर्त्ता जैसे He, She, It, Ram, Sita, Boy, Girl, etc., के साथ किया मे s/ es को जोड़ दिया जाता है।

निर्देश 2:– उत्तम पुरुष / मध्यम पुरूष तथा अन्य पुरुष बहुवचन कर्त्ताओं जैसे I, We, You, They, Boys, Girls, etc., के साथ किया मे s/es को नहीं जोड़ा जाता है।

Examples:–

1. राम किताब पढ़ता है।
   Ram reads the book
2. हम घर जाते हैं।
   We go to home.

2. Negative Sentences निषेधात्मक/नकारात्मक वाक्य

नियमः– कर्त्ता + do not / does not +क्रिया की प्रथम अवस्था + कर्म + अन्य शब्द

निर्देश 1:– Does not का प्रयोग He, She, It, Ram, Sita, Boy, Girl, etc., अर्थात सभी अन्य पुरुष एक वचन कर्त्ताओं के साथ किया जाता है।

निर्देश 2:– Do not का प्रयोग I, We, You, They, Boys, girls, etc., अर्थात सभी बहुवचन कर्त्ताओं के साथ किया जाता है।

Examples:–

1. मैं दूध नहीं पीता हूँ।
   I do not drink the milk
2. वह गांव नहीं जाती है।
   She does not go to village.

3. Interrogative Sentences प्रश्नवाचक वाक्य

नियम 1:– Do / does + कर्त्ता + क्रिया की प्रथम अवस्था + कर्म + अन्य शब्द ?

निर्देश 1:– यदि वाक्य के पहले हो तो उसकी अग्रंजी कर्त्ता के अनुसार Do / does ही लिखी जायेगी। अर्थात What नहीं लिखी जायेगी।

Examples:–

1. क्या तुम गाना गाते हो।
   Do you sing a song ?
2. क्या मोहन नाचता है।
   Does Mohan dance ?

नियम 2:– Do / Does + कर्त्ता + not + क्रिया की प्रथम अवस्था + कर्म + अन्य शब्द ?

Examples:–

1. क्या वे नहीं खेलते हैं?
   Do they not play ?
2. क्या वह नहीं आती है?
   Does she not come ?

नियम 3:– What, How, When, Where, Why, Which, Who, Whom +do/ does + कर्त्ता + क्रिया की प्रथम अवस्था + कर्म + अन्य शब्द

निर्देश 1:– यदि वाक्य के अन्दर क्या, कहा, क्यों, कब, किसे, कौन, किसको आदि शब्द आवें तो इनकी अंग्रेजी सब से पूर्ण लिखी जायेगी।

निर्देश 2:– What - क्या, How - कैसे, Where - कहां, When - कब, Why – क्यों, Which - किसे, Who - कौन, Whom - किसको, आदि होती है।

Examples:–

1. तुम कहां जाते हो?
   Where do you go ?
2. वह कब सोता है?
   When does he sleep ?

नियम 4:– What, Why, When, Where, How, Which, Who, Whom + do / does + कर्त्ता + not + क्रिया की प्रथम अवस्था + कर्म + अन्य शब्द ?

निर्देश 1:– Not का प्रयोग सदैव कर्त्ता के ही बाद किया जायेगा।

Examples:–

1. दिनेश पतंग क्यों नहीं उड़ाता है ?
   Why does Dinesh not fly the kite ?
2. हम गायें कैसे नहीं चराते हैं ?
   How do we not graze the cows ?

2. Past Indefinite Tense अनिश्चित भूतकाल

पहिचान:– जिन हिन्दी वाक्यों के अन्त में ता था, ती थी, ते थे / या,यी,ये / आ,इ,ए आदि आवें तो वहां पर अनिश्चित भूतकाल होता है।

1. Positive Sentences साधारण वाक्य

नियम:– कर्त्ता + क्रिया की दूसरी अवस्था + कर्म + अन्य शब्द

निर्देश 1:– सभी कर्त्ताओं (चाहे एकवचन या बहुवचन के हो) के साथ क्रिया की दूसरी अवस्था का ही प्रयोग किया जाता है।

Examples:–

1. रजनी पढ़ती थी।
   Rajani read
2. तुम आये।
   You came
3. मैंने पकड़ा।
   I Caught.

2. Negative Sentences नाकारात्मक/ निषेधात्मक वाक्य

नियमः– कर्त्ता + did not + क्रिया की प्रथम अवस्था + कर्म + अन्य शब्द

निर्देश 1:– Did not का प्रयोग सभी कर्त्ताओं के साथ किया जायेगा।

निर्देश 2:– नाकारात्मक वाक्य में सदैव क्रिया की प्रथम अवस्था का ही प्रयोग किया जायेगा।

Examples:–

1. दिनेश खाना नहीं खाता था।
   Dinesh did not eat the food.
2. राकेश ने गेंद नहीं खेली।
   Rakesh did not play the ball.
3. हरी स्कूल नहीं गया।
   Hari did not go to school.
4. वे नदी में नहीं कूदे।
   They did not jump into the river.
5. राधा नहीं नाची।
   Radha did not dance.

3. Interrogative Sentences प्रश्नवाचक वाक्य

नियमः–Did+कर्त्ता + क्रिया की प्रथम अवस्था + कर्म + अन्य शब्द ?

निर्देश 1:– यदि वाक्य में पहले क्या आवे तो उसकी अंग्रेजी Did ही लिखी जायेगी।

Examples:–

1. क्या हम आये ?
   Did we come ?
2. क्या वे रोये ?
   Did they weep ?

नियम 2:– Did + कर्त्ता + not + क्रिया की प्रथम अवस्था + कर्म + अन्य शब्द ?

निर्देश 1:– not सदैव कर्त्ता के बाद ही लिखी जायेगी।

Examples:–

1. क्या तुम नहीं हसंते थे ?
   Did you not laugh ?

2. क्या घोड़ा सड़क पर नहीं दौड़ा ?

Did the horse not run on the road ?

नियम 3:– What, when, where, why, how, which, who, whom + did + कर्ता + क्रिया की प्रथम अवस्था + कर्म + अन्य शब्द ?

निर्देश 1:– सबसे पहले (Question words) की अंग्रेजी लिखी जायेगी।

Examples:–

1. तुम कब खेलते थे ?

   When did you play ?

2. हम क्यों गायें ?

   Why did we sing ?

नियम 4:– What, when, where, why, how, which, who, whom + did + कर्ता + not + क्रिया की प्रथम अवस्था + कर्म + अन्य शब्द?

निर्देश 1:– not सदैव कर्ता के बाद ही लिखा जायेगा।

Examples:–

1. राधा क्यों नहीं हंसी ?

   Why did Radha not laugh ?

2. तुम क्यों नहीं चढ़े?

   Why did you not climb ?

3. Future Indenifinite Tense अनिश्चित भविष्यत् काल वाक्य

पहिचान:– जिन हिन्दी वाक्यों के अन्त में (गा, गी, गे) आदि आवें तो वहां पर अनिश्चित भविष्य काल होता है।

1. Positive Sentences साधारण वाक्य

नियम:– कर्ता + shall / will +क्रिया की प्रथम अवस्था + कर्म + अन्य शब्द

निर्देश 1:– shall का प्रयोग उत्तम पुरुष कर्ता I, We के ही साथ किया जाता है।

निर्देश 2:– will का प्रयोग I, We को छोड़कर शेष सभी कर्ताओं के साथ किया जाता है।

Examples:–

1. मैं घर जाऊँगा।
   I shall go to home.
2. हम किताब पढ़ेंगे।
   We shall read the book.
3. तुम गाना गाओगे।
   You will sing a song.
4. वह नाचेगी।
   She will dance.

2. Negative Sentences नकारात्मक वाक्य

नियमः– कर्त्ता+ shall not / will not + क्रिया की प्रथम अवस्था + कर्म + अन्य शब्द।

Examples:–

1. राम पत्र नहीं लिखेगा।
   Ram will not write a letter .
2. किशोर फल नहीं बेचेगा।
   Kishore will not sell the fruit.
3. आशीष खाना नहीं खायेगा।
   Ashish will not eat the food.
4. मैं दूध नहीं पियूंगा।
   I shall not drink the milk.

3. Interrogative Sentences प्रश्नवाचक वाक्य

नियमः– shall/will + कर्त्ता + क्रिया की प्रथम अवस्था + कर्म + अन्य शब्द?

निर्देश 1:– यदि वाक्य में सबसे पहले (क्या) आवे तो उसकी अंग्रेजी + हेतु shall/will का ही प्रयोग किया जाएगा।

Examples:–

1. क्या मैं जाऊँगा?
   Shall I go?
2. क्या वह आयेगा?
   Will he come?

नियमः 2– shall/will + कर्त्ता+ not + क्रिया की प्रथम अवस्था + कर्म + अन्य शब्द।

निर्देशः– not का प्रयोग कर्त्ता के बाद ही किया जायेगा।

Examples:–

1. क्या शेर नहीं दहाड़ेगा ?
   Will the lion not roar ?
2. क्या हम नहीं आयेंगे ?
   Shall we not come ?

नियम 3:– What, when, where, why, how, which, who, whom + shall / will + कर्त्ता + क्रिया की प्रथम अवस्था + कर्म + अन्य शब्द ?

निर्देश 1:– सबसे पहले Question words की अंग्रेजी लिखी जायेगी।

Examples:–

1. राम कब पढ़ेगा ?
   When will Ram read ?
2. हम कब लिखेंगे ?
   When shall we write ?

नियम 4:– What, when, where, why, how, which, who, whom + shall / will + कर्त्ता + not + क्रिया की प्रथम अवस्था + कर्म + अन्य शब्द ?

Examples:–

1. तुम कहां नहीं जाओगे ?
   Where will you not go ?
2. मैं क्यों नहीं दौड़ूगा ?
   Why shall I not run ?

1. Present Continuous Tense निरन्तर वर्तमान काल

पहिचानः– जिन हिन्दी वाक्यों के अन्त में रहा है, रही है, रहे है, रहा हूँ अर्थात खडे होना, बैठना, पड़े होना, हुआ है, हुई है, हुए है आदि आवें तो वहां पर निरन्तर वर्तमान काल होता है।

1. Positive Sentences साधारण वाक्य

नियमः– कर्त्ता + is / are / am +क्रिया में ing + कर्म + अन्य शब्द

निर्देश 1:– is (है) का प्रयोग अन्य पुरूष एक वचन कर्त्ताओं जैसे He, She, It, Ram, Sita, Boy, Girl, etc., के साथ किया जाता है।

निर्देश 2:– are (हैं / हो) का प्रयोग बहुवचन कर्त्ताओं के साथ किया जाता है। जैसे We, you, they, boys, girls, etc.,

निर्देश 3– am (हूँ) का प्रयोग उत्तम पुरूष एकवचन कर्ता I के साथ ही किया जाता है।

Examples:–

1. वह जा रहा है।
   He is going.
2. तुम दौड़ रहे हो।
   You are running.
3. मैं खेल रहा हूँ।
   I am playing.
4. वह बैठी हुई है।
   She is sitting.
5. हम खड़े हुए है।
   We are standing.

निर्देश 3:– 1. यदि शब्द के अन्त में (e) हो तो ing जोड़ते समय हटा देते है।

2. यदि शब्द के अन्त का अक्षर व्यंजन का हो और उससे पहले का एक अक्षर स्वर का हो तो ing जोड़ते समय अंतिम अक्षर को दोबारा लिखा जाता है।

2. Negative Sentences निषेधात्मक / नकारात्मक वाक्य

नियम:– कर्त्ता + is not / are not / am not +v-ing + कर्म + क्रिया की प्रथम अवस्था + अन्य शब्द

Examples:–

1. माया स्वेटर नहीं बुन रही है।
   Maya is not knitting the sweater
2. सजनी नहीं लेटी हुई है।
   Sajni is not laying.
3. लड़के शोर नहीं मचा रहे है।
   The boys are not making a noise.

Interrogative Sentences प्रश्नवाचक वाक्य

नियम 1:– is / are / am + कर्त्ता + क्रिया में +ing + कर्म + अन्य शब्द?

निर्देश :– यदि वाक्य के पहले (क्या) आवे तो उसकी अंग्रेजी is / are / am ही लिखी जायेगी। अर्थात What नहीं लिखी जाऐगी।

Examples:–

1. क्या गाय चर रही है ?
   Is the cow grazing ?
2. क्या मैं कूद रहा हूँ ?
   Am I Jumping ?
3. क्या वे आ रहे है ?
   Are they coming ?

नियम 2:– is / are / am + कर्त्ता + क्रिया में + ing + कर्म + अन्य शब्द?

निर्देश 3:–not का प्रयोग सदैव कर्त्ता के बाद ही किया जायेगा।

Examples:–

1. क्या वे खड़े हुए नहीं है ?
   Are they not standing ?
2. क्या वह नहीं नहा रहे हैं ?
   Is she not bathing ?
3. क्या मैं नही हंस रहा हूँ ?
   Am I not laughing ?

नियम 3:– What, when, where, why, how, which, who, whom + is / are / am + कर्त्ता + क्रिया मे +ing + कर्म + अन्य शब्द?

निर्देश 1:– सबसे पहले Question words की अंग्रेजी लिखी जायेगी।

Examples:–

1. तुम कहां जा रहे हो ?
   Where are you going ?
2. रमेश कब मुस्करा रहा है ?
   When is Ramesh smiling ?
3. मैं क्यों पेड़ पर चढ़ रहा हूँ ?
   Why am I climbing on the tree ?

नियम 4:– What, when, where, why, how, which, who, whom + is / are / am + कर्त्ता + क्रिया मे +ing + कर्म + अन्य शब्द ?

निर्देश 1:– सबसे पहले Question words की अंग्रेजी लिखी जायेगी।

निर्देश 2:– not का प्रयोग सदैव कर्त्ता की बाद ही किया जायेगा।

Examples:–

1. शीला खाना क्यों नहीं पका रही है ?
   Why is Sheela not cooking the food ?
2. शेर जंगल में कैसे नही दहाड़ रहे है ?
   How are the lions not roaring in the forest ?
3. मैं क्या नहीं गा रहा हूँ?
   What am I not singing ?

2. Past Continuous Tense निरन्तर भूतकाल

पहिचान:–जिन हिन्दी वाक्यों के अन्त में रहा था, रही थी, रहे थे अथवा हुआ था, हुई थी, हुए थे आदि आवें तो वहां पर निरन्तर भूतकाल होता है।

1. Positive Sentences साधारण वाक्य

नियम:– कर्त्ता + was / were +क्रिया में ing + कर्म + अन्य शब्द

निर्देश 1:– Was (था, थी) का प्रयोग एक वचन कर्त्ताओं I, He, She, It, Ram, Sita, Boy, Girl, etc., के साथ किया जाता है।

निर्देश 2:– Were (थे) का प्रयोग बहुवचन कर्त्ताओं We, you, they, Boys, Girls, etc., के साथ किया जाता है।

Examples:–
1. वह पेड़ पर बैठा हुआ था।
   He was sitting on the tree.
2. मैं लेटा था।
   I was lying
3. वे नदी में तैर रहे थे।
   They were swimming in the river.

2. Negative Sentences नकारात्मक / निषेधात्मक वाक्य

नियम :–कर्त्ता + wasnot / were not + क्रिया मेंing+ कर्म + अन्य शब्द?

Examples:–

1. मैं नहीं सो रहा था।
   I was not sleeping.

2. राधा गाना नहीं गा रही थी।
   Radha was not singing.
3. लड़कियाँ नहीं नाच रही थी।
   The girls were not dancing.
4. भालू नहीं आ रहा था।
   The bear was not coming.
5. लोमड़ी नहीं दौड़ रही थी।
   The fox was not running.
6. कौआ दीवाल पर नहीं बैठा हुआ था।
   The crow was not sitting on the wall.

3. Interrogative Sentences प्रश्नवाचक वाक्य

नियमः– was / were + कर्त्ता + क्रिया में ing + कर्म + अन्य शब्द ?

निर्देश 1:– यदि वाक्य में पहले (क्या) आवे तो उसकी अंग्रेजी was / were ही लिखी जायेगी what नहीं लिखी जायेगी।

Examples:–

1. क्या वह खेल रहा था ?
   Was he playing ?
2. क्या तुम जा रहे थे ?
   Were you going ?

नियम 2:– was / were + कर्त्ता + not + क्रिया में ing + कर्म + अन्य शब्द?

निर्देश 1:– not सदैव कर्त्ता के बाद ही लिखा जायेगा।

Examples:–

1. क्या राम नहीं पढ़ रहा था ?
   Was Ram not reading ?
2. क्या वे नहीं दौड़ रहे थे ?
   Were they not running ?

नियम 3:– What, when, where, why, how, which, who, whom + was / were + कर्त्ता + क्रिया में ing + कर्म + अन्य शब्द ?

निर्देश 1:– सबसे पहले (Question words) की अंग्रेजी लिखी जायेगी।

Examples:–

1. तुम कहां जा रहे थे ?
   Where were you going ?
2. राधा कब नाच रही थी ?
   When was Radha dancing ?

नियम 4:– What, when, where, why, how, which, who, whom + was / were + कर्त्ता + not + क्रिया में ing + कर्म + अन्य शब्द ?

निर्देश 1:– not सदैव कर्त्ता के बाद ही लिखा जायेगा।

Examples:–

1. मैं घर क्यों नहीं जा रहा था ?
   Why was I not going to home ?
2. हम कैसे नहीं खेल रहे थे ?
   How were we not playing ?
3. राम कब नहीं रो रहा था ?
   When was Ram not weeping ?

3. Future Continuous Tense निरन्तर भविष्यत् काल वाक्य

पहिचान:– जिन हिन्दी वाक्यों के अन्त में रहा होगा, रही हागी, रहे होगें अथवा ता रहेगा, ती रहेगी, ते रहेंगे अर्थात हुआ होगा, हुई होगी, हुए होंगे आदि आवें तो वहां पर निरन्तर भविष्यत् काल होता है।

1. Positive Sentences साधारण वाक्य

निर्देश:– कर्त्ता + shall be / will be +क्रिया में ing + कर्म + अन्य शब्द

निर्देश 1:– Shall का प्रयोग उत्तम वचन कर्त्ता(I, We)के साथ किया जाता है।

निर्देश 2:– Will का प्रयोग शेष सभी जैसे you, they, Boy, Girl, He, She, it, Ram, Sita, etc., के साथ किया जाता है।

Examples:–

1. मैं किताब पढ़ रहा होंऊगा।
   I shall be reading the book.
2. वह घर जाता रहेगा।
   He will be going to home.

3. वे खड़े होंगे / या वे खड़े हुए होंगे।
   They will be standing.

2. Negative Sentences नकारात्मक / निषेधात्मक वाक्य

नियमः– कर्त्ता + shall not be / will not be+ क्रिया में ing + कर्म + अन्य शब्द

Examples:–

1. वह घर नहीं आ रहा होगा।
   He will not be coming to home
2. तुम यहां बैठे हुए नहीं होंगे।
   You will not be sitting here.
3. रामू नहीं सोता रहेगा।
   Ramu will not be sleeping.
4. मैं किताब नहीं पढ़ता रहूंगा।
   I shall not be reading the book.

3. Interrogative Sentences प्रश्नवाचक वाक्य

नियमः– Shall / will + कर्त्ता + क्रिया में ing + कर्म + अन्य शब्द ?

निर्देश 1:– यदि वाक्य में पहले (क्या) आवे तो उसकी अंग्रेजी was / were ही लिखी जायेगी what नहीं लिखी जायेगी।

Examples:–

1. क्या। वह पढ़ रहा होगा ?
   Will he be reading ?
2. क्या तुम हंसते रहोगे ?
   Will you be laughing ?

नियम 2:– shall / will+ कर्त्ता + not be + क्रिया में ing + कर्म + अन्य शब्द?

निर्देश 1: - not सदैव कर्त्ता के बाद ही लिखा जायेगा।

Examples:–

1. क्या राम नहीं हंस रहा होगा ?
   Will Ram not be laughing ?
2. क्या घोड़ा नहीं दौड़ रहा होगा ?
   Will the horse not be running ?

नियम 3:– What, when, where, why, how, which, who, whom + Shall / will+ कर्त्ता + क्रिया में ing + कर्म + अन्य शब्द?

निर्देश 1:– सबसे पहले (Question words) की अंग्रेजी लिखी जायेगी।

Examples:–

1. तुम कब आ रहे होगे ?
   When will you be coming ?
2. हम कैसे गा रहे होंगे ?
   How shall we be singing ?

नियम 4:– What, when, where, why, how, which, who, whom + shall / will+ कर्त्ता +not be+ क्रिया में ing + कर्म + अन्य शब्द ?

निर्देश 1:– not सदैव कर्त्ता के बाद ही लिखी जायेगी।

Examples:–

1. नौकर क्यों नहीं आ रहा होगा ?
   Why will the servant not be coming ?
2. तुम कैसे नहीं हंस रहे होंगे ?
   How will you not be laughing ?
3. शीला क्या नहीं खा रही होगी ?
   What will Sheela not be eating ?

1. Present Perfect Tense पूर्ण वर्तमान काल वाक्य

पहिचान:– जिन हिन्दी वाक्यों के अन्त में चुका है, चुकी है, चुके है, चुका हूँ, अथवा या है, यी है, ये है अथवा आ है, ई है, ऐ है आदि आवें तो वहां पर पूर्ण वर्तमान काल होता है।

1. Positive Sentences साधारण वाक्य

निर्देश:– कर्त्ता + has / have +क्रिया की तीसरी अवस्था + कर्म + अन्य शब्द

निर्देश 1:– Has का प्रयोग अन्य पुरुष एक वचन कर्त्ता जैसे He, she, it, Ram, Sita, Boy, Ram, girl, etc., के साथ किया जाता है।

निर्देश 2:– Have का प्रयोग I, We, you, they, Boys, Girls, etc., के साथ किया जाता है।

Examples:–

1. मैं खाना खा चुका हूँ।
   I have eaten the food.
2. तुमने दूध पी लिया है।
   You have drunk the milk.
3. उसने मुझे पीटा है।
   He has beaten me.

2. Negative Sentences नकारात्मक / निषेधात्मक वाक्य

नियमः– कर्त्ता + has not / have not + क्रिया की तीसरी अवस्था + कर्म + अन्य शब्द

Examples:–

1. रामू नहीं नहा चुका है।
   Ramu has not bathed/taken bath.
2. हमने किताब नहीं पढ़ ली है।
   We have not read the book.
3. वह घर नहीं गया है।
   He has not gone to home.

3. Interrogative Sentences प्रश्नवाचक वाक्य

नियम 1:– Has / have + कर्त्ता + क्रिया कि तीसरी अवस्था + कर्म + अन्य शब्द?

निर्देश 1:– यदि वाक्य में पहले (क्या) आवे तो उसकी अंग्रेजी कर्ता के अनुसार has / haveही लिखी जायेगी what नहीं लिखी जायेगी।

Examples:–

1. क्या वह खेल चुका है ?
   Has he played ?
2. क्या उसने खाया है ?
   Has he eaten ?
3. क्या तुम हंसे हो ?
   Have you laughed ?

नियम 2:– has / have + कर्त्ता + not + क्रिया कि तीसरी अवस्था + कर्म + अन्य शब्द ?

निर्देश 1:– not सदैव कर्त्ता के बाद ही लिखी जायेगी।

Examples:–

1. क्या तुमने नहीं खाया है ?
   Have you not eaten ?
2. क्या वे नहीं आ चुके है ?
   Have they not come ?

नियम 3:– What, when, where, why, how, which, who, whom + Has / have + कर्त्ता + क्रिया की तीसरी अवस्था + कर्म + अन्य शब्द ?

निर्देश 1:– सबसे पहले (Question words) की अंग्रेजी लिखी जायेगी।

Examples:–

1. वह कहां जा चुका है ?
   Where has he gone?
2. लड़कों ने क्यों पढ़ लिया है ?
   Why have the boys read ?

नियम 4:– What, when, where, why, how, which, who, whom + has / have+ कर्त्ता +not + क्रिया की तीसरी अवस्था + कर्म + अन्य शब्द ?

निर्देश 1:– सबसे पहले (Question words) की अंग्रेजी लिखी जायेगी।

निर्देश 2:– not सदैव कर्त्ता के बाद ही लिखा जायेगा।

Examples:–

1. तुम क्यों नहीं रो चुके हो ?
   Why have you not wept ?
2. राम कैसे नहीं आया है ?
   How has Ram not come ?

2. Past Perfect Tense पूर्ण भूतकाल

पहिचान:– जिन हिन्दी वाक्यों के अन्त में चुका था, चुकी थी, चुके थे, चुका था, अथवा या था, यी थी, ये थे अथवा आ था, ई थी, ऐ थे आदि आवें तो वहां पर पूर्ण भूतकाल होता है।

1. Positive Sentences साधारण वाक्य

निर्देश:– कर्त्ता + had+क्रिया की तीसरी अवस्था + कर्म + अन्य शब्द।

निर्देश 1:– सभी कर्त्ताओं के साथ Had सहायक क्रिया ही लगायी जायेगी।

Examples:–

1. राम खाना खा चुका था।
   Ram had eaten the food.
2. तुमने दौड़ लगायी थी।
   You had run a race.

नियम 2:– कर्त्ता + had + already + क्रिया की तीसरी अवस्था + कर्म + अन्य शब्द

निर्देश:– Already का प्रयोग (पहले ही) के लिए सहायक क्रिया के बाद किया जायेगा।

Examples:–

1. राम पहले की खाना खा चुका था।
   Ram had already eaten the food.
2. राधा पहले ही नाची थी।
   Radha had already danced.

नियम 3:– कर्त्ता + had + क्रिया की तीसरी अवस्था + कर्म + अन्य शब्द + till + समय

निर्देश:– Till का प्रयोग (तक) के लिए वाक्य के अन्त में किया जायेगा।

Examples:–

1. राम सुबह तक पढ़ चुका था।
   Ram had read till morning.
2. वे कल तक दौड़े थे।
   They had run till yesterday.

नियम 4:– दूसरा कर्त्ता + had + क्रिया की तीसरी अवस्था + कर्म + अन्य शब्द + before / after + पहले कर्त्ता + क्रिया की दूसरी अवस्था (क्रिया अनिश्चित भूतकाल के अनुसार) + कर्म + अन्य शब्द ?

निर्देश 1:– Before इसका प्रयोग (पहले / पूर्व) के लिए नियमानुसार किया जायेगा।

निर्देश 2:– After इसका प्रयोग (बाद / पश्चात) के लिए नियमानुसार किया जायेगा।

Examples:–

1. मेरे जाने से पहले वह जा चुका था।
   He had gone before I went.
2. मनोज के सोने के बाद वह सो चुकी थी।
   She had slept after Manoj slept.
3. डाक्टर के आने से पहले रोगी मर चुका था।
   The patient had died before the doctor came.

निर्देशः– उपर्युक्त सभी नियमों को Negative तथा Interrogative वाक्यों में भी बनाया जा सकता है।

2. Negative Sentences नकारात्मक / निषेधात्मक वाक्य

नियमः–कर्त्ता + had not+ क्रिया की तीसरी अवस्था + कर्म + अन्य शब्द

Examples:–

1. मैं दूध नहीं पी चुका था।
   I had not drunk the milk.
2. वे घर नहीं जा चुके थे।
   They had not gone to home.
3. सीता ने खाना नहीं बनाया था।
   Sita had not cooked the food.
4. उसने फल नहीं तोड़ा था।
   He had not plucked the fruit.
5. उसने मेरी मदद नहीं की थी।
   He had not helped me.

3. Interrogative Sentences प्रश्नवाचक वाक्य

नियमः– Had+ कर्त्ता + क्रिया कि तीसरी अवस्था + कर्म + अन्य शब्द?

Examples:–

1. क्या वह खेल चुकी थी ?
   Had she played ?
2. क्या तुम हंसे थे ?
   Had you laughed ?

नियम 2:– had+ कर्त्ता + not + क्रिया कि तीसरी अवस्था + कर्म + अन्य शब्द?

निर्देश 1:– यदि क्या सबसे पहले आवे तो उसकी अंग्रेजी had तथा not कर्त्ता के बाद ही लिखी जायेगी।

Examples:–

1. क्या वह नहीं आ चुका था ?
   Had he not come ?
2. क्या गाय नहीं चरी थी ?
   Had the cow not grazed ?

नियम 3:– What, when, where, why, how, which, who, whom + Had+ कर्त्ता + क्रिया की तीसरी अवस्था + कर्म + अन्य शब्द ?

निर्देश 1:– सबसे पहले (Question words) की अंग्रेजी लिखी जायेगी।

Examples:–

1. तुम कब आये थे ?
   When had you come ?
2. वह कहां खड़ा था ?
   Where had he stood ?

नियम 4:– What, when, where, why, how, which, who, whom + had + कर्त्ता +not + क्रिया की तीसरी अवस्था + कर्म + अन्य शब्द?

निर्देश 1:– सबसे पहले (Question words) की अंग्रेजी लिखी जायेगी।

निर्देश 2:– not सदैव कर्त्ता के बाद ही लिखा जायेगा।

Examples:–

1. वे घर क्यों नहीं गये थे ?
   Why had they not gone to home ?
2. राधा कैसे नहीं आ चुकी थी ?
   How had Radha not come ?

3. Future Perfect Tense पूर्ण भविष्यत् काल

पहिचान:– जिन हिन्दी वाक्यों के अन्त में चुका होगा, चुकी होगी, चुके होंगे, चुका हूँगा, अथवा चुकेगा, चुकेगी चुकेंगे अथवा या होगा, यी होगी, ये होंगे अथवा आ होगा, ई होगी, ऐ होगा आदि आवें तो वहां पर पूर्ण भविष्यत् काल होता है।

1. Positive Sentences साधारण वाक्य

निर्देश:– कर्त्ता + will have / shall have +क्रिया की तीसरी अवस्था + कर्म + अन्य शब्द

निर्देश 1:– Shall have का प्रयोग I, We के साथ किया जायेगा।

निर्देश 2:– Will have का प्रयोग शेष सभी कर्त्ताओं के साथ किया जायेगा।

Examples:–

1. मैं पढ़ चुकूंगा।
   I shall have read.
2. वह खेल चुकी होगी।
   She will have played.

नियम 2:– कर्त्ता + will have / shall have + क्रिया की तीसरी अवस्था + कर्म + अन्य शब्द + by + समय

निर्देश:– By का प्रयोग (तक) के लिए किया जायेगा अर्थात till का प्रयोग नहीं करेंगे।

Examples:–

1. मैं कल तक दौड़ चुकूंगा।
   I shall have run by tomorrow.
2. वह दो दिन तक गा चुकेगा।
   He will have sung by two days.

नियम 3:– दूसरा कर्त्ता will have / shall have + क्रिया कि तीसरी अवस्था + कर्म + अन्य शब्द + before / after + पहले कर्त्ता + क्रिया अनिश्चित वर्तमान काल के अनुसार + कर्म + अन्य शब्द

निर्देश 1:– Brfore इसका प्रयोग पहले या पूर्व के लिए किया जायेगा।

निर्देश 2:– After इसका प्रयोग बाद या पश्चात के लिए किया जायेगा।

Examples:–

1. मेरे जाने के बाद वह आया होगा।
   He will have come after I go.
2. राधा के नाचने से पहले श्याम वंशी बजा चुकेगा।
   Shyam will have played on pipe before Radha dance.

निर्देश 3:– नियम 2 तथा 3 को नकारात्मक या प्रश्नवाचक में भी बनाया जा सकता है।

2. Negative Sentences नकारात्मक वाक्य

नियम 1:– कर्त्ता + shall not have/ will not have + क्रिया कि तीसरी अवस्था + कर्म + अन्य शब्द

निर्देश 1:– not का प्रयोग सदैव shall / will तथा have के बीच में ही किया जायेगा।।

Examples:–

1. दिनेश गाना नहीं गा चुकेगा।
   Dinesh will not have sung a song.
2. तुमने काम नहीं कर लिया होगा।
   You will not have done the work.
3. राधा ने फूल नहीं तोड़ा होगा।
   Radha will not have plucked the flower.
4. कुत्ते रात में नहीं भौंक चुके होंगे।
   The dogs will not have barked at night.

3. Interrogative Sentences प्रश्नवाचक वाक्य

नियम 1:– shall / will + कर्त्ता + have +क्रिया की तीसरी अवस्था + कर्म + अन्य शब्द ?

निर्देश:–यदि वाक्य के पहले (क्या) आवे तो उस की अंग्रेजी will / shall लिखी जायेगी।

1. क्या तुम आ चुके होंगे ?
   Will you have come ?
2. क्या वे नहा चुके होंगे ?
   Will they have bathed ?

नियम 2:– shall / will + कर्त्ता + not have +क्रिया की तीसरी अवस्था + कर्म + अन्य शब्द ?

निर्देश:– not का प्रयोग कर्त्ता के बाद तथा have से पूर्व किया जायेगा।

1. क्या मैं नहीं हंस चुका होऊंगा ?
   Shall I not have laughed ?
2. क्या हम बाजार नहीं जा चुके होंगे ?
   Shall we not have gone to market ?

नियम 3:– What, when, where, why, how, which, who, whom + shall / will+कर्त्ता + have + क्रिया की तीसरी अवस्था + कर्म + अन्य शब्द ?

निर्देश 1:– सबसे पहले (Question words) की अंग्रेजी लिखी जायेगी।

Examples:–

1. रमेश क्यों गाली दे चुका होगा ?
   Why will Ramesh have abused ?
2. तुम कहां जा चुके होंगे ?
   Where will you have gone ?

नियम 4:– What, when, where, why, how, which, who, whom + shall / will + कर्त्ता +have not + क्रिया की तीसरी अवस्था + कर्म + अन्य शब्द?

निर्देश 2:– not सदैव कर्त्ता के बाद तथा have के पूर्व ही लिखा जायेगा।

Examples:–

1. सौरभ गेंद क्यों नहीं खेल चुका होगा ?
   Why will sourabh not have played the ball ?
2. शशिकान्त क्या पूजा नहीं कर चुकेगा ?
   What will shashikant not have worshipped ?

1. Present Perfect Continuous Tense
पूर्ण निरन्तर वर्तमान काल

पहिचान:– जिन हिन्दी वाक्यों के अन्त में रहा है, रही है, रहें है, रहा हूँ, अथवा ता रहा है, ती रही है, ये रहे है आदि आवें और साथ में समय भी दिया हो तो वहां पर पूर्ण निरन्तर वर्तमान काल होता है।

1. Positive Sentences साधारण वाक्य

नियम:– कर्त्ता + has been / have been + क्रिया में ing + कर्म + अन्य शब्द + since / for + समय।

निर्देश 1:– Since - (से) इसका प्रयोग निश्चित समय (point of time) जैसे (बजे से, सुबह से, सोमवार से, जुलाई से, 1990 से) आदि के साथ किया जाता है।

निर्देश 2:– for - (से) इसका प्रयोग अनिश्चित समय (period of time) जैसे (घंटे से, दिनों से, सप्ताह से, माघ/मास/महीने से, वर्ष/साल से, गत वर्ष से, अगले वर्ष से) आदि के साथ किया जाता है।

निर्देश 3:– Has been का प्रयोग- He, she, it, Ram, Sita, Boy, Ram, girl, etc., अर्थात एक वचन कर्त्ताओं के साथ किया जाता है।

निर्देश 4:– Have been का प्रयोग I, We, You, They, Boys, Girls, etc., अर्थात बहुवचन कर्त्ताओं के साथ किया जाता है।

निर्देश 5:– 'o' clock – बजे, hour – घण्टे, day – दिन, week – सप्ताह, month – महीना, year – वर्ष, morning – सुबह, प्रातः, noon – दोपहर, evening – शाम, night – रात, next year – अगले वर्ष, last year – गत वर्ष, minutes – मिनट्स।

Examples:–

1. रामू सुबह से पढ़ रहा है।
   Ramu has been reading since morning.
2. मैं कल से पढ़ रहा हूँ
   I have been reading since yesterday.
3. वे दो बजे से किताब पढ़ रहे है।
   They have been reading the book since 2 'o' clock.

2. Negative Sentences नकारात्मक/निषेधात्मक वाक्य

नियमः– कर्ता + has not been / have not been + क्रिया में ing + कर्म + अन्य शब्द + since / for + समय।

निर्देशः– not का प्रयोग has / have तथा been के बीच किया जायेगा।

Examples:–

1. राम कल से घर नहीं जा रहा है।
   Ram has not been going to home since yesterday.
2. राधा दो घण्टे से पढ़ती नहीं रही है।
   Radha has not been reading for 2 hours.
3. वे दो वर्षों से नहीं आते रहें है।
   They have not been coming for 2 years.
4. तुम सुबह से नहीं रोते रहे हो।
   You have not been weeping since morning.

5. गोविन्द सोमवार से नहीं आ रहा है।
Govind has not been coming since Monday.

3. Interrogative sentences प्रश्न वाचक वाक्य

नियमः– Has/have + कर्त्ता + been+ क्रिया में ing+ कर्म + अन्य शब्द + since/for + समय?

निर्देश 1:– यदि वाक्य में पहले (क्या) आवे तो उसकी अंग्रेजी कर्त्ता के अनुसार has / have ही लिखी जायेगी what नहीं लिखी जायेगी।

Examples:–

1. क्या मैं 2 बजे से पढ़ रहा हूँ ?
Have I been reading since 2 'o' clock ?
2. क्या तुम चार घण्टे से लिख रहे हो ?
Have you been writing for 4 hours ?
3. क्या गायें गत वर्षों से चर रही है ?
Have the cows been grazing for last years?
4. क्या वह दोपहर से गाती रही है ?
Has she been singing since noon ?

नियम 2:– has / have + कर्त्ता + not been + क्रिया में ing + कर्म + अन्य शब्द + since / for + समय?

निर्देशः– not का प्रयोग कर्त्ता के बाद तथा been से पूर्व किया जायेगा।

Examples:–

1. क्या वह दोपहर से नहीं नाचती रही है ?
Has she not been dancing since noon ?
2. क्या घोड़ा दो दिन से नहीं दौड़ रहा है ?
Has the horse not been running for 2 days ?

नियम 3:– What, when, where, why, how, which, who, whom + Has / have + कर्त्ता +been +क्रिया में ing + कर्म + अन्य शब्द + since / for + समय।

निर्देश 1:– सबसे पहले (Question words) की अंग्रेजी लिखी जायेगी।

Examples:–

1. राम कल से क्या कर रहा है ?
What has ram been doing since yesterday ?

2. तुम दो वर्षों से कहाँ रह रहे हो ?
   Where have you been living for 2 years ?

नियम 4:– What, when, where, why, how, which, who, whom + has / have + कर्त्ता +not been + क्रिया में ing + कर्म + अन्य शब्द + since / for + समय।

निर्देश 1:– सबसे पहले (Question words) की अंग्रेजी लिखी जायेगी।

निर्देश 2:– not का प्रयोग कर्त्ता के बाद तथा been से पूर्व किया जायेगा।

Examples:–

1. गधे दो दिनों से पानी क्यों नहीं पीते रहे है ?
   Why have the donkeys not been drinking the water for 2 days ?
2. तुम कल से किताब कैसे नहीं पढ़ रहे हो ?
   How have you not been reading the book since yesterday ?

2. Past Perfect Continuous Tense पूर्ण निरन्तर भूतकाल

पहिचान:– जिन हिन्दी वाक्यों के अन्त में रहा था, रही थी, रहे थे, अथवा ता रहा था, ती रही थी, रहे थे अथवा हुआ था, हुई थी, हुऐ थे आदि आवें तथा साथ में कार्य प्रारंभ होने का समय भी दिया हो तो वहां पर पूर्ण निरन्तर भूतकाल होता है।

1. Positive Sentences साधारण वाक्य

नियम:– कर्त्ता + had been + क्रिया में ing + कर्म + अन्य शब्द + since / for + समय।

निर्देश 1:– Had been सभी कर्त्ताओं के साथ प्रयोग में आयेगा।

Examples:–

1. राम सुबह से बैठा था।
   Ram had been sitting since morning.
2. वह कल से पढ़ती रही थी।
   She had been reading since yesterday.
3. वे दो बजे से खड़े हुए थे।
   They had been standing since 2 'o' clock.
4. तुम दो दिन से खेल रहे थे।
   You had been playing for 2 days.

2. Negative Sentences नकारात्मक /निषेधात्मक वाक्य

नियमः– कर्त्ता + had not been + क्रिया में ing + कर्म + अन्य शब्द + since / for + समय।

निर्देश 1:– not का प्रयोग had तथा been के बीच में किया जायेगा।

Examples:–

1. तुम दो साल से नहीं फेल हो रहे थे।
   You had not been failing for 2 years.
2. लड़के दो सप्ताह से नहीं पढ़ रहे थे।
   The boys had not been reading for 2 weeks.

3. Interrogative Sentences प्रश्नवाचक वाक्य

नियम 1:– Had + कर्त्ता + been + क्रिया में ing + कर्म + अन्य शब्द + since / for + समय?

निर्देशः– यदि वाक्य के पहले (क्या) आवे तो उसकी अंग्रेजी had ही लिखी जायेगी।

Examples:–

1. क्या वे कल से पढ़ रहे थे ?
   Had they been reading since yesterday ?
2. क्या घोड़ा रात से दौड़ रहा था ?
   Had the horse been running since night ?

नियम 2:– Had + कर्त्ता + not been + क्रिया में ing + कर्म + अन्य शब्द + since / for + समय?

निर्देश 1:– not का प्रयोग कर्त्ता के बाद तथा been से पूर्व किया जायेगा।

Examples:–

1. क्या हम आज से नहीं पढ़ रहे थे ?
   Had we not been reading since today ?
2. क्या राम कल से नहीं लिख रहा था ?
   Had ram not been writing since yesterday ?

नियम 3:– What, when, where, why, how, which, who, whom + Had + कर्त्ता + not been + क्रिया में ing + कर्म + अन्य शब्द + since / for + समय ?

निर्देश 1:– सबसे पहले (Question words) की अंग्रेजी लिखी जायेगी।

Examples:–

1. तुम कल से कहां जा रहे थे ?
   Where had you been going since yesterday ?
2. राधा सुबह से क्यों नाच रही थी ?
   Why had Radha been dancing since morning ?

नियम 4:– What, when, where, why, how, which, who, whom + had + कर्त्ता +not been + not been + क्रिया में ing + कर्म + अन्य शब्द + since / for + समय ?

Examples:–

1. तुम कल से क्यों नही आ रहे थे ?
   Why had you not been coming since yesterday ?
2. किशन शाम से कैसे नही पढ़ रहा था ?
   How had kishan not been reading since evening ?

3. Future Perfect Continuous Tense पूर्ण निरन्तर भविष्यत् काल

पहिचान:– जिन हिन्दी वाक्यों के अन्त में रहा होगा, रही होगी, रहें होंगे, रहा हूँगा, अथवा ता रहा होगा, ती रही होगी, ते रहें होंगे अथवा हुआ होगा, हुई होगी, हुऐ होगें अथवा आ होगा, ई होगी, ऐ होगें आदि आवें और साथ में सयम भी दिया हो तो वहां पर पूर्ण निरन्तर भविष्यत् काल होता है।

1. Positive Sentences साधारण वाक्य

नियम:1– कर्त्ता + will have been / shall have been + क्रिया में ing + कर्म + अन्य शब्द + since / for + समय।

Examples:–

1. मैं कल से पढ़ रहा हूंगा/होऊगा।।
   I shall have been reading since tomorrow
2. वह दो बजे से खेल रहा होगा।
   He will have been playing since 2 'o' clock.

नियम:– कर्त्ता + will have been / shall have been + क्रिया में ing + कर्म + अन्य शब्द + upto / till + समय।

निर्देश 1:– Upto (तक) इसका प्रयोग निश्चित समय अर्थात जिस स्थान पर (से) के लिए since आता है वहीं पर (तक) के लिए Upto किया जाता है।

निर्देश 2:– Till (तक) इसका प्रयोग अनिश्चित समय अर्थात जिस स्थान पर (से) के लिए for आता है वहीं पर (तक) के लिए till किया जाता है।

Examples:–

1. मैं सुबह तक पढ़ रहा हूंगा।
   I shall have been reading upto morning.
2. तुम दो दिन तक नाचते रहोगे।
   You will have been dancing till 2 days.
3. राधा कल तक गाती रहेगी।
   Radha will have been singing till tomorrow.

नियम 3:– कर्त्ता + will have been / shall have been + क्रिया में ing + कर्म + अन्य शब्द + from – to + समय।

निर्देश 1:– जब वाक्य में (से ––––– तक) दोनों एक साथ आवें तो उसकी अंग्रेजी from – to लिखी जायेगी।

1. मैं चार बजे से पांच बजे तक खेलता रहूंगा।
   I shall have been playing from 4 'o' clock to five o'clock.
2. तुम आज से कल तक दौड़ते रहोगे।
   You will have been running from today to tomorrow.

2. Negative Sentences नकारात्मक / निषेधात्मक वाक्य

नियम:– कर्त्ता + will not have been / shall not have been + क्रिया में ing + कर्म + अन्य शब्द + since / for/ upto / till / from ——— to + समय।

Examples:–

1. मैं कल से नहीं दौड़ रहा हूंगा।
   I shall not have been running since tomorrow.
2. वे दो दिन तक नही बैठे रहेंगे।
   They will not have been sitting till 2 days.
3. हम सोमवार से रविवार तक नहीं पढ़ते रहेंगे।
   We shall not have been reading from Monday to Sunday.

4. वे आज से नहीं लिख रहे होंगे।
   They will not have been writing since today.

3. Interrogative Sentences प्रश्नवाचक वाक्य

नियम 1:— shall / will + कर्त्ता + have been + क्रिया में ing + कर्म + अन्य शब्द + since / for/ upto / till / from ——— to + समय ?

निर्देश :— यदि वाक्य के पहले (क्या) आवे तो उस की अंग्रेजी will / shall लिखी जायेगी।

Examples:—

1. क्या वह कल तक पढ़ता रहेगा ?
   Will he have been reading till tomorrow ?
2. क्या हम जुलाई से मई तक सोते रहेंगे ?
   Shall we have been sleeping from July to May ?

नियम 2:— shall / will + कर्त्ता + have not been + क्रिया में ing + कर्म + अन्य शब्द + since / for/ upto / till / from ——— to + समय ?

Examples:—

1. क्या राम आज से नहीं रो रहा होगा ?
   Will Ram not have been weeping since today ?
2. क्या वे कल तक नहीं जाते रहेंगे ?
   Will they not have been going till tomorrow ?

नियम 3:— What, when, where, why, how, which, who, whom + shall / will + कर्त्ता + have been + क्रिया में ing + कर्म + अन्य शब्द + since / for/ upto / till / from ——— to + समय ?

Examples:—

1. तुम सुबह से कहां जा रहे होंगे ?
   Where will you have been going since morning ?
2. मैं कल तक क्यों आता रहूंगा ?
   Why shall I have been coming till tomorrow ?

नियम 4:— What, when, where, why, how, which, who, whom + shall / will + कर्त्ता + not have been + क्रिया में ing + कर्म + अन्य शब्द + since / for/ upto / till / from ——— to + समय?

Examples:–

1. मैं दो दिन से चार दिन तक कैसे नहीं पढ़ता रहूंगा ?
   How shall I not have been reading from 2 days to 4 days.
2. तुम अगस्त तक क्यों नहीं किताब पढ़ते रहोगे ?
   Why will you not have been reading the book upto August ?

Chapter – 9

Auxiliaries (Verbs)
सहायक क्रियायें

1. Primary Auxiliaries प्राथमिक सहायक क्रियायें

1. Use of Do, Does, Did (for, emphasis)

अर्थः– वाक्य में उनके अर्थ प्रायः (अवश्य/निश्चय ही/तो से लगाया जाता है।

निर्देश 1:– Do / Does / Did का प्रयोग वाक्यों को अधिक प्रभावकारी (emphasis) बनाने के लिए किया जाता है।

निर्देश 2:– Do / Does / Did के बाद सदैव मुख्य क्रिया की प्रथम अवस्था का ही प्रयोग किया जाता है।

निर्देश 3:– Do / Does में दोनों अनिश्चित वर्तमान काल (Present Indifinite Tense) मे ही प्रयोग की जाती है। अर्थात एक वचन कर्त्ताओं (he, she, it, Ram Sita, boy, girl etc.) के साथ does का प्रयोग तथा बहुवचन कत्ताओं (I, we, you, they, boys, girls, etc.) के साथ do का प्रयोग किया जाता है।

निर्देश 4:– Did अनिश्चित काल (Past Indifinite tense) मे सभी कर्त्ताओं (चाहे एकवचन हों या फिर बहुवचन) के साथ का प्रयोग किया जाता है।

1. Present Indefinite Tense

Examples:-

1. He does go.
   वह जाता तो है।
2. Ram does read.
   राम निश्चय ही पढ़ता है।

3. I do play.
   मैं अवश्य खेलता हूँ।

2. Past Indefinite Tense

Examples:-

1. He did play.
   वह खेलता तो था।
2. Radha did dance.
   राधा निश्चय ही नाचती थी।
3. You did write.
   तुम अवश्य लिखते थे।

निर्देश:– यदि वाक्य Negative में हो तो उसके (not) को हटा दिया जाता है और वाक्य को जैसा का तैसा लिखा रहने देते है।

2. Use of Is, Are, Am

अर्थ:– इनके अर्थ क्रमशः (है, / हैं / हो / हूँ) तो से लगया जाता है।

नियम 1:– ये प्रायः वर्तमान काल की सहायक क्रिया में मानी जाती है।

नियम 2:– Is (है) का प्रयोग एकवचन कर्त्ताओं (he, she, it, Ram, Sita, boy, girl etc.) के साथ किया जाता है।

नियम 3:– Are (है / हों) का प्रयोग बहुवचन कर्त्ताओं (we, you, they, boys, girls, etc.) के साथ प्रयोग किया जाता है।

नियम 4:– Am (हूँ) का प्रयोग उत्तम पुरुष कर्त्ता (I) के साथ प्रयोग किया जाता है।

नियम 5:– इनके प्रयोग Negative तथा Interrogative वाक्यों में भी किये जाते हैं।

1. Is

Examples:-

1. He is clever.
   वह चतुर है।
2. He is not fool.
   वह मूर्ख नहीं है।
3. Is he a player ?
   क्या वह खिलाड़ी है ?

4. Is he not an oldman ?
क्या वह वृद्ध नहीं है ?

2. Are

Examples:-

1. They are thieves.
वे चोर हैं।
2. You are not a student.
तुम छात्र नहीं है।
3. Are the boys blind ?
क्या लड़के अन्धें है ?
4. Are the birds not black ?
क्या चिड़ियॉ काली नहीं हैं ?

3. Am

Examples:-

1. I am a student
मैं एक विद्यार्थी हूँ
2. I am not a teacher.
मैं अध्यापक नहीं हूँ।
3. Am I a farmer ?
क्या मैं किसान हूँ ?
4. Am I not a player ?
क्या मैं एक खिलाड़ी नही हूँ ?

3. Use of Was/Were

अर्थः– इनके अर्थ क्रमशः (था, थी, थे) से लगाये जाते है।

नियम 1:– ये प्रायः भूतकाल (Past tense) की सहायक क्रिया में मानी जाती है।

नियम 2:– Was (था, थी) का प्रयोग एकवचन कर्त्ताओं (I, he, she, it, Ram Sita, boy, girl etc.) के साथ किया जाता है।

नियम 3:– Were (थे) का प्रयोग बहुवचन कर्त्ताओं (we, you, they, boys, girls, etc.) के साथ प्रयोग किया जाता है।

नियम 4:– इनके प्रयोग Negative तथा Interrogative वाक्यों में भी किये जाते हैं।

1. Was

Examples:-

1. मकान बड़ा था।
   The house was big.
2. कुत्ता पालतू नहीं था।
   The dog was not pet.
3. क्या घोड़ा मोटा नहीं था ?
   Was the horse not fat ?
4. क्या राम छोटा था?
   Was Ram small ?

2. Were

Examples:-

1. पत्तियाँ पीली थी।
   The leaves were yellow.
2. प्याले पुराने नहीं थे।
   The cups were not old.
3. क्या चिड़िया काली थी ?
   Were the birds black ?
4. क्या लड़के विद्यार्थी नहीं थे ?
   Were the boys not students ?

4. Use of Has / Have (Present tense)

अर्थ:– इनके अर्थ पास या रखना से लगाया जाता है।

नियम 1:– Has का प्रयोग एकवचन अन्य पुरुष कर्त्ताओं (he, she, it, Ram, Sita, boy, girl etc.) के साथ किया जाता है।

नियम 2:– Have का प्रयोग उत्तम पुरुष, मध्यम पुरुष तथा अन्य पुरुष, बहुवचन कर्त्ताओं (I, we, you, they, boys, girls, etc.) के साथ प्रयोग किया जाता है।

नियम 3:– Has/Have का प्रयोग प्रजेन्ट टेन्स में ही किया जाता है।

नियम 4:– इनके प्रयोग Negative तथा Interrogative वाक्यों में भी किये जाते हैं।

1. Has

Examples:-

1. राम के पास गाय है।
   Ram has a cow.
2. उराके पास पेन नहीं है।
   He has no pen.
3. क्या वह घोड़ा रखता है ?
   Has he a horse ?
4. क्या उसके पास बन्दूक नहीं है ?
   Has he no gun ?

2. Have

Examples:-

1. मेरे पास एक कार है।
   I have a car.
2. तुम्हारे पास चाकू नहीं है।
   You have no knife.
3. क्या हमारे पास गाय है ?
   Have we a cow ?
4. क्या वे जूते नहीं रखते है ?
   Have they not shoes ?

5. Use of Has/Had (Past tense)

अर्थ:– इसका अर्थ पास था या रखता था आदि से लगाया जाता है।

नियम 1:– इसका का प्रयोग सभी कर्त्ताओं के साथ किया जाता है।

नियम 2:– इसका प्रयोग Negative तथा Interrogative वाक्यों में भी किये जाते हैं।

Examples:-

1. उसके पास गाय थी।
   He had a cow.
2. तुम पेन नहीं रखते थे।
   You had no pen.
3. क्या वे कार रखते थे ?
   Had they a car ?

4. क्या मेरे पास किताब नही थी ?
Had I no a book ?

6. Use of to have (Future tense)

अर्थः– इसका अर्थ पास होगा या रखता होगा से लगाया जाता है।

नियम 1:– Shall have का प्रयोग उत्तम पुरुष कर्त्ता (I, We) के साथ किया जाता है।

नियम 2:– Will have का प्रयोग शेष सभी कर्त्ताओं (you, they, boys, girls, he she, it Ram, Sita, boy, girl) के साथ प्रयोग किया जाता है।

नियम 3:– इनके प्रयोग Negative तथा Interrogative वाक्यों में भी किया जाता हैं।

Examples:- 1. उनके पास एक किताब होगी।
He will have a book
2. घर में खिड़की नहीं होगी।
The house will no/not have window.
3. क्या उसके पास गाड़ी होगी ?
Will he have a car ?
4 क्या कार पर चालक नहीं होगा ?
Will the car not have a driver ?

7. Use of to Shall be/will be (Future tense)

अर्थः– इसका अर्थ (गा, गी, गे) अथवा होगा, होगी, होंगे से लगाया जाता है।

नियम 1:– Shall be का प्रयोग उत्तम पुरुष कर्त्ता (I, We) के साथ किया जाता है।

नियम 2:– Will have का प्रयोग शेष सभी कर्त्ताओं (you, they, boys, girls, , he she, it, Ram, Sita, boy, girl) के साथ प्रयोग किया जाता है।

नियम 3:– इसका प्रयोग Negative तथा Interrogative वाक्यों में भी किये जाते है।

1. Shall be

Examples:- 1. हम पागल होगें।
We shall be mad.

2. मैं अध्यापक नहीं बनूंगा।
   I shall not be a teacher.
3. क्या हम शिकारी होंगे ?
   Shall we be a hunter ?
4. क्या हम चोर नहीं होंगे ?
   Shall we not be thieves ?

1. Will be

Examples:-

1. वह चतुर होगी।
   She will be clever.
2. घड़ी नयी नहीं होगी।
   The watch will not be new.
3. क्या अमरुद मीठा होगा ?
   Will the guava be sweet ?
4. क्या राजा चोर नहीं होगा ?
   Will the king not be a thief ?

2. Modals Auxiliaries रूपात्मक सहायक क्रियायें

1. Shall/Should

निर्देश 1:– Shall का प्रयोग प्रायः उत्तम पुरुष कर्त्ता (I, We) के साथ भविष्य काल का भाव प्रकट करने के लिए किया जाता है।

निर्देश 2:– Should का प्रयोग second मध्यम तथा third अन्य पुरुष के साथ promise वचन, threat धमकी, order आज्ञा का भाव प्रकट करने के लिए किया जाता है।

1. Shall

Examples:-

1. मैं घर जाऊंगा।
   I shall go to home.
2. तुम्हें फल मिलेंगे।
   You shall get fruits.
3. वह तुम्हें देख लेगा।
   He shall see you.

4. तुम अवश्य जाओगे।
   You shall go.

2. Should

अर्थः– इसका अर्थ चाहिए/ने होंगे, ना होगा, नी होगी, आदि से लगाया जाता है।

नियम 1:– Should is the past tense of shall . should -shall का भूतकाल का रूप होता है।

नियम 2:– इसका प्रयोग advice, suggestion, duty, moral obligation (सलाह, सुझाव, कर्त्तव्य, नैतिक बंधन के भाव प्रकट) करने के लिए किया जाता है।

2. Should

Examples:-

1. मुझे बदलने होंगे।
   I should change.
2. हमें डाक्टर से मिलना चाहिए।
   We should see the doctor.
3. हमें प्रार्थना करनी चाहिए।
   We should pray.

2. Will/Would

1. Will

अर्थः– इसका अर्थ (गा, गी, गे) से लगाया जाता है।

निर्देश 1:– इसका प्रयोग you, they, boys, girls, he, she, it, Ram, Sita, boya, girl के साथ लगाया जाता है।

निर्देश 2:– इसका प्रयोग I, we के साथ वचन promise, इच्छा wish, दृढ़ निश्चय Determination, धमकी threat के भाव प्रकट करने के लिए किया जाता है।

1. Will

Examples:-

1. वह पढ़ेगा।
   He will read.

2. हम तुम्हें पकड़ लेंगे।
   We will catch you.
3. मैं गांव छोड़ दूंगा।
   I will leave the village.
4. हम तुम्हारी मदद करेंगे।
   We will help you.

2. Would

अर्थः– इसका अर्थ (गा, गी, गे) करेगा, करेगी, करेंगे आदि से लगाया जाता है।

निर्देश 1:– इसका प्रयोग दृढ़ निश्चय, सम्मति, नम्रता, भूतकाल में भविष्य काल को सूचित करने के लिए किया जाता है। Would will का भूतकाल का रूप होता है।

2. Would

1. वह मदद नहीं करेगा।
   He would not help.
2. रामू प्रयत्न करेगा।
   Ramu would try.
3. क्या आप किताब देंगे?
   Would you give the book ?
4. तुमने कहा कि वह आयेगी?
   You said that she would come ?

3. Can/Could

अर्थः– इसका अर्थ सकता, सकती, सकते है से लगाया जाता है।

निर्देश 1:– इसका प्रयोग योग्यता, शक्ति, क्षमता, निर्देश के अर्थ में आदि के भाव को प्रकट करने के लिए किया जाता है।

निर्देश 2:– इसका प्रयोग Negative तथा Interrogative वाक्यों में भी किये जाते है।

1. Can (Present Tense)

Examples:-

1. मैं साईकिल चला सकता हूँ।
   I can drive the cycle.

2. मै तेज दौड़ सकता हूँ।

   I can run fast.

3. मैं बाहर नहीं जा सकता हूँ।

   I can not go out.

4. वह पकड़ सकता है।

   He can catch.

2. Could

अर्थः– इसका अर्थ सकता था, सकती थी, सकते थे, आदि से लगाया जाता है।

निर्देश 1:– यह can का भूतकाल रुप है इसका प्रयोग अनिश्चित भूतकाल (Past indefinite tense) में किया जाता है।

निर्देश 2:– यह योग्यता, शक्ति, क्षमता के भावों को प्रकट करता है।

निर्देश 3:– इसका प्रयोग Negative तथा अत्यधिक विनम्रता के लिये Interrogative वाक्यों में भी किया जाता है।

2. Could

Examples:-

1. वे खेल सकते थे।

   They could play.

2. क्या आप मेरी सहायता कर देंगे।

   Could you help me.

3. मैं झूठ नहीं बोल सकता था।

   I could not tell a lie.

4 May/Might

1. May (Present Tense)

अर्थः– इसका अर्थ सकना से लगाया जाता है।

निर्देश 1:– इसका प्रयोग इच्छा wish, आज्ञा order, उद्देश्य Purpuse, सम्भावना आदि के भावों को प्रकट करने के लिए किया जाता है।

निर्देश 2:– इसका प्रयोग Negative तथा Interrogative वाक्यों में भी किया जाता है।

1. May

Examples:-

1. तुम्हारी दीर्घायु हो।
   May you live long.
2. तुम जा सकते हो।
   You may go.
3. तुम पास होने के लिए पढ़ते हो।
   You read that you may pass.
4. वर्षा हो सकती है।
   It may rain.

2. Might (Past tense)

अर्थः— इसका अर्थ सकता है से लगाया जाता है।

निर्देश 1:— इसका प्रयोग इच्छा, आज्ञा, उद्देश्य, सम्भावना, आदि के भावों को प्रकट करने के लिए किया जाता है।

निर्देश 2:— यह May का Past tense का रुप ही है।

निर्देश 2:— इनके प्रयोग Negative तथा Interrogative वाक्यों में भी किये जाते हैं।

2. Might

Examples:-

1. वर्षा हो सकती है।
   It might rain.
2. वह नाच सकती है।
   She might dance.
3. राम मुझे बुला सकता है।
   Ram might call me.

5. Must

अर्थः— इसका अर्थ चाहिए, अवश्य चाहिए, पड़ेगा आदि से लगाया जाता है।

निर्देश 1:— इसका प्रयोग दृढ़ निश्चय, कर्त्तव्य, मजबूरी, अनिवार्यता आदि के भावों को प्रकट करने के लिए किया जाता है।

निर्देश 2:— इसका प्रयोग Should की अपेक्षा अधिक प्रभावशाली होता है।

निर्देश 3:– इसका रुप प्रत्येक टेन्स में एक सा रहता है।

निर्देश 4:– इसका प्रयोग Infinitive तथा Participle form के रुप में कभी नहीं होता है।

निर्देश 5:– इसका प्रयोग Negative तथा Interrogative वाक्यों में भी किये जाते है।

Examples:-

1. मुझे लौट आना चाहिए।
   I must return.
2. हमे बड़ों की आज्ञा माननी चाहिए।
   We must obey our elders.
3. तुम्हें आना पड़ेगा।
   You must come.
4. उसे मरना पड़ेगा।
   He must die.

6. Need

अर्थ:– इसका अर्थ आवश्यकता या जरुरत से लगाया जाता है।

निर्देश 1:– इसका प्रयोग मुख्य क्रिया के रूप में भी किया जाता है। तब एकवचन कर्त्ताओं के साथ need तथा बहुचवन के साथ need आता है।

Examples:-

1. मुझे पेन की आवश्यकता है।
   I need a pen.
2. उसे किताब की जरुरत है।
   He need a book.

निर्देश 2:– भूतकाल में need का प्रयोग किया जाता है।

Examples:-

1. मुझे चाकू की आवश्यकता थी।
   I needed a knife.
2. तुम्हें किताब की जरुरत थी।
   You needed a book.

निर्देश 3:– यदि वाक्य में मुख्य क्रिया होता needs to, need to , needed to का प्रयोग किया जाता है।

Examples:-

1. मुझे खाने की जरुरत है।
   I need to eat.

2. उसे रोने की आवश्यकता है।
   He needs to weep.
3. तुम्हें पढ़ने की आवश्यकता थी।
   You needed to read.

निर्देश 4:– इसका प्रयोग Auxiliary verb के रुप में भूतकाल तथा भविष्यत् काल में नहीं किया जाता है। इस अवस्था में एक वचन कर्त्ताओं के साथ needs का प्रयोग न कर need का ही प्रयोग किया जाता है। और तब Negative तथा Interrogative मे ही दवाब, आवश्यकता, कर्त्तव्य, के भाव को प्रकट करने में होता है।

Examples:-

1. तुम्हें दौड़ने की आवश्यकता नहीं है।
   You need not run.
2. उसे किताब की जरुरत नहीं है।
   He need not a book.
3. क्या मुझे कहने की जरुरत है ?
   Need I tell ?
4. क्या हमें आने की आवश्यकता नहीं है ?
   Need we not come ?

7. Dare

अर्थ:– इसका अर्थ हिम्मत अथवा साहस से लगाया जाता है।

निर्देश 1:– इसका प्रयोग मुख्य क्रिया के रुप में जब किया जाता है। तब need / dares/ dared to का प्रयोग किया जाता है।

Examples:-

1. तुम में खेलने की हिम्मत है।
   You dare to play.
2. उसमें कूदने की साहस है।
   He dares to jump.
3. हममें आने की हिम्मत थी।
   We dared to come.

निर्देश 4:– इसका प्रयोग Auxiliary verb के रुप में होता है तब नकारात्मक वाक्यों में dare not का प्रयोग सभी कर्त्ताओं के साथ needs not का प्रयोग नहीं किया जाता है। तथा प्रश्नवाचक वाक्यों में dare सहायक मानकर ही नियमानुसार वाक्य बनाये जाते है।

Examples:-

1. उसमें खाने का साहस नहीं है।
   He dare not eat.
2. राधा को नाचने की हिम्मत नहीं है।
   Radha dare not dance.
3. क्या तुममे दौड़ने का साहस है ?
   Dare you run ?
4. क्या उनमें खेलने की हिम्मत नहीं है ?
   Dare they not play ?

विशेषः– इसका प्रयोग Past तथा Future में नहीं किया जाता है।

8. Ought to

1. Present Tense

अर्थः– इसका अर्थ उचित है चाहिए से लगाया जाता है।

निर्देश 1:– इसका प्रयोग नैतिक कर्त्तव्य तथा कर्त्तव्य के भावों को प्रकट करने के लिए किया जाता है।

नियमः– कर्त्ता + ought to + क्रिया की प्रथम अवस्था + कर्म + अन्य शब्द

Examples:-

1. हमें सत्य बोलना चाहिए।
   We ought to speak the truth.
2. उसका पढ़ना उचित है।
   He ought to read.

निर्देश 2:– Negative Sentences में ought not to का प्रयोग किया जाता है।

Examples:-

1. मेरा पढ़ना उचित नहीं है।
   I ought not to read.
2. रामू को झूठ नहीं बोलना चाहिए।
   Ramu ought not to tell a lie.

2. Past Tense

अर्थः– इसका अर्थ उचित था/चाहिए था से लगाया जाता है।

निर्देश 1:– इसका प्रयोग नैतिक कर्त्तव्य तथा कर्त्तव्य के भावों को प्रकट करने के लिए किया जाता है।

नियम:– कर्त्ता + ought to have + क्रिया की तीसरी अवस्था + कर्म + अन्य शब्द

Examples:-

1. तुम्हें जाना चाहिए था।
   You ought to have gone.
2. हमारा पढ़ना उचित था।
   We ought to have read.
3. मनोज को खेलना चाहिए था।
   Manoj ought to have played.
4. हमें नहीं रोना चाहिए था/उचित था।
   We ought not to have weept.

निर्देश 2:– Negative Sentences में ought not to have का प्रयोग किया जाता है।

3. Future Tense

अर्थ:– इसका अर्थ उचित होगा/चाहिए से लगाया जाता है।

नियम:– कर्त्ता + ought to + क्रिया की प्रथम अवस्था + कर्म + अन्य शब्द+today/tomorrow/nextday/tonight/nextmonth/thatday

निर्देश:– भविष्यकाल में ought to का प्रयोग वर्तमान काल की ही तरह किया जाता है परन्तु वाक्य के अन्त में कोई भी एक शब्द जो भविष्य की स्थिति को प्रकट करने के लिए लिख देते हैं।

Examples:-

1. मेरा पढ़ना उचित होगा।
   I ought to read today.
2. तुम्हारा पढ़ाना उचित नहीं होगा।
   You ought not to teach tomorrow.

9. Used to

अर्थ:– इसका अर्थ करता था, करती थी, करते थे आदि से लगाया जाता है।

निर्देश 1:– used to के बाद सदैव क्रिया की प्रथम अवस्था का ही प्रयोग किया जाता है।

निर्देश 2:– Negative में used not to का ही प्रयोग किया जाता है।

Examples:-

1. मैं पढ़ा करता था।
   I used to read.
2. तुम खेला करते थे।
   You used to play.
3. वह नहीं जाया करता था।
   He used not to go.

निर्देश 3:– यदि वाक्य अनिश्चित भूतकाल का हो तो used to लगाते समय क्रिया की प्रथम अवस्था कर देते हैं।

Examples:-

I went to home.

I used to go to home.

निर्देश 4:– used to का प्रयोग past habit के अलावा present habit में भी किया जाता है।

Example:

1. He is used to take milk before sleeping.

10. Would have

अर्थ:– इसका अर्थ होता से लगाया जाता है।

निर्देश 1:– कर्त्ता + would have + क्रिया की तीसरी अवस्था + कर्म + अन्य शब्द

नियम:– Negative में would not have का ही प्रयोग किया जाता है।

Examples:-

1. वह किताब पढ़ा होता।
   He would have read the book.
2. तुमने गायें चरायी होती।
   You would have grazed the cows.
3. वह फेल नहीं होता।
   He would not have failed.

11. Should have

अर्थः– इसका अर्थ चाहिए था से लगाया जाता है।

निर्देश 1:– कर्त्ता + should have + क्रिया की तीसरी अवस्था + कर्म + अन्य शब्द

नियम:– Negative में should not have का ही प्रयोग किया जाता है।

Examples:-

1. उसे खाना खा लेना चाहिए था।
   He should have eaten the food.
2. तुम्हें किताब पढ़ लेनी चाहिए थी।
   You should have read the book.
3. मुझे वापस नहीं आना चाहिए था।
   I should not have retunred.

12. Could have

अर्थः– इसका अर्थ सकता था आदि से लगाया जाता है।

निर्देश 1:– कर्त्ता + could have + क्रिया की तीसरी अवस्था + कर्म + अन्य शब्द

नियम:– Negative में could not have का ही प्रयोग किया जाता है।

नियम:– इसका प्रयोग ऐसे कार्यों के लिए किया जाता है जिसको करना संभव उचित या कर्त्तव्य या परन्तु वह हुआ नहीं या किया नहीं जा सकता।

Examples:-

1. वह किताब दे सकता था।
   He could have given the book.
2. तुम कल जा सकते थे।
   You could have gone yesterday.
3. मैं काम समाप्त नहीं कर सकता था।
   I could not have finished the work.

13. Might have

अर्थः– इसका अर्थ सकता था आदि से लगाया जाता है।

निर्देश 1:– कर्त्ता + Might have + क्रिया की तीसरी अवस्था + कर्म + अन्य शब्द

नियमः– Negative में Might not have का ही प्रयोग किया जाता है।

नियमः– इसका प्रयोग ऐसे कार्यों के लिए किया जाता है जिसको करना संभव, उचित या कर्त्तव्य या परन्तु वह हुआ नहीं या किया नहीं जा सकता।

Examples:-

1. वह ग्वालियर जा सकता था।
   He might have gone to Gwalior.
2. तुम अपनी किताब खो सकते थे।
   You might have lost your book.
3. तुम नहीं आ सकते थे।
   You might not have come.

14. Must have

अर्थः– इसका अर्थ अवश्य चाहिए था आदि से लगाया जाता है।

निर्देश 1:– कर्त्ता + Must have + क्रिया की तीसरी अवस्था + कर्म + अन्य शब्द

नियमः– Negative में Must not have का ही प्रयोग किया जाता है।

Examples:-

1. उसे खाना अवश्य खाना चाहिए था।
   He must have eaten the food.
2. तुम्हें स्कुल अवश्य जाना चाहिए था।
   You must have gone to school.
3. हमें अवश्य नही खेलना चाहिए था।
   We must not have played.

15. Has to / Have to / Had to

1. Has to

अर्थः– इसका अर्थ ना पड़ता है, नी पड़ती है, ने पड़ते हैं आदि से लगाया जाता है।

निर्देश 1:– कर्त्ता + has to + क्रिया की प्रथम अवस्था + कर्म + अन्य शब्द

निर्देश 2:– has to का प्रयोग अन्य पुरुष एक वचन कर्त्ताओं (He, she, it, Ram, Sita, boy, girl) के साथ किया जाता है।

Examples:-

1. उसे दौड़ना पड़ता है।
   He has to run.
2. राम को रामायण पढ़नी पड़ती है।
   Ram has to read the Ramayan.
3. लीला को काम करना है।
   Leela has to do the work.

2. Have to

अर्थः– इसका अर्थ ना पड़ता है, नी पड़ती है, ने पड़ते हैं अथवा ना है, नी है, ने है आदि से लगाया जाता है।

निर्देश 1:– कर्त्ता + have to + क्रिया की प्रथम अवस्था + कर्म + अन्य शब्द

निर्देश 2:– have to का प्रयोग (I, we, you, they, boys, girls) के साथ किया जाता है।

Examples:-

1. मुझे किताब खरीदनी पड़ती है।
   I have to buy the book.
2. हमें दौड़ना है।
   We have to run.
3. उन्हें पेड़ पर चढ़ना है।
   They have to climb on the tree.

3. Had to

अर्थः– इसका अर्थ ना पड़ता था, नी पड़ती थी, ने पड़ते थे अथवा ना था, नी थी, ने थे आदि से लगाया जाता है।

निर्देश 1:– कर्त्ता + had to + क्रिया की प्रथम अवस्था + कर्म + अन्य शब्द

निर्देश 2:– had to का प्रयोग सभी कर्त्ताओं (He, she, it girl, boy, I, we, you, they, boys, girls) के साथ किया जाता है।

Examples:-

1. उसे खाना था।
   He had to eat.

2. तुमको रोना पड़ता था।
   You had to weep.
3. मुझे स्कूल जाना पड़ता था।
   I had to go to school.

16. Has got to / Have got to

1. Has got to

अर्थः– इसका अर्थ पड़ेगा, पडेगी, पड़ेंगे अथवा चाहिए अथवा आवश्यक अथवा ही है आदि से लगाया जाता है।

निर्देश 1:– कर्त्ता + has got to + क्रिया की प्रथम अवस्था + कर्म + अन्य शब्द

निर्देश 2:– has got to का प्रयोग (He, she, it, Ram, Sita, boy, girl) अर्थात अन्य पुरुष एकवचन कत्ताओं के साथ किया जाता है।

Examples:-

1. उसे अपने बड़ो की आज्ञा माननी चाहिए।
   He has got to obey his elders.
2. राम को पढ़ना पड़ेगा।
   Ram has got to read.
3. मोहन का नाचना अति आवश्यक है।
   Mohan has got to dance.
4. राधा को गाना गाना ही है।
   Radha has got to sing a song.

2. Have got to

अर्थः– इसका अर्थ पड़ेगा, आवश्यक, चाहिए, ही है आदि से लगाया जाता है।

निर्देश 1:– कर्त्ता + have got to + क्रिया की प्रथम अवस्था + कर्म + अन्य शब्द

निर्देश 2:– have got to का प्रयोग (I, we, you, they, boys, girls) के साथ किया जाता है।

Examples:-

1. मुझे सत्य बोलना चाहिए।
   I have got to speak the truth.

2. हमें मां बाप की सेवा करनी पड़ेगी।
   We have got to serve the parents.
3. तुम्हारा पास होना अति आवश्यक है।
   You have got to pass.
4. उन्हें खेलना ही है।
   They have got to play.

Chapter – 10

Sentence वाक्य

वाक्य में एक Subject कर्त्ता तथा एक Predicate (विधेय) होता है जो पूर्ण अर्थ देता है।

Examples:-

He plays the football.
He ____ Subject
Plays the football ____ Predicate.

1. Kinds of Sentences (वाक्यों के भेद)

1. Assertive Sentences साधारण वाक्य/विधिसूचक वाक्य

ऐसे वाक्यों किसी व्यक्ति या वस्तु के संबंध में कथन होता है। जिसमें सबसे पहले कर्त्ता फिर क्रिया तथा बाद में कर्म तथा अन्य शब्द आता है।

निर्देश:– विधि सूचक वाक्य में Positive तथा Negative दोनों प्रकार के वाक्यों का साथ साथ अध्ययन किया जाता है।

Examples:-

1. तुम एक डाक्टर हो।
   You are a doctor.
2. वह खेल खेलता है।
   He plays the game.
3. वह खाना नहीं खाती थी।
   She did not eat the food.
4. वे घर नहीं जाते हैं।
   They do not go to home.

2. Interrogative Sentences प्रश्नवाचक वाक्य

इन वाक्यों में किसी व्यक्ति या वस्तु के बारे में प्रश्न पूछा जाता है। ऐसे वाक्यों में कर्त्ता से पहले सहायक क्रिया अथवा प्रश्नवाचक शब्द आदि होते है।

Examples:-

1. क्या वह खेल रहा है ?
   Is he playing ?
2. वह कहाँ रहता था ?
   Where did he live ?

3. Imperative Sentences आज्ञा सूचक वाक्य

पहिचानः— जिन हिन्दी वाक्यों के अन्त में (ओ) आवे तो वहां पर आज्ञा सूचक वाक्य होता है।

नियम 1:— क्रिया की प्रथम अवस्था + कर्म + अन्य शब्द

निर्देशः— आज्ञा सूचक वाक्यों में कर्त्ता you तुम प्रायः छिपा रहता है।

Examples:-

1. खाना खाओ।
   Eat the food.
2. फूल तोड़ो।
   Pluck the flowers.
3. खेल खेलो।
   Play the games.

नियम 2:— क्रिया की प्रथम अवस्था।

1. करो।
   Do
2. हंसो।
   Laugh
3. नाचो।
   Dance

नियम 3:— Please + क्रिया की प्रथम अवस्था + कर्म + अन्य शब्द

निर्देशः— कृपया के लिए Please का प्रयोग किया जाता है।

Examples:-

1. कृपया दूध पियो।
   Kindly / Please drink the milk.

2. कृपया पत्र लिखो।
   Kindly / Please write a letter.
3. कृपया रामायण पढ़ो।
   Kindly / Please read the Ramayan.

Negative Sentences नकारात्मक वाक्य

नियम 1:– Do not / Don't + क्रिया की प्रथम अवस्था + कर्म + अन्य शब्द

निर्देश:– Do not / Don't कर्म + अन्य शब्द का प्रयोग मत के लिए किया जाता है।

Examples:-

1. खेल मत खेलो।
   Don't play the game.
2. दूध मत पियो।
   Don't drink the milk.
3. चिड़िया मत पकड़ो।
   Don't catch the birds.

नियम 2:– Do not / Don't + क्रिया की प्रथम अवस्था।

1. बात मत करो।
   Don't talk.
2. हंसो मत / मत हंसो।
   Do not laugh.
3. गाली मत दो।
   Don't abuse.

नियम:– Please + Do not / Don't + क्रिया की प्रथम अवस्था + कर्म + अन्य शब्द

Examples:-

1. कृपया फूल मत सूंघो।
   Please do not smell the flower.
2. कृपया गायें मत चराओ।
   Please do not graze the cows.

4. Exclamatory Sentences विस्मयात्मक वाक्य

ये वाक्य अचानक, भय, आश्चर्य, प्रसन्नता आदि व्यक्ति करते है। इन वाक्यों में विराम के सथान पर विरमय बोध का चिन्ह लगाते है।

नियमः– What + how + adjective / adverb + subjcct + verb.

निर्देश 1:– जब वाक्यों में कितना / कैसा / कैसी आदि आवे तो प्रारंभ में What/how ही लिखा जाता है।

निर्देश 2:– यदि आश्चर्य प्रसन्नता, दुःख आदि प्रकट हो तो oh!, Hurrah!, Bravo!, Alas! आदि का प्रारंभ ही लिखते है।

Examples:-

1. यह कैसा सुन्दर कपड़ा है।
   What a fine cloth it is !
2. वह आज कितना दुखी है।
   How sad he is today !
3. मौसम कैसा अच्छा है।
   How pleasant the weather is !
4. वह लड़की कितनी सुन्दर है।
   How beautiful a girl she is !
5. अफसोस ! वह मर गया है।
   Alas! He is dead !
6. अहा! छुट्टी का घंटा बज गया है।
   Hurrah! The last bell has gonc !

5. Optative Sentences इच्छात्मक वाक्य

जिन वाक्यों में इच्छा अथवा आशीर्वाद व्यक्त किये जाते है। वे इच्छात्मक वाक्य कहलाते है।

निर्देश 1:– इच्छात्मक वाक्य प्रायः May / wishसे प्रारंभ होते है।

Examples:-

1. ईश्वर करे आप पास हो जायें।
   May you get through success.
2. ईश्वर इन बच्चों को दीर्घायु करे।
   May the children live long.
3. दीर्घायु हो।
   May you live long !

4. ईश्वर करे राजा बच जाये।
May God save the king.
5. ईश्वर करे भारतीय गणतन्त्र दीर्घायु हो।
May Indian republic live long.
6. ईश्वर इस पापी को क्षमा करे।
May God pardon this sinner.
7. ईश्वर करे आप अपने उद्देश्य में सफल हों।
May you succeed in your aim.
8. ईश्वर करे हमारी मातृभूमि समृद्धशाली हो।
May our mother land prosper.
9. आपकी यात्रा मंगलमय हो।
Wish you a happy journey.

6. Habitual Sentences आदी / स्वभावजनित वाक्य

निर्देश 1:– इस प्रकार के वाक्यों में प्रायः स्वभाव पाया जाता है।

निर्देश 2:– इस प्रकार के वाक्यों के आगे the अग्रशब्द नहीं आता है।

निर्देश 3:– क्रिया की सदैव प्रथम अवस्था का ही प्रयोग किया जाता है।

निर्देश 4:– इसका प्रयोग प्रायः काल के नियमानुसार ही होता है।

Examples:-

1. चिड़ियाँ आकाश में उड़ा करती हैं।
Birds fly in the sky.
2. लड़के सेब पसन्द किया करते हैं।
Boys like apples.
3. साँप पानी में तैरा करते हैं।
Snakes swim in the water.
4. कुत्ते रास्ते में सोया करते हैं।
Dogs sleep in the way.
5. विद्यार्थी खेल खेला करते हैं।
Student play the games.
6. शेर जंगल में दहाड़ा करते हैं।
Lions roar in the forest.
7. बिल्लियाँ चूहे मारा करती हैं।
Cats kill the rats.

8. मोर जंगल में नाचा करते हैं।
Peacocks dance in the forest.

7. Causative Sentences प्रेरणार्थक वाक्य / क्रियाऐं

जब कर्त्ता कोई कार्य स्वयं न करके दूसरे से कराता है तब Have / get का प्रयोग करते हैं।

नियमः– कर्त्ता + Have / has / had / get + संज्ञा / सर्वनाम + क्रिया की तीसरी अवस्था + अन्य शब्द।

निर्देश 3:– Have / get के साथ क्रिया की सदैव तीसरी अवस्था का ही प्रयोग किया जाता है।

निर्देश 4:– जब वाक्य में एक कर्त्ता होता या कार्य करने वाला कर्त्ता छिपा हो तब इस प्रकार के वाक्य बनाते हैं।

Examples:-

1. उसने पत्र लिखवाया है।
He has get a letter written.
2. तुमने मेज पर थालियाँ लगवा दी।
You had the dishes laid on the table.
3. हमने काम करवाया है।
We have the work done.

नियमः– कर्त्ता + Make / cause + संज्ञा / सर्वनाम + क्रिया की प्रथम अवस्था + अन्य शब्द।

निर्देश 1:– Make / cause का प्रयोग tense के अनुसार ही प्रयोग किया जाता है।

निर्देश 2:– Make / cause के बाद सदैव क्रिया की प्रथम अवस्था ही आती है।

Examples:-

1. मैंने घोड़े को तेज दौड़ाया।
I made the horse run fast.
2. उसने मुझे रुला दिया।
He caused me weep.
3. मदारी ने बंदर नचाया।
The juggler made the monkey dance.

नियमः– कर्त्ता + get / gets / got + संज्ञा / सर्वनाम + to + क्रिया की प्रथम अवस्था + अन्य शब्द।

निर्देश 1:– Negative में not to अर्थात to के पूर्व not को लिख देते है। और वाक्य की सहायक क्रिया को समाप्त कर दिया जाता है।

निर्देश 2:– Tense के सभी नियमों में इस नियम का प्रयोग किया जा सकता है।

निर्देश 3:– यदि काम करने वाला संज्ञा शब्द हो तो उसे जैसा का तैसा ही लिख देते हैं।

निर्देश 4:– यदि कार्य करने वाला सर्वनाम हो तो उसे कर्म कारक objective case में बदल कर लिख देते हैं। जैसे I – me, We – us, You – you, He – him, She – her, It – it, They – them etc.,

निर्देश 5:– Get causative verb का उस समय प्रयोग किया जाता है। जब कार्य करने वाला तथा कराने वाला दोनों ही वाक्य में प्रकट हों।

Examples:-

1. राम श्याम से खाना खवाता है।
   Ram gets Shyam to eat the food.
2. वह मुझसे गाना गवाता है।
   He gets me to sing a song.
3. वे उससे पत्र नहीं लिखवाते है।
   They get him not to write a letter.
4. हरी ने मोहन से पत्र लिखवाया।
   Hari got Mohan to write a letter.
5. मैंने तुमसे दूध नहीं बिकवाया।
   I got you not to sell the milk.
6. राधा सीता से कपड़े धुलवायेगी।
   Radha will get Sita to wash the clothes.
7. हम उससे रामायण नहीं पढ़वायेंगे।
   We shall get him not to read the Ramayan.

8. Simple Sentences सामान्य वाक्य

निर्देश 1:– ये प्रायः साधारण वाक्य कहलाते है। जिसमें कर्त्ता क्रिया कर्म अन्य शब्द का ही मात्र समावेश होता है।

निर्देश :– कभी कभी दो या दो से अधिक वाक्यों को मिलाकर एक Simple sentence बनाया जाता है।

Examples:-

1. वह दूध पीता है।
   He drinks the milk.
2. उसने कठिन मेहनत की।
   He worked hard.
3. वह पास हो जायेगा।
   He will pass.
4. उसने कठिन मेहनत की वह पास हो गया।
   He worked hard he passed.
   On account of hard work he passed.
5. मैंने अपना बटुआ पाया। मेरा बटुआ खो गया था।
   I got my purse. My purse was lost./ I got my lost purse.
6. उसने कठिन मेहनत की। वह पुरस्कार जीतना चाहता था।
   He worked hard , he wanted to win the prize./ He worked hard to win the prize.

9. Compound Sentences सयुंक्त वाक्य

सयुंक्त वाक्य में एक Principal clause (प्रधान उपवाक्य) तथा कम से कम एक Coordinate clause (समान पदीय उपवाक्य) अवश्य होता है।

निर्देश:– समान पदीय उपवाक्य Coordinate clause को (प्रधान उपवाक्य) Principal clause से जोड़ने के लिए निम्न शब्दों का प्रयोग किया जाता है।

नियम 1:– एक कथन को दूसरे कथन से जोड़ने के लिएः– and, or, both – and, neither- nor, either – or, not only – but also, as well as.

नियम 2:– विरोध प्रकट करने के लिएः– But, still, however, yet.

नियम 3:– फल प्रकट करने के लिएः– So, for, therefore.

Examples:-

1. वह मेरे पास आया और मेरी मदद की।
   He came to me **and** helped me.
2. उसे सजा और जुर्माना दोनों भुगतने पड़े।
   He was **both** punished **and** fined.
3. वह झूठा है और चोर भी।
   He is a lier **and** thief **too**.

4. या तो तुमने या तुम्हारे भाई ने कार्य किया है।
   Either you **or** your brother has done the work.
5. न तो राम आया न उसने किताब दी।
   Neither ram came **nor** he gave the book.
6. खूब मेहनत करो अन्यथा तुम फेल हो जाओगे।
   Work hard **otherwise** you will fail.
7. वह धनवान है किन्तु फिर भी प्रसन्न नहीं है।
   He is rich **still** he is not happy.
8. उसने मेहनत नहीं की इसलिए फेल हो गया।
   He did not work hard **therefore** he failed.

10. Complex Sentences जटिल / मिश्रित वाक्य

मिश्रित वाक्य में एक सयुंक्त वाक्य में एक प्रधान उपवाक्य Principal clause तथा कम से कम एक Subordinate clause, (Adjective clause, noun clause, adverb clause) होती है।

निर्देशः– Subordinate clause आश्रित उपवाक्य प्रायः तीन प्रकार के होते है।

1. Noun clause संज्ञा उपवाक्य

नियम 1:– यह प्रायः संज्ञा की भांति

1. Subject to a verb
2. Object to a verb
3. Object to a preposition.
4. Complement to a verb
5. Case in a apposition to a noun or pronoun. होता है।

निर्देश 2:– यदि वाक्य में Principal caluse की क्रिया Past tense में हो तो उससे जुड़ी Subordinate clause की क्रिया भी Past tense में होती है भले ही वह Present tense या Future में हो।

Examples:-

1. मैं जानता था कि वह नहीं आयेगा।
   I knew that he would not come.
2. उसने कहा कि तुम नहीं रोओगे।
   He said that you would not weep.

निर्देश 3:– यदि प्रधान उपवाक्य में जुड़ा दूसरा आश्रित उपवाक्य कोई प्रश्न सूचक हो तो (कि) के लिए that नहीं लिखते हैं और प्रश्न सूचक शब्द या if या whether लिखकर वाक्य को आगे साधारण बना देते हैं।

1. क्या आप हमें बता सकते है कि वह क्यों रो रहा है ?
   Can you tell us why he is weeping.
2. मुझे विदित नहीं कि वह पास हो गया है या नहीं।
   I do not know whether he has passed or not.

2. Adjective clause विशेषण उपवाक्य

निर्देश 1:– यह Adjective का काम करते है। इसलिए जिस संज्ञा या सर्वनाम की यह विशेषता बताती है। ठीक उसी के पीछे रखी जाती है।

निर्देश 2: यह सदैव किसी Relative pronoun या Relative adverb से प्रारंभ होती है।

निर्देश 3:– इसकी क्रिया उस शब्द के अनुसार लगायी जाती है। जिसके यह विशेषता बताती है।

निर्देश 4:– यह प्रायः who (जो), which (जिसको/जो), whom (जिनको कि), when (जबकि), where (जहां कि), whose (जिसका कि), why (जैसे कि), how (जैसे कि), that (कि/जिसको), आदि से बनती है।

निर्देश 1 Which:–

जो मकान मैंने बनवाया था किराये पर उठा दिया है।
The house which I built has been let out.

निर्देश 2 Who:– (जो) यह व्यक्ति के लिए कर्त्ता कारक में आता है।

वह आदमी जो यहा आया था मेरा संबंधी है।
The man who came here is my relative.

निर्देश 3 Whom:– (जिनको कि) यह व्यक्ति के लिए कर्त्ता कारक में आता है।

यह स्त्री जो तुमने कल देखी थी उसकी वधू है।
The woman whom you saw yesterday is his wife.

निर्देश 4 That:– (कि/जिसको) यह वस्तु तथा व्यक्ति दोनों के लिए आता है।

यह वही कलम है जो मैंने कल खरीदी थी।
This is the same pen that I bought yesterday.

Or

This is the pen that I bought yesterday.

निर्देश 5 When:– (जबकि) यह जबकि अर्थ के लिए आता है।

यही समय है जब उसे परिश्रम करना चाहिए।

This is the time when he must work hard.

निर्देश 6 Where:– (जहां की) यह स्थान के लिए आता है।

यही वह स्थान है जहां वह पैदा हुआ था

This is the place where he was born.

निर्देश 7 Which:– (जो/जिसको) यह छोटे तथा निम्न प्राणियों एवं वस्तुओ के लिए आता है।

जो प्रस्ताव मैंने कल रखा था सबने स्वीकार कर लिया था।

All accepted the proposal which I put yesterday.

3. Adverb clause क्रिया विशेषण उपवाक्य

निर्देश 1:– यह क्रिया विशेषण का कार्य करती है।

निर्देश 2:– यह समय, स्थान, रीति, प्रभाव, तुलना, विभिन्नता, उद्देश्य, कारण, शर्त, सीमा इत्यादि प्रकट करती है।

Examples:-

1. जब मैं आया वह यहाँ नहीं था।
   When I came he was not here.
2. वह स्कूल नहीं जायेगा क्योंकि वह बीमार है।
   He will not go to school because he is ill.
3. यदि वह परिश्रम करेगी तो पास हो जायेगी।
   If she works hard she will pass.
4. ज्यों ही वे स्कूल गये त्यों ही तुम आये।
   As soon as they went to school you came.
5. यद्यपि वह गरीब है फिर भी ईमानदार है।
   Although he is poor yet he is honest.
6. यदि तुम यहाँ आते तो मैं तुम्हारी मदद करता।
   If you had come here, I would have helped you.
7. वह मुझसे अधिक तेज दौड़ सकता है।
   He can run faster than me.
8. संभलकर चलो कहीं ऐसा न हो कि गिर पड़ों।
   Walk carefully lest you should fall down.

9. वह इतना कमजोर है कि दौड़ नहीं सकता।
   He is so weak that he can not run.
10. तुम इतने मोटे थे कि दौड़ नहीं सके।
   You were so fat that you could not run.

11. Conditional Sentences सशर्त वाक्य

शर्त प्रकट करने वाले वाक्य Conditional Sentence कहलाते है।

निर्देश 1:– वर्तमान काल में शर्त प्रकट करने वाले वाक्य की दोनों clauses (उपवाक्य) की क्रियाऐं वर्तमान काल में ही होती है।

Examples:-

1. यदि वह घर जाता है तो मैं जाता हूँ।
   If he goes to home I go.
2. यदि राम हंसता है तो तुम खेलते हो।
   If Ram laughs you play.

निर्देश 2:– भूतकाल में शर्त प्रकट करने वाले वाक्य की दोनों clauses (उपवाक्य) की क्रियाऐं भूतकाल में ही होती है।

Examples:-

1. यदि वह आता तो मैं जाता।
   If he had come I would have gone.
2. यदि वह जाता था तो मैं आता था।
   If he went I came.

निर्देश 3:– भविष्यत् काल में शर्त प्रकट करने वाले वाक्य की (If) से जुड़ने वाली clauses वर्तमान काल में तथा दूसरी clauses भविष्यत् काल में ही होती है।

Examples:-

1. यदि वह आयेगा तो मैं जाऊँगा।
   If he comes I shall go.
2. यदि चिड़िया उड़ेगी तो वे खेलेंगे।
   If the birds fly, they will play.

12. General Sentences सामान्य/आम वाक्य

नियम 1:– कर्त्ता + मुख्य क्रिया की दूसरी अवस्था +Reflective form of subject (कर्त्ता परावर्तक रुप) + to + दूसरी क्रिया की प्रथम अवस्था + कर्म + अन्य शब्द।

Examples:-

1. मैं पढ़ते–पढते सो गया।
   I slept my self to read./ Having read I slept
2. तुम दौड़ते–दौड़ते थक गये।
   You tired yourself to run,/ Having run you tired.
3. लोटा लुढ़कते लुढ़कते लुढ़क गया।
   Jug rolled itself to roll
4. वह फिसलते फिसलते फिसल गया।
   He slipped himself to slip./ Having slipped he slipped.

नियम 2:– मध्यम पुरुष कर्त्ता + अन्य पुरुष कर्त्ता +and + उत्तम पुरुष कर्त्ता + सहायक क्रिया मध्यम पुरुष कर्त्ता के अनुसार + कर्म + अन्य शब्द।

Examples:-

1. मैं वह और तुम छात्र है।
   You he and I are students.
2. मैं वह और तुम चोर नहीं थे।
   You he and I were not thieves.

नियम 3:– कर्त्ता + like का प्रयोग टेन्स के अनुसार +to +. क्रिया की प्रथम अवस्था + + कर्म + अन्य शब्द।

Examples:-

1. मुझे दौड़ना अच्छा लगता है।
   I like to run.
2. गाय मेरी मां लगती है।
   The cow is like my mother.
3. वे जाना पसन्द करते थे।
   They liked to go.

नियम 4:–कर्त्ता + Should + क्रिया की प्रथम अवस्था + कर्म + अन्य शब्द।

निर्देश:– यदि वाक्य में क्रिया ना हो तो to का प्रयोग नही करते है।

Examples:-

1. मैं घर जाऊं।
   I should go to home.
2. वह पत्र लिखे।
   He should write a letter.

3. हम पढ़ें।
   We should read.
4. राधा नाचे।
   Radha should dance.

नियम 5:– कर्त्ता + is / are / am / was / were + feeling /suffering + कर्म + अन्य शब्द।

निर्देश:– Feel/suffer का प्रयोग सभी कालों में नियमानुसार किया जा सकता है।

Examples:-

1. उसे डर लगता है।
   He feels fear.
2. तुम्हें गर्मी लगती थी।
   You felt hot.
3. मुझे नींद आ रही है।
   I am feeling sleepy.
4. हमें जाड़ा लग रहा था।
   We were feeling cold.
5. राम को बुखार आ रहा है।
   Ram is suffering from fever.

13. Double Parts of Speech शब्दों के दोहरे भेद

1. Infinitive क्रियार्थक (संज्ञा)

नियम:– To + क्रिया की प्रथम अवस्था +कर्म + अन्य शब्द।

निर्देश 1:– यदि किसी वाक्य में एक से अधिक infinitives का प्रयोग किया गया हो और वे and से जुड़े हो तो To केवल पहले ही infinitives के पूर्व आता है। बाद वाले infinitives के पूर्व To नहीं लगाना चाहिए।

Examples:-

1. वह पढ़ने लिखने और सीखने के लिए स्कूल जाता है।
   He goes to school to read write and learn.
2. तुम उठने बैठने और सोने के लिए रोये।
   You wept to rise sit and sleep.
3. राम कूदने–तैरने और नहाने नदी जायेगा।
   Ram will go to river to jump, swim and bath.

निर्देश 2:– Know के बाद How का प्रयोग किया जाता है। इसके बाद To तथा क्रिया का प्रयोग किया जाता है।

Examples:-

1. तुम किताब पढ़ना जानते हो।
   You know how to read the book.
2. राम क्रिकेट खेलना जानता था।
   Ram knew how to play the cricket.
3. वे नाचना जानते हैं।
   They know how to dance.
4. हम तैरना जानते थे।
   We knew how to swim.

निर्देश 3:– यदि वाक्य में can, may, might, must, shall, should,will, would आदि हो तो To छिप जाता है।

Examples:-

1. वह पढ़ेगा।
   He will read.
2. मुझे पढ़ना चाहिए।
   I should read.
3. तुम पढ़ सकते हो।
   You may read.

निर्देश 4:– यदि वाक्य में had, better, had rather, would rather, rather than, had sooner, sooner than आदि हो तो To छिप जाता है।

Examples:-

1. तुम अब अच्छे पढ़ चुके थे।
   You had better read now.
2. मैं मांगने की बजाय भूखों मरुंगा।
   I would rather starve than beg.

निर्देश 5:– यदि वाक्य में Let हो तो To छिप जाता है।

Examples:-

1. तुम उसे जाने दो।
   You let him go.
2. हम तुम्हें पढ़ने दें।
   We let you read.
3. नौकर को जाना था।
   The servant was let go.

4. हमें गाना था।
   We were let sing.

निर्देश 6:– Infinitive क्रिया कर्त्ता के रुप में भी आती है।

Examples:-

1. तैरना स्वास्थ्य के लिए एक अच्छा व्यायाम है।
   To swim is a good exercise for health.
2. भोजन के बाद टहलना एक अच्छा व्यायाम है।
   To walk is a good exercise after meal.

1. Participle कृदंत

कृदंत क्रिया का वह रुप है जो विशेषण adjective का कार्य करती है।

Kinds – प्रकार

1. Present Participle
2. Past Participle
3. Perfect Participle

1. Present Participle वर्तमान कृदंत

जहां कार्य की अपूर्णता का आभास हो वहां Present Participleहोता है।

पहिचान:– जिन हिन्दी वाक्यों में ता हुआ, ती हुई, ते हुए, आदि आवे तो वहां पर वर्तमान कृंदत होता है।

नियम:– कर्त्ता + मुख्य क्रिया काल के (tense) अनुसार + कर्म + दूसरी क्रिया में ing + कर्म + अन्य शब्द।

निर्देश 1:– वर्तमान कृदंत में सदैव क्रिया में ing ही लगायी जाती है।

निर्देश 2:– जब क्रिया में ing लगी हो तथा Noun/Pronoun की विशेषता बतायी गयी हो और उसके साथ में एक या दो शब्द और है तब वहां Present Participle होता है।

Examples:-

1. पुलिस ने आभूषण चुराते हुए चोर पकड़ा।
   The police caught the thief stealing ornaments.
2. मैंने आकाश में उड़ती हुई चिड़िया मारी।
   I killed the bird flying in the sky.
3. उसने पानी पीते हुए शेर पकड़े।
   He caught the lions drinking the water.

4. तुमने मंच पर नाचती हुई लड़की देखी।
You saw a girl dancing on the stage.

2. Past Participle भूत कृदंत

पहिचानः– आ/ई/ए, हुआ, हुई आदि

निर्देश 2:– जब क्रिया की तीसरी अवस्था किसी संज्ञा Noun या सर्वनाम Pronoun की विशेषता जो उसके पास ही होता है, बताती है। तब उसे Past Participleकहते है। और क्रिया का कर्त्ता नहीं होता है।

नियमः– कर्त्ता + क्रिया काल के अनुसार + कर्म + क्रिया की तीसरी अवस्था + कर्म + अन्य शब्द।

Examples:-

1. मैंने मरा हुआ शेर देखा।
I saw a dead lion.
2. तुम फेल हुए छात्र हो।
You are a failed student.
3. राधा टूटा हुआ पेन लायी।
Radha bought a broken pen.
4. श्यामू ने लिखी हुई किताब पढ़ी।
Shyamu read the written book.
5. हमने सोयी हुई लड़की देखी।
We saw a slept girl.
6. तुमने जाल में फंसा हुआ शेर देखा।
You saw a lion caught in net.
7. मोहन ने मरी हुई मछली पकड़ी।
Mohan caught the died fish.
8. मैंने उड़ती हुई चिड़िया पकड़ी।
I killed/caught a flying bird.

3. Perfect Participle पूर्ण कृदंत

जहाँ कार्य समाप्ति का आभास हो वहां Perfect Participle होता है। अथवा कार्य भूतकाल में कुछ समय पूर्व पूरा होने का बोध होता है।

पहिचानः– जिन हिन्दी वाक्यों में कर/करके आदि हो तो वहां पर पूर्ण कृदंत होता है।

नियमः– Having+ क्रिया की तीसरी अवस्था + कर्म + दूसरा वाक्य + जैसा का तैसा।

Examples:-

1. वह साइकिल चला करके स्कूल गया। / वह साईकिल चलाते हुए स्कूल गया।
   Having driven the bicycle he went to school.
2. तुमने नाच करके खाना खाया। / तुमने नाचते नाचते खाना खाया।
   Having danced you ate the food.
3. मनोज अपना काम करके स्कूल गया। / मनोज काम करते करते स्कूल गया।
   Having done his work Manoj went to school.
4. हमने दौड़कर उसकी टांग पकड़ी। / हमने दौड़ते दौड़ते उसकी टांग पकड़ी।
   Having run, we caught his leg.
5. राम ने आकर पुल बांधा। / राम ने आते आते पुल बांधा।
   Having come Ram bound the bridge.
6. उसने पानी पीकर गाली दी। / उसने पानी पीते पीते गाली दी।
   Having drunk the water, he abused.
7. बीरेन्द्र नाच कर जीता। / बीरेन्द्र नाचते नाचते जीता।
   Having danced Birendra won.

3. Gerund क्रियार्थक संज्ञा

जब क्रिया में ingलगा होता है। और वह संज्ञा (noun) का कार्य करता है। तो उसे (Gerund) कहते है।

पहिचानः– जिन क्रिया शब्दों में ना, नी, ने आदि आवें तो वे (Gerund) कहलाते है।

नियमः– कर्त्ता + क्रिया काल के अनुसार + कर्म + दूसरी क्रिया में ing।

Examples:-

1. रामू पढ़ने से सो गया।
   Ram slept reading.

2. रमा सोने से पहले पाठ याद करती है।
   Rama learns lesson before sleeping.
3. तुम केला खाने के शौकीन हो।
   You are fond of eating the banana.
4. मेरे दोस्त लिखने से थक गये।
   My friend tired of writing.

नियम:– क्रिया में ing + सहायक क्रिया + कर्म + अन्य शब्द।

Examples:-

1. गाना एक शौक है।
   Singing is a hobby.
2. तैरना एक व्यायाम है।
   Swimming is an exercise.
3. नाचना एक कला है।
   Dancing is an art.

14. Determinatives निर्धारण कर्त्ता

निर्धारण कर्त्ता वे विशेषण हैं, जो संज्ञाओं की संख्या, मात्रा, प्रत्येकता, विभिन्नता आदि निर्धारित करते हैं।

निर्देश 1:– इनके दो भाग होते हैं। एक वह भाग जिसमें उस व्यक्ति या वस्तु का बोध होता है। जिसके बारे में कहा जाय। दूसरा वह भाग जिसमें हमें यह मालूम होता है कि कर्त्ता ने क्या किया। अथवा उसके साथ क्या हुआ यानि विद्येय Predicate।

नियम:– S + D + Adj + N + Adj Ph.

Subject + Determinatives + Adjective + Noun + Adj Phrase.

Use of Determinatives निर्धारण कर्त्ता का प्रयोग

1 Each (प्रत्येक):– जब संख्या ज्ञात हो तब इसका प्रयोग किया जाता है।

Examples:-

1. हममें से प्रत्येक ग्वालियर जायेंगे।
   Each of us will go to Gwalior.
2. प्रत्येक दोनों लड़कियों ने गाना गाया।
   Each of the two girls sang a song.

2 Every (प्रत्येक):– जब संख्या अज्ञात हो तब इसका प्रयोग किया जाता है।

Examples:-

1. प्रत्येक लड़के के पास पेन था।
   Every boy had a pen.
2. प्रत्येक चोर के दाढ़ी थी।
   Every thief had a chin/beard.

निर्देश:– Each तथा Every के बाद सदैव singular noun (एकवचन संज्ञा) ही आती है।

3. All (सब / सभी):– इसका प्रयोग संख्या तथा मात्रा दोनों को बताने के लिए किया जाता है। जब all संख्या सूचित करता है तब उसके बाद plural noun (बहुवचन संज्ञा) आती है। जब इसका प्रयोग मात्रा बताने के लिए किया जाता है तब उसके बाद singular noun (एकवचन संज्ञा) ही आती है।

Examples:-

1. सभी खिलाड़ी जा चुके थे।
   All the players had gone.
2. वह सब फल खा गया।
   He ate all fruit.

4. Both (दोनों):– इसका प्रयोग दो या दोनों के लिए किया जाता है।

Examples:-

1. मैंने दोनों किताबें पढ़ती हैं।
   I have read both books.
2. तुमने दो कुत्ते मारे।
   You killed both dogs.

5. Whole (सब / सम्पूर्ण):– यह सब व्यक्तियों या वस्तुओं को एक बताता है। जब इसका इसका प्रयोग बहुवचन common noun के साथ होता हैं तब उससे पहले The आता है और जब इसका प्रयोग Proper noun के साथ होता है। तब उससे पहले The तथा बाद में of आता है।

Examples:-

1. उसने सम्पूर्ण समय व्यर्थ की बातों में नष्ट किया।
   He wasted the whole time in idle talk.

2. वर्षा पूरी /सब/ सम्पूर्ण रात हुई।
   It rained the whole night.
3. सम्पूर्ण शहर बाढ़ ग्रस्त है।
   The whole of the city is flooded.

6. No (कोई नहीं):– इसका प्रयोग countable गण्य तथा uncountable अगण्य दोनो प्रकार के nouns (संज्ञाओं) के साथ किया जाता है। अतः इसके बाद nouns के दोंनों singular & plural आते है।

Examples:-

1. कक्षा में कोई लड़की नहीं है।
   There is no girl in the class.
2. उनके पास किताबें नहीं हैं।
   They have no books.

7. None (कोई नहीं/कुछ नहीं/एक भी नहीं):– इसका अर्थ Not anyone होता है। इसका प्रयोग प्रायः अर्थ के अनुसार singular तथा plural दोनों में होता है।

Examples:-

1. हममें से कोई भी काम नहीं समाप्त कर चुका है।
   None of us has finished the work.
2. एक भी लड़का उपस्थित नहीं था।
   None of the boys was present.

8. Some (कुछ):– इसका प्रयोग संख्या और मात्रा बताने के लिए साधारण वाक्यों में होता है। इसके अतिरिक्त इसका प्रयोग निवेदनात्मक Interrogative and negative वाक्यों में भी होता है।

Examples:-

1. मैं कुछ किताबें चाहता हूँ।
   I want some books.
2. क्या तुम्हारे पास कुछ मुर्गियाँ हैं?
   Have you some hens?

9. Any (कोई/कुछ):– इसका प्रयोग संख्या एंव मात्रा बताने के लिए नकारात्मक तथा प्रश्नवाचक में होता है।

Examples:-

1. मेरे पास कोई अच्छे कपड़े नहीं हैं।
   I have no any good clothes.

2. क्या उसने कोई पत्र पाया?
   Did he get any letter.?

10. Other (दूसरा):– इसका प्रयोग दूसरा, दो में एक भिन्न आदि अर्थों में किया जाता है।

Examples:-

1. कुछ अन्य लोग तुम्हारी प्रतीक्षा कर रहे है।
   Some other people are waiting for you.
2. मुझे दूसरी किताबें दो।
   Give me other books.

11. Another (भिन्न/एक और):– इसका प्रयोग पहली से भिन्न दूसरी चीज अथवा पहली के समान एक और चीज के लिए किया जाता है।

Examples:-

1. रामू एक दूसरी किताब मांगता है।
   Ramu demands another book.
2. हम चाय का एक और कप चाहते हैं।
   We want another cup of tea.

12. Much (अधिक):– इसका प्रयोग uncountable nount (अगण्य संख्या) शब्दों के साथ मात्रा बताने के लिए किया जाता है।

Examples:-

1. थैले में अधिक शक्कर है।
   There is much sugar in the bag.
2. उसके पास अपना काम करने के लिए अधिक समय है।
   He has much time to do his work.
3. मेरी मां के पास अधिक धन है।
   My mother has much money.

13. Many (अनेक/अधिक):– इसका प्रयोग countable plural noun (गण्य संख्या) शब्दों के साथ संख्या बताने के लिए किया जाता है।

Examples:-

1. अलमारी में अनेक पुस्तकें हैं।
   There are many books in the almirah.
2. हमने जंगल में अनेक/अधिक शेर देखे।
   We saw many lions in the forest.

14. Few (बहुत ही थोड़े):– Not many इसका प्रयोग नकारात्मक अर्थ Negative meaning में करते है।

Examples:-

1. बहुत थोड़े लोग बिना भोजन के रह सकते है।
   Few peoples can live without food.
2. बहुत ही थोड़े छात्र आये।
   Few students came.

15. A Few (थोड़ा/कुछ):– इसका प्रयोग निश्चित अर्थ में Positive meaning में किया जाता है।

Examples:-

1. कुछ छात्र अनुपस्थित थे।
   A few studnets were absent.
2. युद्ध में कुछ लोग मरे।
   A few peoples died in the war.
3. मेरे़ थोड़े दोस्त थे।
   I had a few friends.

16. Little (बहुत ही थोड़ा):– इसका प्रयोग नकरात्मक अर्थ Negative meaning में किया जाता है।

Examples:-

1. उसके पास बहुत थोड़ा दूध है।
   He has very little milk.
2. कप में बहुत ही थोड़ा दूध बचा था।
   Little milk was left in the cup.
3. उसने बहुत ही थोड़ा समय नष्ट किया।
   He wasted little time.

17. A Little (थोड़ा सा):– इसका प्रयोग निश्चित अर्थ में होता है।

Examples:-

1. बाल्टी में थोड़ा सा/कुछ पानी है।
   There is a little water in bucket.
2. हम थोड़े सा चावल खाना पसन्द करते हैं।
   We like to eat a little rice.

18. A Lot of (अत्यधिक):– इसका प्रयोग बहुत अधिक मात्रा या संख्या बताने के लिए तथा Much या Many के स्थान पर किया जाता है। इसके अतिरिक्त एकवचन और बहुवचन दोनों के साथ किया जाता है।

Examples:-

1. नदी में बहुत अधिक पानी है।
   There is a lot of water in the river.
2. दुकान में बहुत अधिक / अत्यधिक किताबें है।
   Ther are a lot of books in the shop.
3. थैले में अधिक पेन थे।
   There were a lot of pens in bags.

19. Next (अगला/पास का/बगल का)

इसका प्रयोग क्रम order या स्थिति position बताने के लिए किया जाता है।

Examples:-

1. मेरे पिताजी अगले दिन ग्वालियर जायेंगे।
   My father will go to Gwalior on next day.
2. वह पास के घर में रहता है।
   He lives in the next house
3. वह मेरे बगल में बैठी थी।
   She was sitting next to me.

20. Several (कई/अनेक):– इसका प्रयोग Countable nouns (गण्य संज्ञा शब्दों) के साथ संख्या बताने के लिए किया जाता है।

Examples:-

1. कई प्याले टूट गये थे।
   Several cups were broken.
2. मैंने तुम्हें अनेक बार चेतावनी दी।
   I warned you several times.
3. अनेक लोग यहां आये।
   Several peoples came here.
4. चोरों ने कई स्थानों पर घर छेदा।
   The thieves holed thc house in several places.

15. Common signs of Punctuation सामान्य विराम चिन्ह

1. **Full Stop [.] (पूर्ण विराम)–** इसका प्रयोग वाक्य के अन्त में होता है।
   Examples:- He eats the food.

2. **Comma [,] (अल्प विराम)**– इसका प्रयोग एक ही जैसे अनेक शब्दों को अलग करने के लिए या संबोधित संज्ञा के बाद या वाक्यांश को अलग करने के लिए या उपवाक्सयों को अलग करने के लिए या मुख्य वाक्य को Yes / No से अलग करने के लिए किसी क्रिया को वाक्य में बार न दोहराने के लिए।

   Examples:-1 India, China and Japan. 2 Friends, please go there. 3 Yes, he is good.

3. **Semi colon [;] (अर्द्ध विराम)**– इसका प्रयोग उस समय किया जाता है जब किसी बात को सोचने के लिए देर तक रुकना पड़ता है।

   Examples:- Work hard, otherwise you will fail.

4. **Colon [:] (अपूर्ण विराम)**– इसका प्रयोग उस समय किया जाता है जब किसी बात पर सोचने के लिए सबसे अधिक रुकना पड़ता है।

   Examples:- Speech is silver : silence is golden.

5. **Note of Interrogation [?] (प्रश्न वाचक चिन्ह)**– इसका प्रयोग सदैव प्रश्न वाचक वाक्यों के अन्त में होता है।

   Examples:- Where do you live ?

6. **Note of Exclamation [!] (विस्मय सूचक)**– इसका प्रयोग विस्मय सूचक अव्यय में होता है। जैसे

   Examples:- Alas ! he is no more.

7. **Inverted commas [" "] (अवतरण चिन्ह)**– इसका प्रयोग Reported speech को दिखाने के लिए होता है।

   Examples:- I said, "you play the ball".

8. **Dash [-] (पड़ी पाई)** –Christ says - "Love neighbours."

9. **Hyphen [_] (योजक)** –इसका आकार Dash से छोटा होता है। जैसे

   Examples:- Bath _ room, Rest _ house, Riding _ place.

10. **Apostrophs ['] (संबोधन)** –Don't go there.

11. **Brackets [(), [], {}] (कोष्ठक)** –इसका प्रयोग शब्दों को अलग करने के लिए किया जाता है।

Chapter – 11

Passive voice कर्म वाच्य

1. Tense

निर्देशः– निम्न कालों की कर्म वाच्य बनायी जाती है।

1. Present Indefinite Tense.
2. Past Indefinite Tense.
3. Future Indefinite Tense.
4. Present continous Tense.
5. Past continuous Tense.
6. Present perfect Tense.
7. Past Perfect Tense.
8. Future Perfect Tense.

निर्देश 2:– निम्न कालों की कर्म वाच्य नहीं बनायी जाती है।

1. Future Continous Tense.
2. Present Perfect continuous Tense.
3. Past Perfect continuous Tense.
4. Future Perfect continuous Tense.

1. Present Indefinite Tense अनिश्चित वर्तमान काल

पहिचानः– जिन हिन्दी वाक्यों के अन्त में ता है, ती है, ते हैं आदि आवे तो वहां पर अनिश्चित वर्तमान काल होता है।

1. Positive Sentences साधारण वाक्य

नियमः– कर्म + is/ are/ am + क्रिया की तीसरी अवस्था + अन्य शब्द + by + कर्त्ता।

निर्देश 1:– Is का प्रयोग He, she, it, Ram, Sita, Boy, girl, etc.,

निर्देश 2:– Are का प्रयोग We, you, they , boys, girls etc.,

निर्देश 3:– Am का प्रयोग I के साथ किया जाता है।

निर्देश 4:– यदि कर्त्ता सर्वनाम हो तो कर्मवाच्य में कर्म बनाकर लिखा जाता है।

निर्देश 5:– यदि कर्त्ता संज्ञा हो तो कर्मवाच्य में जैसा का तैसा लिखा जाता है।

Examples:-

1. राम घर जाता है।
   Ram goes to home.
   राम के द्वारा घर जाया जाता है।
   The home is gone by Ram.
2. मैं खेल खेलता हूँ।
   I play the game.
   मेरे द्वारा खेल खेला जाता है।
   The game is played by me.
3. तुम उन्हें पीटते हो।
   You beat them.
   तुम्हारे द्वारा वे पीटे जाते हैं।
   They are beaten by you.

2. Negative Sentences नकारात्मक वाक्य

नियमः– कर्म + is not / are not / am not + क्रिया की तीसरी अवस्था + अन्य शब्द + by + कर्त्ता।

Examples:-

1. वह फल नहीं खाता है।
   He does not eat the fruit.
   उसके द्वारा फल नहीं खाया जाता है।
   The fruit is not eaten by him.
2. राधा फूल नहीं तोड़ती है।
   Radha does not pluck the flower.
   राधा के द्वारा फूल नहीं तोड़ा जाता है।
   The flower is not plucked by Radha.

3. Interrogative Sentences प्रश्नवाचक वाक्य

नियम 1:– Is / are / am + कर्म + क्रिया की तीसरी अवस्था + अन्य शब्द + by + कर्त्ता ?

Examples:-

1. क्या वह गाना गाता है ?
   Does he sing a song ?
   क्या उसके द्वारा गाना गाया जाता है ?
   Is a song sung by him ?

नियम 2:– Is / are / am + कर्म + not + क्रिया की तीसरी अवस्था + अन्य शब्द + by + कर्त्ता ?

Examples:-

1. क्या राम घर नही जाता है ?
   Does Ram not go to home ?
2. क्या राम के द्वारा घर नहीं जाया जाता है ?
   Is the home not gone by Ram ?

नियम 3:– What, how, which, who, whom, where, why, when, + is / are / am + कर्म + क्रिया की तीसरी अवस्था + अन्य शब्द + by + कर्त्ता?

निर्देश:– जिन वाक्यों में सहायक क्रिया का प्रयोग न हुआ हो तो उनमें (who को by whom या by who) में बदलते है।

Examples:-

1. तुम्हें कौन पढ़ाता है ?
   Who teaches you ?
   तुम किसके द्वारा पढ़ाये जाते हो?
   By whom are you taught?

नियम 4:– What, how, where, why, when, + कर्म + Not + क्रिया की तीसरी अवस्था + अन्य शब्द + by + कर्त्ता ?

Examples:-

1. रामू घर क्यों नहीं जाता है?
   Why does Ramu not go to home ?
2. रामू के द्वारा घर क्यों नहीं जाया जाता है ?
   Why is the home not gone by Ramu ?

2. Past Indefinite Tense अनिश्चित भूतकाल

पहिचानः— जिन हिन्दी वाक्यों के अन्त में ता था, ती थी, ते थे आदि आवे तो वहां पर अनिश्चित भूतकाल होता है।

1. Positive Sentences साधारण वाक्य

नियमः— कर्म + Was / Were + क्रिया की तीसरी अवस्था + अन्य शब्द + by + कर्त्ता।

निर्देश 1:— Was का प्रयोग He, I, she, it, Ram, Sita, Boy, girl, etc.,

निर्देश 2:— Were का प्रयोग We, you, they, boys, girls etc.,

Examples:-

1. वह दूध पीता था।
   He drank the milk.
   उसके द्वारा दूध पिया जाता था।
   The milk was drunk by him.
2. तुमने खाना खाया।
   You ate the food.
   तुम्हारे द्वारा खाना खाया गया।
   The food was eaten by you.

2. Negative Sentences नकारात्मक वाक्य

नियमः— कर्म + Was not / Were not + क्रिया की तीसरी अवस्था + अन्य शब्द + by + कर्त्ता।

Examples:-

1. तुम गांव नहीं जाते थे।
   You did not go to village.
   तुम्हारें द्वारा गांव नहीं जाया जाता था।
   The village was not gone by you.
2. राधा फूल नहीं तोड़ती थी।
   Radha did not pluck the flower.
   राधा के द्वारा फूल नहीं तोड़ा जाता था।
   The flower was not plucked by Radha.

3. Interrogative Sentences प्रश्नवाचक वाक्य

नियम 1:– was / were + कर्म + क्रिया की तीसरी अवस्था + अन्य शब्द + by + कर्त्ता ?

Examples:-

1. क्या हम कपड़े धोते थे ?
   Did we wash the clothes ?
2. क्या हमारे द्वारा कपड़े धोये जाते थे ?
   Were the clothes washed by us ?

नियम 2:– was / were + कर्म + not + क्रिया की तीसरी अवस्था + अन्य शब्द + by + कर्त्ता ?

Examples:-

1. क्या वे पतंगें नहीं उड़ाते थे ?
   Did they not fly the kites ?
   क्या उनके द्वारा पतंगें नहीं उड़ायी जाती थीं ?
   Were the kites not flown by them ?

नियम 3:– What, how, which, who, whom, where, why, when, + was / were + कर्म + क्रिया की तीसरी अवस्था + अन्य शब्द + by + कर्त्ता?

Examples:-

1. कुर्सी किसने तोड़ी?
   Who broke the chair?
   By whom was the chair broken ?
2. तुम दूध कैसे पीते थे ?
   How did you drink the milk ?
   तुम्हारे द्वारा दूध कैसे पिया जाता था ?
   How was the milk drunk by you ?

नियम 4:– What, how, which, who, whom, where, why, when, +was / were+ कर्म + Not + क्रिया की तीसरी अवस्था + अन्य शब्द + by + कर्त्ता ?

Examples:-

1. तुम घर क्यों नहीं जाते थे ?
   Why did you not go to home ?

तुम्हारे द्वारा घर क्यों नहीं जाया जाता था ?
Why was the home not gone by you ?

3. Future Indefinite Tense अनिश्चित भविष्यत् काल

पहिचानः– जिन हिन्दी वाक्यों के अन्त में गा, गी, गे आदि आवे तो वहां पर अनिश्चित भविष्यत् काल होता है।

1. Positive Sentences सकारात्मक वाक्य

नियमः– कर्म + shall be / will be + क्रिया की तीसरी अवस्था + अन्य शब्द + by + कर्त्ता।

निर्देश 1:– shall be का प्रयोग We, I के साथ किया जाता है।

निर्देश 2:– Will be का प्रयोग शेष सभी कर्त्ताओं के साथ किया जाता है।

Examples:-

1. मैं घर नहाऊंगा।
   I shall take bath at home.
   मेरे द्वारा घर नहाया जायेगा।
   Bath will be taken at home by me.
2. वह फल बेचेगा।
   He will sell the fruit.
   उसके द्वारा फल बेचा जायेगा।
   The fruit will be sold by him.

2. Negative Sentences नकारात्मक वाक्य

नियमः– कर्म + shall not be / will not be + क्रिया की तीसरी अवस्था + अन्य शब्द + by + कर्त्ता।

Examples:-

1. राम दूध नहीं पियेगा।
   Ram will not drink the milk.
   राम के द्वारा दूध नहीं पिवेगा।
   The milk will not be drunk by Ram.
3. दिनेश किताब नही पढ़ेगा।
   Dinesh will not read the book.

4. दिनेश के द्वारा किताब नहीं पढ़ी जायेगी।
The book will not be read by Dinesh.

3. Interrogative Sentences प्रश्नवाचक वाक्य

नियम 1:– Shall / will + कर्म + be + क्रिया की तीसरी अवस्था + अन्य शब्द + by + कर्त्ता ?

Examples:-

1. क्या राम घर जायेगा ?
Will Ram go to home ?
क्या राम के द्वारा घर जाया जायेगा ?
Will the home be gone by Ram ?

नियम 2:– Shall / will + कर्म + not be + क्रिया की तीसरी अवस्था + अन्य शब्द + by + कर्त्ता ?

Examples:-

1. क्या तुम दूध नहीं पियोगे ?
Will you not drink the milk ?
क्या तुम्हारे द्वारा दूध नहीं पिया जायेगा ?
Will the milk not be drunk by you ?

नियम 3:– What, how, which, who, whom where, why, when, + shall / will + कर्म +be + क्रिया की तीसरी अवस्था + अन्य शब्द + by + कर्त्ता ?

Examples:-

1. वे गेंद क्यों खेलेंगे ?
Why will they play the ball ?
उनके द्वारा गेंद क्यों खेला जायेगा ?
Why will the ball be played by them ?

नियम 4:– What, how, , where, why, when, +shall / will + कर्म + Not be + क्रिया की तीसरी अवस्था + अन्य शब्द + by + कर्त्ता ?

Examples:-

1. तुम घर कैसे नहीं जाओगे ?
How will you not go to home ?

तुम्हारे द्वारा घर कैसे नहीं जाया जायेगा?
How will the home not be gone by you ?

1. Present Continuous Tense निरन्तर वर्तमान काल

पहिचानः– जिन हिन्दी वाक्यों के अन्त में रहा है, रही है, रहे है, रहा हूँ आदि आवे तो वहां पर निरन्तर वर्तमान काल होता है।

1. Positive Sentences साधारण वाक्य

नियमः– कर्म + is being / are being / am being + क्रिया की तीसरी अवस्था + अन्य शब्द + by + कर्त्ता।

Examples:-

1. राम किताब पढ़ रहा है।
Ram is reading the book.
राम के द्वारा किताब पढ़ी जा रही है।
The book is being read by Ram.
3. वह मुझे पीट रहा है।
He is beating me.
उसके द्वारा मैं पीटा जा रहा हूँ।
I am being beaten by him.

2. Negative Sentences नकारात्मक वाक्य

नियमः– कर्म + is not being / are not being / am not being+ क्रिया की तीसरी अवस्था + अन्य शब्द + by + कर्त्ता।

Examples:-

1. तुम पत्र नहीं लिख रहे हो।
You are not writing a letter.
तुम्हारे द्वारा पत्र नहीं लिखा जा रहा है।
A letter is not being written by you.
2. सीता फल नहीं खा रही है।
Sita is not eating the fruit.
सीता के द्वारा फल नहीं खाया जा रहा है।
The fruit is not being eaten by Sita.

3. Interrogative Sentences प्रश्नवाचक वाक्य

नियम 1:– Is / are / am + कर्म +being + क्रिया की तीसरी अवस्था + अन्य शब्द + by + कर्त्ता ?

Examples:-

1. क्या वह खेल खेल रही है ?
   Is he playing the game ?
   क्या उसके द्वारा खेल खेला जा रहा है?
   Is the game being played by him?

नियम 2:– Is / are / am + कर्म + not being+ क्रिया की तीसरी अवस्था + अन्य शब्द + by + कर्त्ता ?

Examples:-

1. क्या हम दूध नहीं पी रहे है ?
   Are we not drinking the milk ?
   क्या हमारे द्वारा दूध नहीं पीया जा रहा है ?
   Is the milk not being drunk by us?

नियम 3:– What, how, which, who, whom, where, why, when, + is / are / am + कर्म +being+ क्रिया की तीसरी अवस्था + अन्य शब्द + by + कर्त्ता ?

निर्देश:– जिन वाक्यों में सहायक क्रिया का प्रयोग न हुआ हो तो उनमें (who को by whom में) (which को by which में)(what को by what में) में बदल लिखते है।

Examples:-

1. वे गांव कब जा रहे हैं?
   When are they going to village ?
   उनके द्वारा गांव कब जाया जा रहा है ?
   When is the village being gone by them ?

नियम 4:– What, how, which, who, whom, where, why, when, + कर्म + Not being + क्रिया की तीसरी अवस्था + अन्य शब्द + by + कर्त्ता ?

Examples:-

1. हम गड्ढे क्यों नहीं खोद रहे हैं?
   Why are we not digging the pits ?

हमारे द्वारा गड्ढे क्यों नहीं खोदे जा रहे हैं?
Why are the pits not being dug by us ?

2. Past Continuous Tense निरन्तर भूतकाल

पहिचानः– जिन हिन्दी वाक्यों के अन्त में रहा था, रही थी, रहे थे, रही हूँ आदि आवे तो वहां पर निरन्तर भूतकाल होता है।

1. Positive Sentences साधारण वाक्य

नियमः– कर्म + Was being / Were being + क्रिया की तीसरी अवस्था + अन्य शब्द + by + कर्त्ता।

निर्देश 1:– Was का प्रयोग He, I, she, it, Ram, Sita, Boy, girl, etc.,

निर्देश 2:– Were का प्रयोग We, you, they boys, girls etc.,

Examples:-

1. मैं दूध पी रहा था।
I was drinking the milk.
मेरे द्वारा दूध पिया जा रहा था।
The milk was being drunk by me.
2. वे दौड़ लगा रहे थे।
They were running a race.
उनके द्वारा दौड़ लगायी जा रही थी।
A race was being run by them.

2. Negative Sentences नकारात्मक वाक्य

नियमः– कर्म + Was not being / Were not being + क्रिया की तीसरी अवस्था + अन्य शब्द + by + कर्त्ता।

Examples:-

1. मै पत्र नहीं लिख रहा था।
I was not writing a letter.
मेरे द्वारा पत्र नहीं लिखा जा रहा था।
A letter was not being written by me.
2. राधा फूल नहीं सूंघ रही थी।
Radha was not smelling the flower.

राधा के द्वारा फूल नहीं सूंघा जा रहा था।
The flower was not being smelled by Radha.

3. Interrogative Sentences प्रश्नवाचक वाक्य

नियम 1:– was / were + कर्म + being + क्रिया की तीसरी अवस्था + अन्य शब्द + by + कर्त्ता ?

Examples:-

1. क्या गाय घास चर रही थी ?
   Was the cow grazing the grass ?
   क्या गाय के द्वारा घास चरी जा रही थी ?
   Was the grass being grazed by the cow ?

नियम 2:– was / were + कर्म + not being + क्रिया की तीसरी अवस्था + अन्य शब्द + by + कर्त्ता ?

Examples:-

1. क्या उमा गुड़िया नहीं बना रही थी ?
   Was Uma not making the doll ?
   क्या उमा के द्वारा गुड़िया नहीं बनाई जा रही थी ?
   Was the doll not being made by Uma ?

नियम 3:– What, how, which, who, whom, where, why, when, + was / were + कर्म + being + क्रिया की तीसरी अवस्था + अन्य शब्द + by + कर्त्ता ?

Examples:-

1. वह पत्र कब लिख रहा था?
   When he was writing a letter ?
   उसके द्वारा पत्र कब लिखा जा रहा था ?
   When was a letter being written by him ?

निगम 4:– What, how, which, who, whom, where, why, when, +was / were + कर्म + Not being + क्रिया की तीसरी अवस्था + अन्य शब्द + by + कर्त्ता ?

Examples:-

1. शेर जानवरों को क्यों नहीं मार रहा था ?
   Why was a lion not killing the animals ?

शेर के द्वारा जानवरों को क्यों नहीं मारा जा रहा था ?
Why were the animals not being killed by a lion ?

1. Present Perfect Tense पूर्ण वर्तमान काल

पहिचानः– जिन हिन्दी वाक्यों के अन्त में चुका है, चुकी है, चुके हैं, चुका हूँ आदि आवे तो वहां पर पूर्ण वर्तमान काल होता है।

1. Positive Sentences साधारण वाक्य

नियमः– कर्म + Has been / Have been + क्रिया की तीसरी अवस्था + अन्य शब्द + by + कर्त्ता।

Examples:-

1. मैं खाना खा चुका हूँ।
   I have eaten the food.
   मेरे द्वारा खाना खाया जा चुका है।
   The food has been eaten by me.
2. राम दूध पी चुका है।
   Ram has drunk the milk.
   राम के द्वारा दूध पीया जा चुका है।
   The milk has been drunk by Ram.

2. Negative Sentences नकारात्मक वाक्य

नियमः– कर्म + Has not been / Have not been+ क्रिया की तीसरी अवस्था + अन्य शब्द + by + कर्त्ता।

Examples:-

1. हमने फल नहीं खाये हैं।
   We have not eaten the fruits.
   हमारे द्वारा फल नहीं खाये जा रहे हैं।
   The fruits have not been eaten by us.
2. वे घर नहीं जा चुके हैं।
   They have not gone to home.
   उनके द्वारा घर नहीं जाया जा चुका है।
   The home has not been gone by them.

3. Interrogative Sentences प्रश्नवाचक वाक्य

नियम 1:– Has / Have+ कर्म + been + क्रिया की तीसरी अवस्था + अन्य शब्द + by + कर्त्ता ?

Examples:-

1. क्या मैंने किताब पढ़ ली है ?
   Have I read the book ?
   क्या मेरे द्वारा किताब पढ़ ली गयी है ?
   Has the book been read by me ?

नियम 2:– Has / Have + कर्म + not been + क्रिया की तीसरी अवस्था + अन्य शब्द + by + कर्त्ता ?

Examples:-

1. क्या घोड़े पानी नहीं पी चुके हैं ?
   Have the horses not drunk the water ?
   क्या घोड़े के द्वारा पानी नहीं पिया जा चुका है ?
   Has the water not been drunk by the horses ?

नियम 3:– What, how, which, who, whom, where, why, when, + Has / Have + कर्म +been + क्रिया की तीसरी अवस्था + अन्य शब्द + by + कर्त्ता ?

निर्देश:– जिन वाक्यों में सहायक क्रिया का प्रयोग न हुआ हो तो उनमें (who को by whom में) (which को by which में)(what को by what में) में बदल लिखते है।

Examples:-

1. तोता आम कब खा चुका है ?
   When has the parrot eaten the mango ?
   तोता के द्वारा आम कब खाया जा चुका है ?
   When has the mango been eaten by the parrot ?

नियम 4:– What, how, , where, why, when, +Has / have + कर्म +Not been +क्रिया की तीसरी अवस्था + अन्य शब्द + by + कर्त्ता ?

Examples:-

1. हरी पत्ते क्यों नहीं तोड़ चुका है ?
   Why has Hari not plucked the leaves ?

हरी के द्वारा पत्ते क्यों नहीं तोड़े जा चुके है ?

Why have the leaves not been plucked by Hari ?

2. Past Perfect Tense पूर्ण भूतकाल

पहिचानः– जिन हिन्दी वाक्यों के अन्त में चुका था, चुकी थी, चुके थे, आदि आवे तो वहां पर पूर्ण भूतकाल होता है।

1. Positive Sentences साधारण वाक्य

नियमः– कर्म + had been + क्रिया की तीसरी अवस्था + अन्य शब्द + by + कर्त्ता।

Examples:-

1. राम खाना खा चुका था।
   Ram had eaten the food.
   राम के द्वारा खाना खाया जा चुका था।
   The food had been eaten by Ram.
2. मनोज ने पत्र लिखा था
   Manoj had written a letter.
   मनोज के द्वारा पत्र लिखा जा गया था।
   A letter had been written by Manoj.

2. Negative Sentences नकारात्मक वाक्य

नियमः– कर्म + Had not been+ क्रिया की तीसरी अवस्था + अन्य शब्द + by + कर्त्ता।

Examples:-

1. हम गेंद नहीं खेल चुके थे।
   We had not played the ball.
   हमारे द्वारा गेंद नहीं खेला जा चुका था।
   The ball had not been played by us.
2. तुम पत्र नहीं लिख चुके थे।
   You had not written a letter .
   तुम्हारे द्वारा पत्र नहीं लिखा जा चुका था ?
   A letter had not been written by you ?

3. Interrogative Sentences प्रश्नवाचक वाक्य

नियम 1:– Had+ कर्म + been + क्रिया की तीसरी अवस्था + अन्य शब्द + by + कर्त्ता ?

Examples:-

1. क्या राम घर जा चुका था ?
   Had Ram gone to home ?
2. क्या राम के द्वारा घर जाया जा चुका था ?
   Had the home been gone by Ram ?

नियम 2:– Had + कर्म + not been + क्रिया की तीसरी अवस्था + अन्य शब्द + by + कर्त्ता ?

Examples:-

1. क्या बकरी घास नहीं चर चुकी थी ?
   Had the goat not grazed the grass ?
   क्या बकरी के द्वारा घास नहीं चरी जा चुकी थी ?
   Had the grass not been grazed by the goat ?

नियम 3:– What, how, which, who, whom, where, why, when, + Had + कर्म + been + क्रिया की तीसरी अवस्था + अन्य शब्द + by + कर्त्ता ?

Examples:-

1. तुम पानी क्यों पी चुके थे ?
   Why had you drunk the water ?
2. तुम्हारे द्वारा पानी क्यों पिया जा चुका था ?
   Why had the water been drunk by you ?

नियम 4:– What, how, where, why, when, +had + कर्म + Not been + क्रिया की तीसरी अवस्था + अन्य शब्द + by + कर्त्ता ?

Examples:-

1. वे पत्र क्यों नहीं डाल चुके थे ?
   Why had they not posted the letters ?
   उनके द्वारा पत्र क्यों नहीं डाले जा चुके थे ?
   Why had the letters not been posted by them ?

3. Future Perfect Tense पूर्ण भविष्यत् काल

पहिचानः– जिन हिन्दी वाक्यों के अन्त में चुका होगा, चुकी होगी, चुके होंगे या आ गा, ई गा, ए गे, आदि आवे तो वहां पर पूर्ण भविष्यत् काल होता है।

1. Positive Sentences साधारण वाक्य

नियमः– कर्म + shall have been / will have been+ क्रिया की तीसरी अवस्था + अन्य शब्द + by + कर्त्ता।

निर्देश 1:– shall have been का प्रयोग We, I के साथ किया जाता है।

निर्देश 2:– will have beenका प्रयोग शेष सभी कर्त्ताओं के साथ किया जाता है।

Examples:-

1. मोहन खेल खेल चुका होगा।
   Mohan will have played the game.
   मोहन के द्वारा खेल खेला जा चुका होगा।
   The game will have been played by Mohan.
2. राधा कहानी कह चुकी होगी।
   Radha will have told a story.
   राधा के द्वारा कहानी कही जा चुकी होगी।
   A story will have been told by Radha.

2. Negative Sentences नकारात्मक वाक्य

नियमः– कर्म + shall not have been / will not have been+ क्रिया की तीसरी अवस्था + अन्य शब्द + by + कर्त्ता।

Examples:-

1. चिड़ियां आकाश में नहीं उड़ चुकी होंगी।
   The birds will not have flown in the sky.
   चिड़ियों के द्वारा आकाश में नहीं उड़ा जा चुका होगा।
   The flights will not have been flown in the sky by the birds.

3. Interrogative Sentences प्रश्नवाचक वाक्य

नियम 1:– Shall / will + कर्म + have been + क्रिया की तीसरी अवस्था + अन्य शब्द + by + कर्त्ता ?

Examples:-

1. क्या वह खाना खा चुकेगा ?
   Will he have eaten the food ?
   क्या उसके द्वारा खाना खाया जा चुकेगा ?
   Will the food have been eaten by him ?

नियग 2:– Shall / will + कर्म + not have been+ क्रिया की तीसरी अवस्था + अन्य शब्द + by + कर्त्ता ?

Examples:-

1. क्या तुम मछली नहीं पकड़ चुके होंगे ?
   Will you not have caught the fish ?
   क्या तुम्हारे द्वारा मछली नहीं पकड़ी जा चुकी होंगी ?
   Will the fish not have been caught by you ?

नियम 3:– What, how, which, who, whom, where, why, when, + shall / will + कर्म +have been+ क्रिया की तीसरी अवस्था + अन्य शब्द + by + कर्त्ता ?

Examples:-

1. तुम खाना क्यों खा चुके होंगे ?
   Why will you have eaten the food ?
2. तुम्हारे द्वारा खाना क्यों खाया जा चुका होगा ?
   Why will the food have been eaten by you ?

नियम 4:– What, how, which, who, whom, where, why, when, +shall / will + कर्म + Not have been + क्रिया की तीसरी अवस्था + अन्य शब्द + by + कर्त्ता ?

Examples:-

1. अनिल गाना क्यों नहीं गा चुका होगा ?
   Why will Anil not have sung a song ?
   अनिल के द्वारा गाना क्यों नहीं गाया जा चुका होगा ?
   Why will a song not have been sung by Anil ?

Passive voice कर्मवाच्य

Modal Auxiliaries आदर्श सहायक क्रियाऐं

निर्देश 1:– यदि वाक्य में Can, could, may, might, should, would, ought to, used to, must, need, dare आदि आवे तो Passive voice बनाते

समय इन सभी सहायक क्रियाओं के साथ (be) जोड़ दिया जाता है। और अन्य सभी परिवर्तन टेन्स के अनुसार ही किए जाते है।

Examples:-

1. I can read the book.
   The book can be read by me.
2. You may go to home.
   The home may be gone by you.
3. He must do his work.
   His work must be done by him.
4. He used to go to home.
   The home used to be gone by him.
5. I ought to play the ball.
   The ball ought to be played by me.

निर्देश 2:– यदि वाक्य में would have, should have, could have, might have, must have, ought to have आदि आवे तो Passive voice बनाते समय इन सभी सहायक क्रियाओ के साथ (been) जोड़ दिया जाता है। और अन्य सभी परिवर्तन टेन्स के अनुसार ही किए जाते है।

Examples:-

1. I could have gone to home.
   The home could have been gone by me.
2. Ramu must have do his work.
   His work must have been done by Ramu.

Passive voice कर्मवाच्य

1. Imperative Sentences आज्ञा सूचक वाक्य

नियम 1:– Let + कर्म + be + क्रिया की तीसरी अवस्था + अन्य शब्द + (by you)

निर्देश 1:– यदि (by you) लिख दिया जाये तो वो कोई महत्व की बात नहीं है यदि न लिखा जाये तो कोई महत्व की बात नहीं है।

Examples:-

1. घर जाओ।
   Go to home
   Let the home be gone (by you).

2. पत्र लिखो।
   Write a letter
   Let a letter be written (by you).

नियम 2:– You are ordered to + क्रिया की प्रथम अवस्था।

निर्देश 1:– यदि वाक्यों में कर्म नहीं तो इस नियग का प्रयोग किया जाता है।

Examples:-

1. खाओ।
   Eat.
   You are ordered to eat.
2. लिखो।
   Write.
   You are ordered to write.

नियम 3:– You are requested to + क्रिया की प्रथम अवस्था + कर्म + अन्य शब्द।

निर्देश 1:– यदि वाक्यों में Please / kindly हो तब इस नियम का प्रयोग किया जाता है। और उस स्थिति में Please / kindly को हटा दिया जाता है।

Examples:-

1. कृपया दूध पियो।
   Please drink the milk.
   You are requested to drink the milk.

2. Negative Sentences नकारात्मक वाक्य

नियम 1:– Let + कर्म + not be + क्रिया की तीसरी अवस्था + अन्य शब्द + (by you)

Examples:-

1. दूध मत पियो।
   Don't drink the milk
   Let the milk not be drunk (by you).
2. झूठ मत बोलो।
   Don't tell a lie.
   Let a lie not be told (by you).

नियम 2:– You are ordered not to + क्रिया की प्रथम अवस्था।

निर्देश 1:– यदि वाक्यों में कर्म नहीं तो इस नियम का प्रयोग किया जाता है।

Examples:-

1. मत दौड़ो।
   Don't run.
   You ordered not to run.
2. मत खेलो।
   Don't play.
   You are ordered not to play.

नियम 3:– You are requested not to + क्रिया की प्रथम अवस्था + कर्म + अन्य शब्द।

निर्देश 2:– यदि वाक्यों में Please / kindly हो तब इस नियम का प्रयोग किया जाता है। और उस स्थिति में Please / kindly को हटा दिया जाता है।

Examples:-

1. कृपया दूध मत पियो।
   Please don't drink the milk.
   You are requested not to drink the milk.
2. कृपया मत दौड़ो।
   Please don't run.
   You are requested not to run.

Passive voice कर्मवाच्य

3. Double Parts of Speech शब्द के दोहरे भेद

1. The Infinitive क्रियार्थक संज्ञा

निर्देश 1:– To के बाद क्रिया की प्रथम अवस्था आती है।

1. The boys are seen to play a match.
2. This girl is seen to sing a song.

निर्देश 2:– To के बाद be का प्रयोग होता है तथा क्रिया की तीसरी अवस्था का ही प्रयोग किया जाता है।

1. Those letters are to be posted.
2. This book is to be read.

2. Participle कृदंत

1. Present Participle
   Being beaten by his uncle, he began to weep.
2. Past participle
   Having been done his work by Rajendra, Mohan want to school.
3. Perfect participle
   Having been caught by policeman, the thief began to a abuse him.

3. Gerund क्रियार्थक संज्ञा

1. He will not mind me going there.
   I shall not be minded going there by him.
2. She prevented me to go there.
   I was prevented to go there by her.
3. The teacher ordered the students to go out.
   The students were ordred togo out by the teacher.

12. Chapter

1. Short form negatives संक्षिप्त नकारात्मक वाक्य

निर्देश 1:– is + not = isn't, are + not = aren't

am + not = ain't / amn't Do + not = don't

does + not = doesn't, did + not = didn't

was + not = wasn't, were + not = weren't

will + not = won't, shall + not = shan't

had + not = hadn't, has + not = hasn't

have + not = haven't, can + not = can't

could + not = couldn't, should + not = shouldn't

would + not = wouldn't, dare + not = daren't

need + not = needn't, used to + not = usedn't

ought to + not = oughtn't, must + not = mustn't

may + not = mayn't, might + not = mightn't

निर्देश 2: –

1. Ram
   Boy — He में बदल देते है।
   He
2. Sita
   Girl — She में बदल देते है।
   She
3. Boys
   Girls — They में बदल देते है।
   They

4. Book
   Cat It में बदल देते है।
   It
5. I, We को you में बदल देते है।
6. You को I, we में बदल देते है।

निर्देश 3:– संक्षिप्त नकारात्मक अवस्था प्रश्न वाचक वाक्यों की ही बनायी जाती है।

निर्देश 4:– यदि प्रश्न वाचक वाक्य में not न हो तो संक्षिप्त नकारात्मक अवस्था बनाते समय पहले no से शुरु किया जाता है।

नियमः– No+ कर्त्ता + सहायक क्रिया में notजोड़कर।

Example:-

1. Is he at home ?
   No, he isn't.
2. Do you go ?
   No, I don't.
3. Will he sleep ?
   No, he won't.
4. Shall we run ?
   No, you won't.
5. Will you run ?
   No, we shan't.
6. Had the farmer dug ?
   No, he hadn't.
7. Was ram playing ?
   No, he wasn't.
8. Am I dancing ?
   No, you aren't.
9. Can you play ?
   No, I can't.

2. Question Tag (Q, T) प्रश्न पुच्छ

निर्देश 1:–

1. Ram / Boy / He को He में बदल देते है।
2. Sita / Girl / She को She में बदल देते है।
3. Boys / Girls / They को They में बदल देते है।

4. Book / Cat / It को It में बदल देते है।
5. I / We को I / We में ही बना रहने देते है।
6. You को You में ही बना रहने देते है।

निर्देश 2:– Q. T. सदैव साधारण तथा नकारात्मक वाक्यों की ही बनायी जाती है।

निर्देश 3:– यदि वाक्य साधारण हो तो Q. T. नकारात्मक में बनायी जाती है।

Example:-

1. Ram plays the ball.
   Doesn't he ?
2. The boys went.
   Didn't they ?
3. The bird will fly.
   Won't it ?
4. I can laugh.
   Can't ?

निर्देश 4:– यदि वाक्य नकारात्मक हो तो Q. T. साधारण में बनायी जाती है।

Example:-

1. He does not sing a song.
   Does he ?
2. They did not jump.
   Did they ?
3. Sita will not dance.
   Will she ?
4. We could not run.
   Could we ?

3. Present Simple (for Future) सामान्य वर्तमान (भविष्य के लिए)

निर्देश 1:– भविष्यत् काल के वाक्य को वर्तमान काल में बदल देते है। अर्थात Shall / Will हटा कर कर्त्ता के अनुसार s / es का प्रयोग कर देते है।

निर्देश 2:– सामान्य वर्तमान में बदले हुए वाक्य के अन्त में भावी समय दर्शाने वाले शब्दों का प्रयोग कर दिया जाता है। यदि ये शब्द वाक्य में पूर्व से ही हो तो फिर नहीं जोड़ा जाता है।

निर्देश 3:– भावी समय को दर्शाने वाले शब्द जैसे:–

Tomorrow, Today, Next week, Next day, Next month, Next year, Tonight, Day after tomorrow, Monday, Somc times etc.,

Example:-

1. The boys will play the ball.
   The boys play the ball today.
2. She will dance tomorrow.
   She dances tomorrow.
3. They will jump.
   They jump on Monday.
4. They will hold the meeting.
   They hold the meeting tomorrow.
5. It will rain.
   It rain sometimes.
6. Mohan will give me the book today.
   Mohan gives me the book today.

4. Sentence Pattern वाक्य क्रम

नियम 1:– Subject + Verb + Noun +Adjective.

निर्देश 1:– इस Pattern में प्राय: Get, keep, beat, drive, make, paint, leave, turn, find, like, wish, push, wash, breaks आदि का प्रयोग किया जाता है।

Example:-

1. चन्द्रमा हमको प्रकाश देता है।
   The moon gives us light.
2. उसने गन्दे कपड़े धोये।
   He washed the clothes dirty.
3. तुम अपने दाँतों को सफेद रखते हो।
   You keep your teeth white.
4. रामू ने उसे लंगड़ा कर दिया।
   Ramu mades him lame.
5. तुमने फल मीठा चाहा।
   You wished the fruit sweet.
6. हमने किताबें पुरानी खरीदीं।
   We bought the books old.

निर्देश 2:– यदि वाक्य हो तो इस प्रकार जोड़े जाते है।

Example:-

1. The door was open.
   The man pushed it.
   The man pushed the door open.
2. He was dead.
   We saw him so.
   We saw him dead.

नियम 2:– Noun + Verb + Noun + Past Participle.

निर्देश 1:– इस Pattern में प्राय: See, hear, find, feel, want, wish, like, make, leave, keep, prefer, get, have आदि का प्रयोग किया जाता है।

Example:-

1. उसने अपने कपड़े धुलवाये।
   He got his clothes cleaned.
2. हमने पत्र लिखवाया।
   We got a letter written.
3. उन्होंने अपना घर चूने से पुतवाया।
   They had their house white washed.
4. उन्होंने गिरा हुआ मकान देखा।
   They saw the house fallen.
5. राम ने पौधों को उखड़ा हुआ पाया।
   Ram found the plants rooted out.

निर्देश 2:– यदि वाक्य दो हों तो तोड़कर जोड़ते हैं।

Example:-

1. We saw some plants.
   The plants were dried.
   We saw some plants dried.
2. Her brother got a car.
   The car was repaired.
   Her brother got the car repaired.
3. They saw a palace.
   The palace was ruined.
   They saw the palace ruined.

5. Degree of Adjective विशेषण अवस्थायें

विशेषण वह है जो किसी संज्ञा या सर्वनाम की विशेषता प्रकट करता है।

Kinds प्रकार

1. Positive Degree साधारण अवस्था

जो विशेषण किसी व्यक्ति या वस्तु की तुलना नहीं करते परन्तु उसकी विशेषता साधारण रुप से व्यक्त करते है। वे Positive Degree साधारण अवस्था कहलाते है।

निर्देश 1:– यह अवस्था प्रायः (as_____ as) अथवा (so_____ as) से जाती है।

निर्देश 2:– यदि दो वाक्य हो तब (as_____ as) (इतना –– जितना) अथवा (so_____ as) (उतना –– जितना) (वैसा –– जैसा) का प्रयोग किया जाता है।

Example:-

1. राम इतना मोटा है जितना श्याम है।
   Ram is fat.
   Shayam is fat.
   Ram is as fat as shyam.

विशेषः– (as_____ as) का प्रयोग उस समय करते है जब दोनों वाक्य साधारण व समान हो।

निर्देश 3:– यदि दो वाक्य हो और उनमें Negative में भाव व्यक्त करता हो तो (so_____ as) (उतना –– जितना) का प्रयोग किया जाता है।

Example:-

1. दिनेश उतना चतुर नहीं है जितना सुरेश चतुर है।
   Dinesh is not clever.
   Suresh is clever.
   Dinesh is not so clever as suresh.

निर्देश 4:– यदि एक ही वाक्य हो तो No अथवा No other से प्रारंभ किया जाता है अर्थात No / no other के बाद सदैव वाक्य का अन्य शब्द Predicate ही आता है।

Example:-

Ram is a good boy.
No boy is as good as ram

Or

No other boy is as good as ram,

निर्देश 5:– Interior, Ulterior, Exterior, Major, Minor, Former, Later, Upper, Outer, Inner, आदि केवल Positive Degree में ही प्रयोग किया जाते है। और इनके साथ To नहीं लिखा जाता है।

2. Comparative Degree तुलनात्मक अवस्था

जो विशेषण किसी व्यक्ति या वस्तु की विशेषता दूसरे से प्रयोग तुलना अपेक्षाकृत कुछ अधिक अंशों में व्यक्त करते हैं। वे Comparative Degree कहलाते हैं।

निर्देश 1:– यह प्रायः बजाय / उपेक्षा से जानी जाती है।

निर्देश 2:– यह प्रायः er / more तथा Than से जानी जाती है Than का प्रयोग बजाय / अपेक्षा के लिए किया जाता है।

Example:-

1. सीता गीता से अधिक सुन्दर है।
   Sita is more beautiful.
   Gita is beautiful.
   Sita is more beautiful than gita (is)
2. वह लिखने की बजाय गाती अच्छा है।
   She sings good.
   She writes.
   She sings better than writes.
   Or
   She sings better than she writes.
3. रमा राधा से अधिक अच्छा गाती है।
   रमा अच्छा गाती है।
   राधा गाती है।
   Rama sings good.
   Radha sings.
   Rama sings better than Radha (does)

निर्देश 3:– यदि दोनों वाक्य साधारण (Positive) में हो तो तुलनात्मक अवस्था में बनाते समय Than से पूर्व वाला वाक्य नकारात्मक Negative में ही बनाया जाता है।

Example:-

1. Ram is good
   Shyam is good.
   Ram is not better than shyam (is)

निर्देश 4:– यदि दोनों वाक्यों में वाक्य साधारण (Positive) में हो तो और दूसरा वाक्य नकारात्मक Negative हो तो तुलनात्मक अवस्था बनाते समय Than से पूर्व सदैव साधारण (Positive) वाक्य ही लिखा जाता है। और Than के बाद Negative नकारात्मक वाला वाक्य ही लिखा जाता है।

Example:-

1. Hari is fat.
   Mohan is not fat.
   Hari is fatter than mohan (is)

निर्देश 5:– यदि एक वाक्य हो तो Than के बाद सदैव (Any) या (Any other) प्रयोग किया जाता है।

Example:-

1. Ram is a good boy in the school.
   Ram is better than any boy in the school. or
   Ram is better than or any other boy in the school.

विशेष:– Superior, inferior, junior, senior, prior, postarion आदि तुलनात्मक अवस्था में ही आते है और इनके साथ सदैव (To) लगया जाता है।

3. Superlative Degree सर्वश्रेष्ठ अवस्था / उत्तमावस्था

जो विशेषण किसी व्यक्ति या वस्तु की उससे संबंधित समस्त वर्ग या जाति से तुलना करते हुए विशेषता सर्वाधिक अंशों में व्यक्त करते हैं। वे Superlative Degree कहलाते हैं।

निर्देश 1:– Superlative Degree से पहले The तथा प्रायः est / most प्रयोग किया जाता है।

निर्देश 2:– Superlative Degree का प्रयोग प्रायः एक ही वाक्य में किया जाता है।

Example:-

1. राम कक्षा में सबसे अच्छा लड़का है।
   Ram is the best boy in the class.
   Sita is a beautiful girl.
   Sita is the most beautiful girl.

Comparative / Superlative Degree बनाने के नियम

Positive Degree	*Meaning*	*Comparative Degree*	*Superlavit Degree*
Bold	वीर	Bolder	Boldest
Clever	चतुर	Cleverer	Cleverest
Cold	ठण्डा	Colder	Coldest
Deep	गहरा	Deeper	Deepest
Fast	तेज	Faster	Fastest
Long	लम्बा	Longer	Longest
Light	हल्का	Lighter	Lighest
Near	पास	Nearer	Nearest
Old	पुराना	Older	Oldest
Poor	गरीब	Poorer	Poorest
Rich	धनी	Richer	Richest
Small	छोटा	Smaller	Smallest
Sweet	मीठा	Sweeter	Sweetest
Weak	कमजोर	Weaker	Weakest
Able	योग्य	Abler	Ablest
Brave	वीर	Braver	Bravest
Fine	अच्छा	Finer	Finest
Large	बड़ा	Larger	Largest
Noble	शिष्ट	Nobler	Noblest
Wise	बुद्धिमान	Wiser	Wisest
Dry	सूखा	Drier	Driest
Easy	सरल	Easier	Easiest

Happy	प्रसन्न	Happier	Happiest
Heavy	भारी	Heavier	Heaviest
Lazy	आलसी	Lazier	Laziest
Ugly	कुरुप	Uglier	Ugliest
Wealthy	धनी	Wealtheir	Wealthiest
Big	बड़ा	Bigger	Biggest
Fat	मोटा	Fatter	Fattest
Fit	ठीक	Fitter	Fittest
Hot	गर्म	Hotter	Hottest
Sad	दुख/उदास	Sadder	Saddest
Thin	पतला	Thinner	Thinest
Beautiful	सुन्दर	More / Less Beautiful	Most / least Beautiful
Difficult	कठिन	More / Less Difficult	Most / least Difficult
Pious	पवित्र	More / Less Pious	Most / least Pious
Useful	लाभदायक	More / Less useful	Most / least useful
Bad	बुरा	Worse	Worst
Late	देर	Later / latter	Latest / last
Little	कम	Less / lesser	Least
Many / much	अधिक	More	Most
Far	दूर	Farther	Farthest
Good	अच्छा	Better	Best
Old	वृद्ध	Older / elder	Oldest / eldest

6. Mind

पहिचानः– जिन हिन्दी वाक्यों में बुरा मानना/आपत्ति/ऐतराज हो तो वहां पर Mind का प्रयोग किया जाता है।

निर्देश 1:– Mind क्रिया का प्रयोग मुख्यतया Negative तथा Interrogative वाक्यों में ही प्रयोग किया जाता है। प्रार्थना करने के लिए mind क्रिया का

प्रयोग अत्यधिक प्रचलित ढंग हो जिसमें would सहायक क्रिया का प्रयोग करते है।

नियमः– Would + you + mind + क्रिया में ing +कर्म + अन्य शब्द ?

निर्देश 2:– Not का प्रयोग mind के बाद किया जायेगा।

निर्देश 3:– Please को हटा दिया जाता है।।

Example:-

1. क्या आप दौड़ने की कृपा करेंगे ?
   Would you mind go running ?
2. क्या आप पत्र लिखने की कृपा करेंगे ?
   Would you mind writing a letter ?
3. क्या आप फल बेचने की कृपा करेंगे ?
   Would you mind selling the fruits ?
4. क्या आप काम करने की कृपा करेंगे ?
   Would you mind doing the work ?
5. क्या आप चोरी न करने की कृपा करेंगे ?
   Would you mind not stealing ?

विशेषः–

1. Please eat the food.
   Would you mind eating the food.
2. Please run a race.
   Would you mind running a races.
3. Please don't talk.
   Would you mind not talking.
4. Please don't abuse.
   Would you mind not abusing.

निर्देश 1:– यदि वाक्य में एक ही कर्त्ता हो तो कर्त्ता को दो बार mind के बाद नहीं लिखते हैं।

निर्देश 2:– Not को निम्न प्रकार से जोड़ेंगे।

1. Is willing को Doesn't mind में।
2. Are willing / Am willing को Don't mind में।
3. Was willing को Didn't mind में।
4. Were willing को Didn't mind में।

निर्देश 2:–

1. Is not willing को mind में।
2. Are / Am not willing को mind में।
3. Was / Were not willing को minded में बदलकर लिख देते है।

नियम:– कर्त्ता + don't / doesn't / didn't mind / minds / mind / minded + क्रिया में ing +कर्म + अन्य शब्द?

Example:-

1. वे घर जाने के लिए इच्छुक हैं।
   They are willing to go to home.
   They don't mind going to home.
2. हम पानी पीने के इच्छुक नहीं थे।
   We were not willing to drink the milk.
   We minded not drinking the water.

विशेष:–

1. We are willing to travel by bus.
   We travel by bus.
   Wc have no objection.
   We don't mind traveling by bus.
2. Sita is willing to cook the food.
   Sita cooks the food.
   Sita has no objectin.
   Sita doesn't mind cooking the food.

पहिचान:– जिन हिन्दी वाक्यों के अन्त में आपत्ति/ऐतराज/बुरा मानना आवे तो वहां पर Mind का प्रयोग किया जाता है।

निर्देश 1:– Mind क्रिया का प्रयोग मुख्यतया Negative तथा Interrogative वाक्यों में ही प्रयोग किया जाता है। प्रार्थना करने के लिए mind क्रिया का प्रयोग अत्यधिक प्रचलित ढंग हो जिसमें would सहायक क्रिया का प्रयोग करते है।

नियम:– कर्त्ता + don't / doesn't / didn't mind / minds / mind / minded + संज्ञा + सर्वनाम + क्रिया में ing +कर्म + अन्य शब्द ?

निर्देश 2:– Not का प्रयोग क्रियासे पूर्व ही किया जाता है।

निर्देश 3:– प्रथम वाक्य का कर्त्ता संज्ञा शब्द है तो Mind के बाद उसे जैसा का तैसा ही लिख देते हैं। और यदि प्रथम वाक्य का कर्त्ता

सर्वनाम हो तो उसे सम्बन्ध कारक Possessive case में बदल कर लिखा जाता है।

निर्देश 4:– यदि दूसरे वाक्य में

1. Has हो तो minds में।
2. Have हो तो mind में।
3. Had हो तो minded में।
4. Has no हो तो doesn't mind में।
5. Have no हो तो don't mind में।
6. Had no हो तो didn't mind में बदल कर लिख देते हैं। और इनके बाद वाले वाक्यांश को समाप्त कर दिया जाता है।

Example:-

1. राम के जाने में मुझे कोई आपत्ति नहीं है।
   I don't mind Ram going .
2. सीता को तुम्हारे गाली देने में आपत्ति है।
   Sita minds your abusing.
3. हमें आपके धूम्रपान करने में कोई आपत्ति नहीं है।
   We didn't mind your smoking.
4. रामू के पढ़ने में उसे ऐतराज था।
   He minded Ramu reading.
5. मैं राम के घर जाने में बुरा नहीं मानूंगा।
   I don't mind Ram going to home.
6. तुम्हारे नाचने में हम बुरा मानेंगे।
   We mind you dancing.

विशेषः–

1. Ram eats the food.
   I have no objection.
   I don't mind ram eating the food.
2. They play the ball.
   He has not objection.
   He doesn't mind the playing the ball.
3. I slept.
   They had not objection.
   They didn't mind my sleeping.

4. She does not run.
   I have objection.
   I mind her not running.
5. You do not walk.
   She has objection.
   She minds your not walking.
6. Hari did not jumps.
   You had objection.
   You minded hari not jumping.
7. Rajni did not say.
   Sajni had objection.
   Sajni minded rajni not saying.
8. They did not pull.
   The boys had objection.
   The boys minded their not pulling.

7. Get/Got

जब कर्त्ता कोई स्वयं कार्य न करके दूसरे से करवाता है तब उस अवस्था में Get प्रेरणार्थक क्रिया का प्रयोग किया जाता है।

नियमः– कर्त्ता + Get + Noun / Pronoun + to + क्रिया की प्रथम अवस्था +कर्म + अन्य शब्द ?

निर्देश 1:– यदि कार्य करने वाला कर्त्ता सर्वनाम हो तो उसे कर्म कारक में बदल कर लिख देते हैं।

निर्देश 2:– यदि कार्य करने वाला कर्त्ता संज्ञा शब्द हो तो उसे जैसा का तैसा लिखते हैं।

निर्देश 3:– यदि कार्य करने वाला वाक्य Negative में तो (not) को to से पूर्व लिखते हैं।

निर्देश 4:– यदि दूसरे वाक्य में tell / force/ order / ask आदि हो तो उसे (tell) में बदल कर लिख देते हैं।

निर्देश 5:– यदि दूसरे वाक्य में tells / forces/ orders / asks आदि हो तो उसे (Gets) में बदल कर लिख देते हैं।

निर्देश 6:– यदि दूसरे वाक्य में told/forced/ordered/asked आदि हो तो उसे (Got) में बदल कर लिख देते हैं।

Example:-

1. राम श्याम से काम करवाता है।
   Ram gets shyam to do the work.
2. मैं उससे पत्र लिखवाता हूँ।
   I get him to write a letter.
3. उसने मुझसे खाना खवाया।
   He got me to eat the food.

विशेषः–

1. Ram eats the food
   राम खाना खाता है।
   I tell ram to do so.
   मैं राम से ऐसा करने के लिए कहता हूँ।
   I get ram to eat the food.
2. She plucked the flowers.
   Ram ordered sita to do so.
   Ram got Sita to pluck the flower.

8. Made from / Made of

1. Made From

पहिचानः– जिन हिन्दी वाक्यों में (से बना/बनी/बने) आदि हो तो वहां पर Made from का प्रयोग किया जाता है।

निर्देश 1:– प्रजेन्ट टेन्स (वर्तमान काल में) is / are सहायक क्रियाओं का प्रयोग किया जाता है।

निर्देश 2:– भूतकाल Past tense में was / were सहायक क्रियाओं का प्रयोग किया जाता है।

निर्देश 3:– भविष्यत् काल Future tense में will be सहायक क्रियाओं का प्रयोग किया जाता है।

निर्देश 4:– कर्त्ता + is / are / was / were / will be + made from + कर्म + अन्य शब्द।

Example:-

1. शक्कर गन्ने से बनती/बनी है।
   The sugar is made from the sugarcane.

2. घी दूध से बना था।
   Ghee was made from the milk.
3. शर्बत शक्कर से बना होगा।
   The syrup will be made from sugar.
4. चाय दूध से बनी होगी।
   The tea will be made from the milk.
5. कागज घास से बना था।
   The paper was made from the grass.

निर्देश 4:– Made from का प्रयोग Negativeतथा Interrogative वाक्यों मे भी टेन्स के नियमानुसार किया जा सकता है।

2. Made of

पहिचान:– जिन हिन्दी वाक्यों में (का बना / की बनी / के बने) आदि हो तो वहां पर Made of का प्रयोग किया जाता है।

नियम:– कर्त्ता + is / are / was / were / will be + made of + कर्म + अन्य शब्द।

निर्देश 1:– प्रजेन्ट टेन्स (वर्तमान काल में) is / are सहायक क्रियाओं का प्रयोग किया जाता है।

Example:-

1. चाकू स्टील का बना होता है।
   The knife is made of steel.
2. प्याले प्लास्टिक के बने हैं।
   The cups are made of plastic.

निर्देश 2:– भूतकाल Past tense में was / were सहायक क्रियाओं का प्रयोग किया जाता है।

Example:-

1. मकान मिट्टी का बना था।
   The house was made of dust / earth.
2. बक्सा लोहे के बने थे।
   The boxes were made of iron.

निर्देश 3:– भविष्यत् काल Future tense में will be सहायक क्रियाओं का प्रयोग किया जाता है।

Example:-

1. पेन प्लास्टिक का बना होगा।
   The pen will be made of plastic.
2. चारपाई लकड़ी की बनी होगी।
   The cot will be made of wood.
3. कुआं सीमेन्ट का बना होगा।
   The well will be made of cement.

निर्देश 4:– Made of का प्रयोग Negative तथा Interrogative वाक्यों मे भी टेन्स के नियमानुसार किया जा सकता है।

9. Kind of/Type of

1. Kind of

पहिचान:– जिन हिन्दी वाक्यों में (प्रकार का/की/कि) आदि हो तो वहां पर Kind of का प्रयोग किया जाता है।

निर्देश 1:– Kind of का प्रयोग उस समय किया जाता है। जब एक वाक्य नकारात्मक Negative तथा एक वाक्य साधारण positive है।

निर्देश 2:– Kind of का प्रयोग प्रायः this / that / it वाले वाक्य में किया जाता है। और (जिसे) के स्थान पर (कोमा) लगा दिया जाता है।

Example:-

1. यह एक प्रकार का जानवर है जिसे हम नहीं जानते हैं।
   This is a kind of animal we do not know.
2. यह एक प्रकार का पौधा है जिसे वह नहीं जानती है।
   This is a kind of plant she doesn't know.
3. वह एक प्रकार का खेल था जिसे वे नहीं खेल सके।
   That was a kind of game, they could not play.
4. यह एक प्रकार का बाजा है जिसे मै बजा नहीं सकता।
   It is a kind of musical instrument, I can't play on.

विशेष:–

1. This is a gambling
   We have not seen.
   This is a kind of gambling, we have not seen.

2. This is a wild animal.
   We can't tame.
   This is a kind of wild animal, we can't tame.
3. This is a drawing.
   You don't understand.
   This is kind of drawing, you don't understand.

2. Type of

पहिचानः– जिन हिन्दी वाक्यों में (किस्म का/की/कि) आदि हो तो वहां पर Type of का प्रयोग किया जाता है।

निर्देश 1:– Type of का प्रयोग उस समय किया जाता है। जब दोनों वाक्य साधारण positive हों।

निर्देश 2:– Type of का संज्ञा के रुप में किया जाता है। जो व्यक्ति, वस्तु, घटना आदि का समूह के रुप में बोध कराता है।

Example:-

1. इस किस्म के उपन्यास ऐतिहासिक कहलाते हैं।
   This type of novel is called an historical.
2. राम उत्तम किस्म के व्यक्ति थे।
   Ram was a fine type of person.
3. इस किस्म की घड़ी जापान में बनती है।
   This type of watch is made in Japan.
4. इस किस्म का कपड़ा आयात किया जाता है।
   This type of cloth is imported.

विशेषः–

1. This is a fine car.
   It is made in England.
   This type of fine car is made in England.
2. This is an animal.
   It is found in South Africa.
   This type of an animal is found in South Africa.
3. These are fish.
   They are found in deep sea.
   These type of fish are found in deep sea.

10. It (Anticipatory)

पहिचानः– इसका प्रयोग समय, मौसम, दूरी, परिचय बताने के लिए किया जाता है।

निर्देश 1:– जब कोई वाक्य में कर्त्ता न हो तो प्रारंभ करने के लिए इसका अत्यधिक वाचक Anticipatory / Impersonal उपयोग होता है।

1. समय (Time)

निर्देश 2:– 'O' clock – बजे, घण्टे –Hour, Minute – मिनट,

Half Past – साढ़े, Quarter to – पौने,

Quarter Past – सवा, 10 Minutes to – दस मिनट शेष,

10 Minutes Past – दस मिनट अधिक

Example:-

1. सात बजे हैं।
   It is seven 'o' clock.
2. साढ़े चार बजे थे।
   It was half past 4 'o' clock.
3. पौने 2 बजे होंगे।
   It will be quarter to 2 'o' clock.
4. सवा तीन बजे हैं।
   It is quarter past 3 'o' clock.
5. पांच बजने में दस मिनट शेष हैं।
   It is 10 minutes to 5 'o' clock.
6. चार बजकर 3 मिनट थे।
   It was 3 minutes past 4 'o' clock.

2. मौसम (Weather)

Example:-

1. आज बहुत ठण्ड है।
   It is very cold today.
2. कल बादल था।
   It was cloudy yesterday.
3. कल बहुत गर्मी रहेगी।
   It will be very hot tomorrow.

2. दूरी (Distance)

Example:-

1. यहां से पांच मील दूर है।
   It is 5 miles from here.
2. बिरला मन्दिर से पास था।
   It was near from Birla temple.
3. हमारे घर से बहुत दूर होगा।
   It will be far away from our house.

4. परिचय (Identification)

Example:-

1. रीता है।
   It is sita.
2. मैं हूँ।
   It is I.
3. तुम हो।
   It is you.
4. साँप था !
   It was snake.

निर्देश 3:– इसका प्रयोग अपुरुष वाचक कर्त्ता के रुप में किया जाता है।

Example:-

1. पानी मूसलाधार बरसता है।
   It rains cats and dogs.

निर्देश 4:– इसका प्रयोग वाक्य में कही जाने वाली किसी बात को बताने के लिए किया जाता है।

Example:-

1. भीख मांगना शर्मनाक है।
   It is shameful to beg.

निर्देश 5:– इसका प्रयोग अस्थायी कर्त्ता के रुप में कर्त्ता विहीन वाक्यों में किया जाता है।

Example:-

1. गरीबों की सहायता करना अच्छा है।
   It is good to help the poor.

निर्देश 6:– इसका प्रयोग किसी बात पर बल देने के लिए भी किया जाता है।

Example:-

1. मुझ पर ही दोषारोपण होना है।
   It is I who is to blame.
2. राम ने ही झगड़ा प्रारंभ किया था।
   It was Ram who began the quarrel.

11. It (In Complex Sentence)

निर्देश 1:– It से जुड़ने वाला प्रधान उपवाक्य (Principal clause) तथा that के बाद वाला उपवाक्य आश्रित उपवाक्य (Subordinate clause) कहलाता है।

नियम:– It +क्रिया +विशेषण +संज्ञा उपवाक्य

It + Verb + Adj + Noun clause.

Example:-

1. इतना सरल है कि एक बच्चा इसको समझ सकता है।
   It is so simple that a child can understand it.
2. इतना मीठा था कि उसने सम्पूर्ण खा लिया।
   It was so sweet that he ate whole of it.
3. निश्चित है कि वह जीवित रहेगी।
   It is certain that she will servive.

निर्देश 2:– कभी कभी that संयोजक का प्रयोग नहीं करते है जब संज्ञा उपवाक्य In apposition समानाधिकरण में it सर्वनाम Pronoun होता है।

Example:-

1. संभव है कि वह आ सकता है।
   It is possible he may come.
2. निश्चित है कि वह अपराधी था।
   It is certain he was guilty.
3. पूर्ण विश्वास है कि पानी आज बरसेगा।
   It is quite sure rain will fall today.

विशेष–

1. She tells a lie is not true.
   It is not true that she tells a lie.

2. She will win the race is certain.
   It is certain that she will win the race.
3. Ram will go to Gwalior.
   This is sure.

It is sure that Ram will go to Gwalior.

12. There (Introductory) परिचयात्मक

निर्देश 1:– इसका प्रयोग जब वाक्य के प्रारंभ में किया जाता है। तब इसका कोई अर्थ नहीं होता है।

नियमः– There + is/are/was/were/will be + कर्त्ता +कर्म +अन्य शब्द।

It + Verb + Adj + Noun clause.

Example:-

1. किताब कुर्सी पर है।
   There is a book on the chair.
2. कपड़े बक्से में है।
   There are clothes in the box.
3. तालाब में फूल थे।
   There are flowers in the tank.
4. पेड़ पर बन्दर था।
   There was a monkey on the tree.
5. गांव में कुंआ होगा।
   There will be a well in the village.
6. लोमड़ी मैदान में होगी।
   There will be a fox in the ground.

निर्देश 1:– जब there का प्रयोग वाक्य के प्रारंभ में नहीं कर अन्त में होगा है। तब इसका अर्थ वहां होता है।

Example:-

1. वहां एक गाय है।
   There is a cow.
2. वहां एक छोटा मन्दिर था।
   There was a small temple.

निर्देश 2:– Negative sentences में क्रिया के बाद No का प्रयोग किया जाता है।

Example:-

1. बाल्टी में पानी नहीं है।
   There is no water in the bucket.

निर्देश 3:– प्रश्नवाचक वाक्यों में There से पहले क्रिया तथा अन्त में (?) लगाया जाता है।

Example:-

1. क्या सांप बिल में है ?
   Are there snakes in the hole ?

13. Be Sure / Be afraid

1. Be sure

पहिचानः– जिन हिन्दी वाक्यों में (आशा/विश्वास) आदि हो तो वहां पर Sure का प्रयोग किया जाता है।

नियमः– कर्त्ता + सहायक क्रिया + Sure + That + कर्त्ता + क्रिया + कर्म +अन्य शब्द।

Example:-

1. मुझे विश्वास है कि राम आयेगा।
   I am sure that Ram will come.
2. उसे आशा थी। कि सीता पास हो जायेगी।
   She was sure that Sita would pass.
3. तुम्हे विश्वास है कि श्याम तुम्हारी मदद करेगा।
   You are sure that Shyam will help you.

निर्देशः– कभी कभी That संयोजक का प्रयोग नहीं किया जाता है।

Example:-

1. हमको विश्वास है कि वह पास हो जायेगी।
   We are sure she will pass.
2. मुझे पूर्ण विश्वास है कि हम जीतेंगे।
   I am sure we shall win.

विशेष–

1. My friend will arrive today.
   I am sure that my friend will arrive today.
2. God will be kind to poor.
   I am sure that God will be kind to poor.

3. Our party will win the election.
   I am sure that our party will win the election.
4. Ram will come.
   He is sure.
   He is sure that Ram will come.
5. The cow will graze I am sure.
   I am sure that the cow will graze.

2. Be afraid

पहिचानः– जिन हिन्दी वाक्यों में (भय / डर / अविश्वास / निराशा) आदि हो तो वहां पर afraid का प्रयोग किया जाता है।

नियमः– कर्त्ता + सहायक क्रिया । afraid । That । कर्त्ता + क्रिया + कर्म +अन्य शब्द।

Example:-

1. मुझे डर है कि वह फेल हो जायेगी।
   I am afraid that she will fail.
2. हमें डर है कि उसका बेटा मर जायेगा।
   We are afraid that her son will die.
3. उसे डर था कि उमा बीमार पड़ जायेगी।
   He was afraid that Uma would fall ill.

निर्देशः– कभी कभी That संयोजक का प्रयोग नहीं किया जाता है।

Example:-

1. सीता को डर है कि रामू शीशा तोड़ देगा।
   Sita is afraid Ram will break the mirror.
2. नाविक भयभीत है कि नाव डूब न जाये।
   The sailor is afraid the boat may not sink.

विशेष–

1. We shall miss the train.

   I am afraid that we shall miss that train.

2. The sick will die of cold.

   I am afraid that the sick will die of cold.

3. The heavy rain will cause flood.
   I am afraid that heavy rain will cause flood.
4. He will lose his position this year.
   I am afraid.
   I am afraid that he will lose his position this year.

14. Going to

पहिचानः– जिन हिन्दी वाक्यों में (वाला / वाली / वाले) आदि हों और वे भविष्यत् काल का बोध करावें तो उस अवस्था में going to का प्रयोग किया जाता है।

नियमः– कर्त्ता + is / are / am + going to + क्रिया कि प्रथम अवस्था + कर्म +अन्य शब्द।

निर्देश 1:– Going to का प्रयोग Future Indefinite tense अनिश्चित भविष्यत् काल के लिए किया जाता है इसके प्रयोग से भावी समय, इरादा, या निश्चय, सम्भावना, प्रार्थना या पूछताछ का बोध होता है।

निर्देश 2:– will / shall के स्थान पर कर्त्ता के अनुसार is / are / am प्रयोग किया जाता है।

Example:-

1. मैं किताब खरीदने वाला हूँ।
   I shall buy the book.
   I am going to buy the book.
2. तुम एक गीत गाने ही वाले हो।
   You are going to sing a song.
3. वह एक शेर का शिकार करने जा रहा है।
   He will prey a lion.
   He is going to prey a lion.
4. आज पानी बरसने वाला है।
   It is going to rain today.
5. ईनाम बांटे ही जाने वाले हैं।
   The prizes will be given.
   The prizes are going to be given.

निर्देश 2:– Passive voice में to be का प्रयोग करते है। अतः to be के पश्चात मुख्य क्रिया की तीसरी अवस्था का प्रयोग किया जाता है।

15. About to

पहिचानः— जिन हिन्दी वाक्यों के अन्त में (वाला/वाली/वाले) आदि आवें तो वहां पर about to का प्रयोग किया जाता है।

नियमः— कर्त्ता + is/are/am/was/were + about to + क्रिया कि प्रथम अवस्था + कर्म +अन्य शब्द।

Example:-

1. वह खाना खाने वाला है।
   He is about to eat the food.
2. हम पत्र लिखने वाले है।
   We are about to write the letters.
3. मैं रामायण पढ़ने वाला हूँ।
   I am about to read the Ramayan.
4. राम खेलने वाला था।
   Ram was about to play.
5. वे आने वाले थे।
   They were about to come.

निर्देश 1:— Negative Sentences में not का प्रयोग सहायक क्रिया के बाद किया जाता है।

Example:-

1 क्रिया के बाद किया जाता है।
  Ram is not about to run.

निर्देश 2:— Interrogative Sentences में सहायक क्रिया कर्त्ता से पूर्व टेन्स के नियमानुसार लिखी जाती है।

Example:-

1. क्या वह हंसने वाला है।
   Is he about to laugh.

16. Pronoun – Self (Emphatic)

Emphatic Pronoun – Self कार्य करने पर जोर देता है।

निर्देश 1:— एक वचन कर्त्ताओं के साथ Self तथा बहुवचन कर्त्ताओं के साथ Selves का प्रयोग किया जाता है।

निर्देश 2:– Emphatic Pronoun में कर्त्ता किसी कार्य करने पर जोर देता है।

निर्देश 3:– I के साथ myself, you – your self / your selves, we – our selves, he – himself, she – herself, it – itself, they - themselves आदि का प्रयोग किया जाता है।

नियम:– कर्त्ता + Self + क्रिया (काल के अनुसार) + कर्म +अन्य शब्द।

Example:-

1. मैं स्वयं दौड़ता हूँ।
   I myself run.
2. तुम स्वयं लड़ते हो।
   You yourself fight.
3. वें स्वयं नाचे।
   They themselves dance.
4. राम ने स्वयं रावण मारा।
   Ram killed Ravan himself.

निर्देश 1:– कर्त्ता + क्रिया + Self + कर्म +अन्य शब्द।

Example:-

1. तुम काम स्वयं करते हो।
   You do yourself the work.
2. राम पत्र स्वयं लिखता था।
   Ram wrote himself letter.
3. राधा गाना स्वयं गायेगी।
   Radha will sing herself a song.

17. Let

पहिचान:– जिन हिन्दी वाक्यों के अन्त में (दो/चाहिए) आदि आवे तो वहां पर Let का प्रयोग किया जाता है।

नियम:– Let+ कर्त्ता (कर्म कारक में) + क्रिया की प्रथम अवस्था + कर्म + अन्य शब्द।

निर्देश 1:– Let से प्रांरभ होने वाला वाक्य Imperative आज्ञा सूचक वाक्य कहलाता है। इन वाक्यों में कर्त्ता you प्रायः छिपा रहता है।

Example:-

1. मुझे लिखने दो।
   Let me write.
2. उसे गाने दो।
   Let him sing.
3. हमको गेंद खेलना चाहिए।
   Let us play the ball.
4. उसे पत्र लिखना चाहिए ?
   Let her write a letter.
5. चलो स्कूल चले।
   Let us go to school.
6. आओ चलें।
   Let us go.
7. मुझे पढ़ने दो।
   Let me read.

18. Unreal Past Had – would have (यदि ऐसा होता)

पहिचानः– जिन हिन्दी वाक्यों के अन्त में (होता) आदि आवे तो वहां पर Had – would have का प्रयोग किया जाता है।

नियमः– Had का प्रयोग If से जुड़ने वाले वाक्य के कर्त्ता के बाद क्रिया की तीसरी अवस्था के साथ किया जाता है।

निर्देश 1:– Would have का प्रयोग दूसरे वाक्य में कर्त्ता के बाद क्रिया की तीसरी अवस्था के साथ किया जाता है।

निर्देश 2:– (तो) के स्थान पर कॉमा (,) लगा दिया जाता है।

Example:-

1. यदि वह घर गया होता तो उसने खाना खाया होता।
   If he had gone to home he would have eaten the food.
2. यदि तुमने मेहनत की होती तो तुम पास हो गये होते।
   If you had worked hard you would have passed.
3. यदि मैंने सांप को पकड़ा होता तो वह मुझे काट लेता।
   If I had caught the snake it would have bitten me.
4. यदि ट्रेन रुकी होती तो वह बाहर कूद गया होता।
   If the train had stopped, he would have jumped out of it.

विशेषः–

1. If he comes, I will go to see the picture.
   If he had come, I would have gone to see the picture.
2. If you go to Delhi you will bring me some present.
   If you had gone to Delhi you would have brought me some presents.

19. Transformation of Sentences

परिभाषाः– किसी वाक्य का अर्थ meaning बदले बिना उसका रुप form व्याकरण के अनुसार बदलना ही Transformation of Sentences कहलाता है।

Example:-

1. Suresh is wealthy.
   Suresh possess wealth (Transform)
2. No man is so brave as arjun.
   Arjun is braver than any other man.
3. He is too weak to walk.
   He is so week that he cannot walk.
4. If you permit for, she will marry him.
   Unless you permit her, she will not marry him.
5. Hamid buys a book.
   A book is bought by Hamid.
6. How can a blind man see ?
   A blind man can not see.
7. He speaks truth.
   He does not tell a lie.
8. How sad he looks.
   He looks very sad.
9. Alas! He died young.
   It is sad that he died young.
10. Hari was rewarded for his sin urity.
    Hari was sincure so he was rewarded.
11. He took his books and went to school.
    Taking up his books he went to school.
12. They know to be an honest lady.
    They know that she is an honest lady.

Chapter – 13

Compound Sentences संयुक्त वाक्य

दो या अधिक उपवाक्यों से निर्मित वाक्यों जो Coordinative Conjunctions से जुड़े होते हैं Compund Sentences कहलाते है। और उपवाक्य Coordinative Clause कहलाते हैं।

निर्देश 1:– Coordinating sentence का निर्माण Coordinating Conjunctions के द्वारा होता है। जो चार प्रकार के होते है।

1. Coorelative Conjunctions समानपदीय योग सूचक संयोजक

योगसूचक संयोजक केवल दो कथनों को जोड़ने का कार्य करते हैं।

1. [And]

अर्थः– इसका अर्थ (अर्थ) से लगाया जाता है।

निर्देश 1:– यह दोनों उपवाक्यों के मध्य में अर्थात दोनों समानपदीय वाक्यों को जोड़ने का कार्य करता है।

निर्देश 2:– दोनों वाक्य जिस किसी टेन्स में हों तो उन्हें उसी टेन्स में बना देते हैं। अर्थात किसी भी प्रकार का परिवर्तन नहीं करते हैं।

Example:-

1. मुझे एक पेन और एक पेन्सिल चाहिए।
   I want a pen and a pencil.
2. मेरे पास कागज और कलम भी है।
   I have paper and pen.
3. हमने अपनी किताब खोली और पढ़ने लगे।
   We opened our book and began to read.

विशेष:–

1. He went to sanchi.
   He saw stups there.
   He went to sanchi and saw a stups there.
2. She washed the clothes.
   She ironed them.
   She washed the clothes and ironed them.

2. [Both – And]

अर्थ:– इसका अर्थ (दोनों – और) से लगाया जाता है।

निर्देश 1:– Both का प्रयोग प्रथम वाक्य में किया जाता है। तथा And का प्रयोग कर्त्ता के दो गुणों/अथवा दो कार्य कलापों और दुहरी शक्ति का प्रदर्शन करने के लिए संयोजक जोड़ने में किया जाता है।

Example:-

1. वह बुद्धिमान और परिश्रमी दोनों ही है।
   He is intelligent.
   He is diligent.
   He is both intelligent and diligent.
2. रामू चोर और ईमानदार दोनों ही है।
   Ramu is thief.
   Ramu is an honest.
   Ramu is both thief and honest.
3. उसने अपनी किताबें और कापियों दोनों ही खो दी।
   He lost his books.
   He lost his copies.
   He lost both books and copies.

विशेष:–

1. I love you.
   I love your dog.
   I love both you and your dog.
2. I am fond of tea.
   I am fond of coffee.
   I am fond of both tea and coffee.

3. [As well as]

अर्थः– इसका अर्थ (साथ साथ – भी) से लगाया जाता है।

निर्देश 1:– As well as का प्रयोग कर्त्ता के दो गुणों तथा दो कार्यों के मध्य या दोनों को जोड़ने के लिए किया जाता है।

Example:-

1. मोहन के साथ साथ राम भी खेलता है।
   Mohan plays.
   Ram plays.
   Mohan as well as Ram plays.
2. वह अमीर होने के साथ साथ गरीब भी है।
   He is rich.
   He is poor.
   He is rich as well as poor.
3. तुम खेलने के साथ साथ दौड़ते भी हो।
   You play.
   You run.
   You play as well as run.

विशेषः–

1. He is a poet.
   He is dramatist.
   He is poet as well as dramatist.
2. The wind rose.
   The boat moved fast.
   The wind rose as well as the baot moved fast.
3. Radha dances, Rama dances.
   Radha as well as Rama dance.

4. [Not only – but also]

अर्थः– इसका अर्थ (केवल नहीं – अपितु – भी) से लगाया जाता है।

निर्देश 1: Not only का प्रयोग प्रायः वाक्य की सहायक क्रिया के बाद किया जाता है। और but also का प्रयोग दोनों गुणों तथा दोनों कार्यों के मध्य में किया जाता है।

Example:-

1. राम केवल चोर ही नहीं अपितु कत्ली भी था।
   Ram was thief.

Ram was murderer.
Ram was not only thief but also murderer.

2. वह केवल शिष्य ही नहीं अपितु प्राचार्य भी है।
He is teacher.
He is principal.
He is not only teacher but also principal.

3. हम केवल मोटे ही नहीं अपितु पतले भी हैं।
We are fat.
We are thin.
We are not only fat but also thin.

विशेषः–

1. He robbed the child.
He murdered her.
He not only robbed the child, but also murdered her.
Or
He robbed not only the child but also murdered her.

2. He is poet.
He is dramatist.
He is not only poet but also dramatist.

5. [Not Only......................but also]

अर्थः– इसका अर्थ (न केवल – यह भी) से लगाया जाता है।

निर्देश 1ः– इसका प्रयोग एक कार्य के होने के साथ ही दूसरे अन्य कार्य होने की क्षमता प्रकट करने के लिए किया जाता है। प्रायः वाक्य की सहायक क्रिया के बाद किया जाता है।

निर्देश 2ः– Not only का प्रयोग पहले वाक्य में कर्त्ता / सहायक क्रिया के बाद किया जाता है।

निर्देश 3ः– As well का प्रयोग too के स्थान पर या दूसरे वाक्य के अन्त में किया जाता है।

निर्देश 4ः– दोनों वाक्यों के बीच में (,) या (But) का प्रयोग कर दिया जाता है।

Example:-

1. वह न केवल हंसता है बल्कि रोता भी है।
He laughes.
He weeps too.
He not only laughes but he weeps as well.

2. यह कलम न केवल लिखती है यह प्रकाश भी देती है।
   This pen writes.
   It produces light.
   This pen not only writes, it produces lightes as well.

विशेषः–

1. She sings.
   She dances.
   She not only sings she dances as well.
2. The cows give us milk.
   They give us dung.
   The cows not only give us milk, they give us dung as well.
3. She is rich.
   She is kind.
   She is not only rich, but she is kind as well.

6. [Too]

अर्थः– इसका अर्थ (भी) से लगाया जाता है।

निर्देश 1:– Too का प्रयोग सहायक क्रिया के बाद किया जाता है।

Example:-

1. राम पढ़ने के लिए कमजोर भी है।
   Ram is too weak to read.
2. हम दौड़ने के लिए मोटे भी थे।
   We were too fat to run.
3. राधा नाचने के लिए वृद्ध भी है।
   Radha is too old to dance.
4. दिनेश खेलने के लिए बीमार भी थे।
   Dinesh was too ill to play.
5. तुम बोलने के लिए गूंगे भी हो।
   You are too dumb to speak.

विशेषः–

1. Ram is weak.
   He cannot run.
   Ram is too weak to run.
2. Sita is dumb.
   She cannot speak.
   Sita is too dumb to speak.

3. Hari is blind.
   He can not see.
   Hari is too blind to see.

2. Adversative Conjunctions विरोध सूचक / विरोधी संयोजक

1. [But]

अर्थः– इसका अर्थ परंतु / किन्तु से लगाया जाता है।

निर्देश 1:– इसका प्रयोग विरोध का आभास कराता है। जो सूचना पहले वाक्य में दी गयी होती है। उसकी न तो दूसरे वाक्य में पुर्नरावृति हो सकती है। और न ही उस वाक्य को सहायता देने वाले शब्द है।

निर्देश 2:– But का प्रयोग दोनों वाक्यों के बीच में किया जाता है। और दोनों वाक्य जिस किसी टेन्स में हों तो उन्हें उसी टेन्स में बना देते है।

Example:-

1. वह निर्धन है परन्तु ईमानदार है।
   He is poor.
   He is honest.
   He is poor but honest.
2. वह तेज दौड़ा परन्तु बस नहीं पकड़ पाया।
   He ran fast.
   He could not catch the bus.
   He ran fast but the could not catch the bus.

विशेषः–

1. Hema tried her best.
   She could not solve the problem.
   Hema tried her best but she could not solve the problem.
2. The feast is over.
   The guest are still there.
   The feast is over but the guests are still there.

2. [Still] (अब भी / तब भी / तो भी)

अर्थः– इसका अर्थ (अब भी / तब भी / तो भी) से लगाया जाता है और कभी कभी, तो भी, अब भी for all that तथा कभी कभी now and then से भी लगाया जाता है।

निर्देश 1:– इसका प्रयोग (अब भी) के अर्थ में अपने से पूर्व के उपवाक्य की थोड़ी सहायता करता हुआ प्रतीत होता है।

Example:-

1. मैं नाराज था तो भी मैं चुप था।
   I was angry.
   I kept quite.
   I was angry still I kept quite.
2. वह बीमार है फिर भी कठिन परिश्रम करता है।
   He is ill.
   He works hard.
   He is ill still he works hard.
3. रामू गरीब था तब भी उसने फीस दे दी।
   Ramu was poor.
   He paid the fees.
   Ramu was poor still he paid the fees.

विशेषः–

1. It is said that education is wide spread.
   Women education lags behind.
   It is said that education is wide spread still women education lags behind.
2. He has reaceived numerous injuries.
   He feel happy.
   He has received numerous injuries still he feels happy.

3. [Yet] (अब भी/तब भी/तो भी)

अर्थः– इसका अर्थ (तो भी/फिर भी/तब भी) से लगाया जाता है।

निर्देश 1:– दोनों उपवाक्य जिस किसी टेन्स में हो उन्हें उसी टेन्स में ही बना दिया जाता है। अर्थात किसी भी प्रकार का परिवर्तन नहीं किया जाता है।

निर्देश 2:– दोनों उपवाक्यों को जोडने के लिए (yet) का प्रयोग किया जाता है। अर्थात दोनों वाक्यों के बीच में (yet) प्रयोग कर दिया जाता है।

Example:-

1. राम गरीब है तो भी ईमानदार है।
   Ram is poor.
   He is honest.
   Ram is poor yet he is honest.

2. हम पास हो गये तो भी रोये।
   We passed.
   We wept.
   We passed yet we wept.
3. वह बीमार है तो भी खुश है।
   He is ill / sick.
   He is happy.
   He is ill yet he is happy.

विशेषः–

1. I fowoned upon him.
   We loves me still.
   I fowoned upon him yet he loves me still.
2. He failed.
   He preserned.
   He failed yet he preserned.

4. [Nevertheless] (तथापि)

अर्थः– इसका अर्थ (जिस पर भी /तो भी / तब भी) से लगाया जाता है

निर्देश 1:– दोनों उपवाक्य जिस किसी टेन्स में हों तो उन्हें उसी टेन्स में ही बना देते हैं। अर्थात किसी भी प्रकार का परिवर्तन नहीं किया जाता है।

निर्देश 2:– Nevertheless का प्रयोग दोनों उपवाक्यों के मध्य दिया जाता है।

Example:-

1. मैंने अच्छा से अच्छा प्रयास किया तथापि असफल रहा।
   I did my best.
   I failed.
   I did my best nevertheless I failed.
2. उसने साइकिल खरीदी तब भी वह नहीं पहुंच सका।
   He bought the bicycle.
   He could not reach.
   He bought the bicycle nevertheless he could not reach.

3. कोमल ने कठिन मेहनत कि जिस पर भी वह फेल हो गया।
   Komal worked hard.
   He failed.
   Komal worked hard nevertheless he failed.

विशेषः–

1. It seems too good to be true.
   It is fact.
   It seems too good to be true nevertheless it is fact.

5. [Not with standing]

अर्थः– इसका अर्थ (जिस पर भी / के बावजूद भी) से लगाया जाता है

निर्देश 1:– दोनों उपवाक्य जिस किसी टेन्स में हों तो उन्हें उसी टेन्स में ही बना देते हैं। अर्थात किसी भी प्रकार का परिवर्तन नहीं किया जाता है।

Example:-

1. चेतातनी के बावजूद भी वह गया।
   Not with standing warning he went.
2. वह गरीब होने के बावजूद भी ईमानदार है।
   He is poor.
   He is honest.
   He is poor not with standing he is honest.
   Not with standing poor he is honest.

6. [Whereas/while]

अर्थः– इसका अर्थ (चूंकि/अतः/जबकि) से लगाया जाता है

निर्देश 1:– दोनों उपवाक्य जिस किसी टेन्स में हों तो उन्हें उसी टेन्स में ही बना देते हैं।

Example:-

1. वह पास हो गया जबकि उसने कठिन मेहनत नहीं की थी।
   He passed.
   He did not work hard.
   He passed whereas he did not work hard.
   He passed while he did not work hard.

3. Alternative Conjunctions चयन सूचक / विकल्पीय संयोजक

जो दो विकल्पों के मध्य चयन की अभिव्यक्ति करते हैं वे विकल्पीय/चयनसूचक संयोजक कहलाते हैं।

1. [Either........ or]

अर्थः– इसका अर्थ (कोई न कोई / या तो – या) से लगाया जाता है।

निर्देश 1:– प्रथम वाक्य में Eitherका प्रयोग किया जाता है। दूसरे वाक्य के प्रारंभ में or का प्रयोग किया जाता है।

निर्देश 2:– दोनों उपवाक्य जिस किसी टेन्स में हो उन्हें उसी टेन्स में ही बना देते है। अर्थात किसी भी प्रकार का परिवर्तन नहीं किया जाता है और Either.....or का प्रयोग सदैव स्वीकारात्मक वाक्यों में होता है।

Example:-

1. या तो तुम पागल हो या मजाक कर रहे हो।
   You are mad.
   You are cracking a joke.
   Either you are mad or you are cracking a joke.
2. या तो तुम चतुर हो या राम चतुर है।
   You are clever.
   Ram is clever.
   Either you or Ram is clever.
3. मैं या तो मोटा या पतला हूँ।
   I am fat, I am thin.
   I am either fat or thin.

विशेषः–

1. He is foolish.
   He is also obstinate.
   Either he is foolish or he is also obstinate.

2. [Neither - nor]

अर्थः– इसका अर्थ (न तो – न), (न वह – न यह) से लगाया जाता है

निर्देश 1:– Neither - nor के प्रयोग में दोहरी नकारात्मकता की अभिव्यक्ति होती है। पहले उपवाक्य में कर्त्ता के कार्य नकारात्मक हो

जाते है। तो दूसरे में जो विकल्प होता है। उसकी भी संभावना समाप्त हो जाती है।

निर्देश 2:– दोनों उपवाक्य जिस किसी टेन्स में हो उन्हें उसी टेन्स में ही बना देते है। अर्थात किसी भी प्रकार का परिवर्तन नहीं किया जाता है

निर्देश 3:– Neither - nor से जुड़ने वाले दोनों नकारात्मक उपवाक्यों को साधारण positive में बना देते है। अर्थात दोनों उपवाक्यों की not हटा देते है। क्योंकि Neither - nor स्वयं ही नकारात्मक भाव स्पष्ट करते है।

निर्देश 4:– पहले उपवाक्य में Neither का प्रयोग किया जाता है। तथा दोनों उपवाक्यों को nor से जोड़ दिया जाता है। इसका प्रयोग सदैव नकारात्मक वाक्यों में ही किया जाता है।

Example:-

1. न तो मैं और न ही मेरे पिता कलकता गये।
   I did not go to Calcutta.
   My father did not go to Calcutta.
   Neither I nor my father went to Calcutta.
2. न तो वह सुन्दर है और न ही वह कुरुप है।
   She is not beautiful.
   She is not ugly.
   She is neither beautiful nor ugly.

विशेष:–

1. He is not wise.
   He is not labourious.
   Neither he is wise nor he is labourious.
   Or
   He is neither wise nor labourious.

3. [Or]

अर्थ:– इसका अर्थ (या अथवा) से लगाया जाता है

निर्देश 1:– इसका प्रयोग दो विभिन्न संभावनाओं के विकल्प प्रस्तुत करने के लिए या उनमें से किसी एक विकल्प का चयन करने के लिए किया जाता है।

निर्देश 2:– दोनों उपवाक्य जिस किसी टेन्स में हों उन्हें उसी टेन्स में ही बना देते हैं। अर्थात किसी भी प्रकार का परिवर्तन नहीं किया जाता है

निर्देश 3:– Or का दोनों उपवाक्यों के मध्य किया जाता है

निर्देश 4:– Or का प्रयोग कभी कभी नकारात्मक भी दर्शाता है।

Example:-

1. राधा या मोहन नाचेंगे।
   Radha will dance.
   Mohan will dance.
   Radha or mohan will dance.
2. अन्दर आओ अथवा बाहर जाओ।
   Come in.
   Go out.
   Come in or go out.
3. हम जीतेंगे या मर जायेंगे।
   We shall win, we shall die.
   We shall win or die.
4. वह आयेगा अथवा पत्र भेजेगा।
   He will come, he will send a letter.
   He will come or he will send a letter.

विशेषः–

1. She must weep.
   She will die.
   She must weep or she will die.
2. Keep quite.
   I shall set you right.
   Keep quiet or I shall set you right.

4. [Nor]

अर्थः– इसका अर्थ (न/न तो) से लगाया जाता है

निर्देश 1:– Nor के प्रयोग में प्रथम उपवाक्यों से स्पष्ट अथवा अर्थपूर्ण नकरात्मक भाव स्पष्ट होता है उसके साथ जुड़ा हुआ दूसरा उपवाक्य भी नकारात्मक अर्थ रखता है।

निर्देश 2:– दोनों उपवाक्य जिस किसी काल में हो उन्हें उसी काल में ही बना देते है।

Example:-

1. न तो मैं पढ़ सकता हूँ न उच्चारण कर सकता हूँ।
   I cannot read.

I cannot pronounce.
I cannot read nor pronounce.

2. न तो मैं जाता हूँ न श्याम जाता है।
I go.
Shyam goes.
I nor shyam goes./ I go nor shyam goes.

5. [Else]

अर्थः–इसका अर्थ (न तो/अन्यथा/अन्य/दूसरा) से लगाया जाता है

निर्देश 1:– दोनों उपवाक्यों के बीच में इसका प्रयोग किया जाता है।

Example:-

1. कठिन मेहनत करो नहीं तो तुम फेल हो जाओगे।
Work hard.
You will fail.
Work hard else you will fail.
2. तेज चलों नहीं तो तुम्हें देर हो जायेगी।
Run fast.
You will be late.
Run fast else you will be late.

6. [Otherwise]

अर्थः– इसका अर्थ (नहीं तो/अन्यथा/यदि ऐसा होता) से लगाया जाता है

निर्देश 1:– इसमें थोड़ी सी मात्रा में चेतावनी का भाव निहित होता है।

निर्देश 2:– इसका प्रयोग दोनों उपवाक्यों के मध्य में किया जाता है। और दोनों उपवाक्य जिस किसी काल में हों उन्हें उसी काल में बना देते हैं। अर्थात किसी भी प्रकार का परिवर्तन नहरं करते है।

Example:-

1. कठिन मेहनत करो अन्यथा तुम फेल हो जाओगे।
Work hard.
You will fail.
Work hard otherwise you will fail.
2. घंटी बजाओ अन्यथा कोई फाटक नहीं खोलेगा।
Ring the bell.
Nobody will open the gate.
Ring the bell otherwise nobody will open the gate.

निर्देश 3:– कभी कभी otherwise का प्रयोग (If ___ not) के स्थान पर किया जाता है। otherwise का प्रयोग वाक्य में किया जाता है। तब वाक्य में निहित (if ______ not) को हटा दिया जाता है। तथा कर्त्ता के बाद सहायक क्रिया must का प्रयोग कर दिया जाता है।

Example:-

1. यदि इस लड़के ने मुझे बचाया न होता तो मैं डूब जाता!
   This boy saved me.
   I would have been drowned.
   This boy saved me otherwise I would have been drowned.
2. उसे अच्छे से पढ़ना चाहिये अन्यथा उसे दण्डित किया जायेगा।
   If she does not read well.
   she will be punished.
   She must read well otherwise she will be punished.

4. Illative Conjunctions परिणाम सूचक/संयोजक

अर्थ:– इसका परिणाम, अनुमान, निष्कर्ष प्रस्तुत करते ही परिणाम सूचक संयोजक कहलाते हैं।

1. [Therefore]

अर्थ:– इसका अर्थ प्रायः (अतः/इस कारण/इस हेतु) आदि से लगाया जाता है।

निर्देश 1:– दोनों उपवाक्य जिस किसी टेन्स में हों उन्हें उसी काल में ही बना देते हैं। अर्थात किसी भी प्रकार का परिवर्तन नहीं किया जाता है।

निर्देश :– Therefore का प्रयोग दोनों उपवाक्यों को जोड़ने के लिए अर्थात मध्य में किया जाता है।

Example:-

1. वह बीमार है अतः वह नहीं आ सकता है।
   He is ill.
   He cannot come.
   He is ill therefore he cannot come.
2. मैं जिद्दी था अतः मुझे सजा मिली।
   I was obstinate.
   I was punished.
   I was obstinate thefore I was punished.

विशेषः–

1. He drank impure water.
   He fell ill.
   He drank impure water therefore he fell ill.
2. The horse was mained.
   It could not run fast.
   The horse was mained therefore ill could not run fast.

2. [So]

अर्थः– इसका अर्थ प्रायः (ऐसा/इस प्रकार से/तदनुसार/इस कारण से) आदि से लगाया जाता है।

निर्देश 1:– So के प्रयोग में अर्थ के अनुसार दूसरे वाक्य के परिणाम की अभिव्यक्ति होती है।

निर्देश 2:– So का प्रयोग दोनों उपवाक्य के मध्य में किया जाता है। और दोनों उपवाक्य जिस किसी काल में हों उन्हें उसी काल में बना देते हैं। अर्थात किसी भी प्रकार का परिवर्तन नहीं किया जाता है।

Example:-

1. हम थक गये थे इस कारण हम आये।
   We were tired.
   We did not come.
   We were tired so we did not come.
2. वह चालाक है अतएव उसे कोई पसन्द नहीं करता।
   He is very cunning.
   Nobody likes him.
   He is very cunning so nobody likes him.
3. वह तेज दौड़ा उस कारण वह गिरा।
   He ran fast.
   He fell.
   He ran fast so he fell.

विशेष.–

1. It is very cold today.
   I shall wear a fur coat.
   It is very clold today so I shall wear a fur coat.
2. He is cartain to be late.
   Why wait for him.
   He is certain to be late so why wait for him.

3. [For]

अर्थः– इसका अर्थ (क्योंकि) से लगाया जाता है।

निर्देश 1:– इसका प्रयोग because of (क्योंकि) के अर्थ में किया जाता है।

निर्देश 2:– दोनों उपवाक्य जिस किसी काल में हों तो उन्हें उसी काल में बना दिया जाता है। अर्थात किसी भी प्रकार का परिवर्तन नहीं किया जाता है।

निर्देश 3:– For का प्रयोग दोनों उपवाक्यों (के बीच) या को जोड़ने के लिए किया जाता है।

Example:-

1. उसे कोई डर नहीं लगा क्योंकि वह वीर था।
   He felt no fear.
   He was a brave man.
   He felt no fear for he was a brave man.
2. तुम पास नहीं हो सकते क्योंकि तुमने मेहनत नहीं की।
   You cannot pass.
   You did not work hard.
   You cannot pass for you did not work hard.
3. फसल कमजोर थी क्योंकि मौसम सूखा था।
   The crops were poor.
   The season was dry.
   The crops were poor for the season was dry.

विशेषः–

1. The tanks became almost empty.
   The monsoon failed.
   The tanks became almost empty for the monsoon failed.
2. The brakes of the car failed.
   He was driving the car too race.
   The brakes of the car failed for he was driving the car too race.

Chapter – 14

Complex Sentences मिश्रित वाक्य

पहिचानः– जब दो या दो से अधिक वाक्यों को इस प्रकार जोड़े कि वे दूसरे वाक्य के किसी शब्द अथवा पद से जुड़ते है तो उनसे निर्मित वाक्य मिश्रित वाक्य कहलाते है।

Complex Sentences

- Main/Principal Clause
- Subordinate clause
  - Adjective clause
  - Adverb clause
  - Noun clause

1. Adjective Clause

जब कोई साधारण वाक्य दूसरे वाक्य से इस प्रकार जुड़ता है। कि उसका दूसरे वाक्य से विशेषता बताने का कार्य प्रारंभ हो जाता है। तो दूसरा उपवाक्य Adjective / relative clause कहलाता है।

निर्देश 1:– यह उपवाक्य प्रायः Who, whom, whose, how, why, that आदि से प्रारंभ होता है।

निर्देश 2:– Who (जो) यह व्यक्ति के लिए एकवचन / बहुवचन दोनों में कर्त्ताकारक / कर्त्ता के लिए प्रयोग किया जाता है।

Example:-

1. लड़का जो यहां आया था मेरा दोस्त है।
   The boy who came here is my friend.

2. वे जो कठिन परिश्रम करते हैं सफलता पाते हैं।
   They who work hard are successful.

निर्देश 3:– Whom (जिनको कि / जिसे) यह व्यक्ति के लिए कर्मकारक के रुप में प्रयोग किया जाता है।

Example:-

1. यही वह व्यक्ति है जिसे मैंने देखा था।
   This is the man whom I saw.
2. मैं उसे जानता हूँ जिसे रामू ने पीटा था।
   I know him whom Ramu beat.

निर्देश 4:– Whose (जिसका कि) यह व्यक्ति के लिए संबंध कारक Possessive case में प्रयोग किया जाता है।

Example:-

1. यही वही व्यक्ति है जिसकी किताब मैंने खरीदी थी।
   This is the man whose book I bought.
2. यही वह लड़की है जिसकी किताब खो गयी थी।
   This is the girl whose book was lost.

निर्देश 5:– Which (जिसने / जिसे) यह प्रायः छोटे छोटे या निम्न श्रेणियों के प्राणियों तथा वस्तुओं के लिए कर्त्ताकारक में कर्त्ता के लिए एकवचन / बहुवचन के लिए प्रयोग किया जाता है।

Example:-

1. बिल्ली जिसने चूहा मारा था चली गई।
   The cat which killed the rat also went.
2. किताब जो उसने मुझे दी थी खो गई।
   The book which he gave me is lost.

निर्देश 6:– That (जो / कि) यह व्यक्ति तथा वस्तु दोनों के लिए एकवचन बहुवचन दोनों में कर्त्ता / कर्म दोनों के रुप में प्रयोग किया जाता है।

Example:-

1. वह किताब जो मैंने कल खरीदी थी खो गई
   I lost the book that I bought yesterday.

निर्देश 7:– What (जो) यह केवल वस्तुओं कथन तथा कार्य आदि के लिए एकवचन में कर्त्ता / कर्म दोनों के लिए प्रयोग किया जाता है।

Example:-

1. वह वही काम करता है जो शिक्षक ने सिखाया है।
   He does the work what the teacher has learnt him.

निर्देश 8:– Where (जहां कि) मैं जानता हूँ जहां कि वह रहता है।

Example:-

1. मैं जानता हूँ जहां कि वह रहता है।
   I know where he lives.

निर्देश 9:– When (जब कि) वह तेज दौड़ा जबकि घर दूर था।

Example:-

1. वह तेज दौड़ा जबकि घर दूर था।
   He ran fast when the home was far.

निर्देश 10:– How (जैसे कि) उसने बताया कि जैसे कि वह जानता था।

Example:-

1. उसने बताया कि जैसे कि वह जानता था।
   He told how he knew.

निर्देश 11:– Why (जैसे कि) मैं कारण नहीं जानता हूँ जैसे कि क्यों वह फेल हुआ।

Example:-

1. मैं कारण नहीं जानता हूँ जैसे कि क्यों वह फेल हुआ।
   I don't know reason why he failed.

2. Noun Clause

संज्ञा उपवाक्य शब्दों का वह समूह है। जिसका अपना एक कर्त्ता और कर्म है। और जो संज्ञा का कार्य करता है। संज्ञा उपवाक्य कहलाता है।

निर्देश 1:– यह उपवाक्य प्रायः that/what/how आदि से प्रारंभ होता है।

निर्देश 2:– that/what/how ये प्रायः संज्ञा शब्दों की ही विशेषता बताते हैं तथा उन्हें ही ये बल प्रदान करते है।

Example:-

1. उसकी इच्छा थी कि राम पास हो।
   His wish was that Ram might pass.

2. खबर कि वह मर गया।
   The news that he died.
3. उसका सबसे बड़ा भय यह है कि वह साल खो सकता है।
   His great fear is that he may lost the year.
4. जीवन वही है जो हम बनायें।
   Life is that.
   We make it.
   Life is what we make it.
5. यही तरीका है इसे उसने कैसे प्राप्त किया।
   This is the way.
   He got it.
   This is how he got it.
6. मुझे बताओ जहां तुम रहते हो।
   Tell me you live.
   Tell me where you live.
7. मैं जानता हूँ जितना मैं कमा सकता है।
   I earn.
   I can earn.
   I earn whether I can.

3. Adverb Clause

वह उपवाक्य है। जो क्रिया विशेषण का कार्य करें अर्थात वह क्रिया विशेषण अथवा दूसरे क्रिया विशेषण की विशेषता बताये।

1. Adverb clause of time

1. As long as

अर्थः– इसका अर्थ (जब तक) से लगाया जाता है।

निर्देश 1:– यदि दोनों उपवाक्य वर्तमान काल में हों तो दोनों उपवाक्यों को वर्तमान काल में ही बना देते हैं।

Example:-

1. जब तक राम जाता है तक तक मैं आता हूँ।
   Ram goes.
   I come.
   As long as Ram goes I come.

निर्देश 2:– यदि दोनों उपवाक्य भूतकाल में हों तो दोनों उपवाक्यों को भूतकाल में ही बना देते हैं। अर्थात परिवर्तन नहीं करते हैं।

Example:-

1. जब तक हम आये तब तक वे गये।
   We came.
   They went.
   As long as we came they went.

निर्देश 3:– यदि दोनों उपवाक्य भविष्यत् काल में हों तो As long as से जुड़ने वाला उपवाक्य काल के अनुसार वर्तमान काल में बदलकर लिखते है तथा दूसरा उपवाक्य भविष्यत् काल में ही बना रहने देते हैं।

निर्देश 4:– तब तक के लिए कॉमा लगा दिया जाता है।

Example:-

1. जब तक वह आयेगा तब तक मैं गाना गाऊंगा।
   He will come.
   I shall sing a song.
   As long as he comes, I shall sing a song.
2. जब तक तुम पढ़ोगे तब तक मैं हँसूंगा।
   You will read, I shall laugh.
   As long as you read, I shall laugh.

2. Until

अर्थ:– इसका अर्थ (जब तक नहीं) से लगाया जाता है।

निर्देश 1:– इसका प्रयोग नकारात्मक अर्थ में शर्त प्रकट करने के लिए होता है।

निर्देश 2:– Until से जुड़ने वाले उपवाक्य में not का प्रयोग होता है।

निर्देश 3:– कभी कभी Until तथा Unless का प्रयोग एक साथ या एक जैसा भी किया जाता है।

निर्देश 4:– Until का प्रयोग जिस प्रकार (if – not) स्थान पर Unless आता है उसी प्रकार (if – not) के स्थान पर भी किया जाता है।

निर्देश 5:– यदि दोनों वर्तमान या भूतकाल में हों तो उन्हें जैसा का ही तैसा बना देते हैं।

निर्देश 6:– यदि दोनों उपवाक्य भविष्यत् काल में हों तो Until से जुड़ने वाला वाक्य वर्तमान काल में साधारण वाक्य के रुप में लिखते हैं तथा दूसरा उपवाक्य भविष्यत् काल में ही बना रहने देते हैं।

Example:-

1. मैं प्रतीक्षा करता हूँ जब तक तुम नहीं आते हैं।
   I wait, you do not come.
   I wait until you come.
2. उन्होंने प्रतीक्षा की जब तक वह नहीं आया।
   They wait, he did not come.
   They wait until he come.
3. मैं प्रतीक्षा करुंगा जब तक तुम नहीं आओगे।
   I shall wait you will not come.
   I shall wait until you come.
4. तुम पास नहीं हो सकते जब तक तुम नहीं पढ़ते हो।
   You cannot pass.
   You do not read.
   You cannot pass if you do not read.
   You cannot pass unless you read.

3. As soon as

अर्थः– इसका अर्थ (ज्यों ही/जैसे ही) से लगाया जाता है।

निर्देश 1:– त्यों ही/तैसे ही के लिए कोमा (,) लगाया जाता है।

निर्देश 2:– यदि दोनों उपवाक्य वर्तमान काल के हों तो उन्हें जैसा का ही तैसा बना देते हैं अर्थात परिवर्तन नहीं करते हैं।

Example:-

1. जैसे ही तुम जाते हो तैसे ही वह आता है।
   You go.
   He comes.
   As soon as you go he comes.

निर्देश 3:– यदि दोनों उपवाक्य भूतकाल के हों तो दोनों को भूतकाल ही बना देते हैं।

Example:-

1. ज्यों ही वे आये त्यों ही हम गये।
   They came.
   We went.
   As soon as they came, we went.

निर्देश 4:– यदि दोनों उपवाक्य भविष्यत् काल में हों तो As soon as से जुड़ने वाला उपवाक्य काल के अनुसार बदलकर वर्तमान काल में तथा दूसरा भविष्यत् काल में ही बना देते है।

Example:-

1. ज्यों ही वह आयेगा। त्यों ही मैं जाऊंगा।
   He will come.
   I shall go.
   As soon as he comes, I shall go.
2. जैसे ही तुम पढ़ोगे तैसे ही वह चिल्लायेगा।
   You will read.
   He will cry.
   As soon as you read, he will cry.

4. No sooner – than

अर्थ:– इसका अर्थ (ज्यों ही/जैसे ही) से लगाया जाता है।

निर्देश 1:– इसका प्रयोग as soon as की भांति ही होता है। परन्तु no sooner के बाद सदैव than का प्रयोग होता है।

निर्देश 2:– No sooner के बाद तथा कर्त्ता से पूर्व/पहले सहायक क्रिया लिखी जाती है यदि सहायक क्रिया Had हो तो कर्त्ता के बाद वाली मुख्य क्रिया सदैव तीसरे रुप में ही आती है।

निर्देश 3:– Than का प्रयोग दोनों उपवाक्यों का जोड़ने के लिए किया जाता है।

निर्देश 4:– यदि दोनों उपवाक्य वर्तमान काल में हों तो दोनों को वर्तमान काल में ही बना देते हैं।

Example:-

1. ज्यों ही में जाता हूँ त्यों ही वह आता है।
   I go.
   He comes
   No sooner do I go than he comes.

निर्देश 5:– यदि दोनों उपवाक्य भूतकाल के हों तो दोनों को भूतकाल ही रहते हैं।

Example:-

1. जैसे ही वे आये वैसे ही मैं गया।
   They came.

I went.

No sooner did they come than I went.

निर्देश 6:– यदि दोनों उपवाक्य भविष्यत् काल में हों तो सदैव क्रिया की तीसरी अवस्था या कोई अन्य काल में हो तो उसकी सहायक क्रिया को कर्त्ता से पूर्व रखते हैं।

Example:-

1. ज्यों ही वह गया त्यों ही वह आया था।

   He had gone. He had come.

   No sooner had he gone than he had come.

2. जैसे ही वह हंस सकता है। वैसे ही मैं रो सकता हूँ।

   He can laugh, I can weep.

   No sooner can he laugh, than I can weep.

5. Till

अर्थ:– इसका अर्थ (जब तक) से लगाया जाता है।

निर्देश 1:– यह प्रायः दोनों उपवाक्यों को जोड़ने के लिए प्रयोग किया जाता है।

निर्देश 2:– यदि दोनों उपवाक्य वर्तमान काल में हो तो उसी में बना देते है।

Example:-

1. मैं जाता हूँ जब तक तुम यहीं ठहरो।

   I go, till you stay here.

निर्देश 3:– यदि दोनों उपवाक्य भूतकाल के हों तो उसी में ही रहते हैं।

Example:-

1. उसने मेरा इंतजार किया जब तक मैं आया।

   He waited me till I came.

निर्देश 4:– यदि दोनों उपवाक्य भविष्यत् काल में हों तो till से जुड़ने वाला उपवाक्य वर्तमान में तथा दूसरा जैसा का तैसा ही रहता है।

Example:-

1. तुम प्रतीक्षा करोगे जब तक मैं आऊंगा।

   You will wait till I come.

6. Since

अर्थः– इसका अर्थ (चूंकि) से लगाया जाता है।

निर्देश 1:– दोनों उपवाक्य जिस किसी काल में हों तो उन्हें उसी काल में बना देते हैं अर्थात किसी भी प्रकार का परिवर्तन नही करते हैं।

निर्देश 2:– इसलिए/अतः के स्थान पर (कॉमा) लगा दिया जाता है।

Example:-

1. चूंकि मैं खाना खाता हूँ इसलिए मैं बात नहीं करता हूँ।
   I eat the food.
   I do not talk.
   Since, I eat the food, I do not talk.
2. चूंकि बिक्रम रोया इसलिए मैंने नहीं पीटा।
   Bikram wept.
   I did not beat.
   Since, Bikram wept, I did not beat.

2. Adverb clause of Place

यह स्थान का बोध कराता है।

1. Where

अर्थः– इसका अर्थ (जहां) से लगाया जाता है।

निर्देश 1:– इसका प्रयोग प्रायः दोनों उपवाक्यों के बीच में किया जाता है।

निर्देश 2:– दोनों उपवाक्यों में जिस काल में हों उन्हें उसी काल में बना रहने देते हैं। अर्थात परिवर्तन नहीं करते हैं।

Example:-

1. तुम जहां चाहो जा सकते हो।
   तुम जा सकते हो।
   तुम चाहते हो।
   You can go.
   You like.
   You can go where you like.

2. Wherever

अर्थः– इसका अर्थ (जहां कहीं भी) से लगाया जाता है।

निर्देश 1:– इसका प्रयोग प्रायः दोनों उपवाक्यों के बीच में किया जाता है और दोनों उपवाक्य जिस काल में हों उन्हें उसी काल में बना रहने देते हैं।

Example:-

1. वह ठहर सकता है।
   वह चाहता है।
   वह जहां कहीं भी ठहर सकता है।
   He can stay.
   He likes.
   He can stay wherever he likes.

3. Where so over

अर्थः– इसका अर्थ (जहां कहीं भी) से लगाया जाता है।

निर्देश 1:– इसका प्रयोग प्रायः दोनों उपवाक्यों के बीच में किया जाता है और दोनों उपवाक्य जिस काल में हो उन्हें उसी काल में बना रहने देते है।

Example:-

1. रजनी जहां कहीं भी जाये ऐसा करेगी।
   Rajni will do this, she is sent.
   Rajni will do this where so over she is sent.

4. Whence

अर्थ–इसका अर्थ (जहां से) लगाया जाता है।

निर्देश 1:–इसका प्रयोग दोनों उपवाक्यों के बीच में किया जाता है। और दोनों उपवाक्य जिस काल में हों उन्हें उसी काल में बना रहने देते हैं।

Example:-

1. चोर जहां से गये वहां से मैं नहीं जा सकता था।
   The Thieves went. I could not go.
   The thieves went whence I could not go.

5. When ever

अर्थ– इसका अर्थ (जब जब/जिस जिस समय/जब कभी/जब भी कभी) से लगाया जाता है।

निर्देश 1:– इसका प्रयोग दोनों उपवाक्यों के मध्य किया जाता है।

निर्देश 2:– दोनों उपवाक्य जिस काल में हों उन्हें उसी काल में ही बना रहने देते हैं। अर्थात् परिवर्तन नहीं करते हैं।

Example:-

1. उसे जिस जिस समय मैंने बुलाया तुरन्त आ गया।
   He came at once.
   I called him.
   He came at once when ever I called him.

6. However

अर्थ– इसका अर्थ (तो भी/फिर भी/किसी भी तरह) से लगाया जाता है और यह विरोध या कल्पना का बोध कराता है।

निर्देश 1:– इसका प्रयोग दोनों उपवाक्यों के मध्य किया जाता है।

निर्देश 2:– दोनों उपवाक्य जिस किसी काल में हों उन्हें उसी काल में ही बना रहने देते हैं। अर्थात् किसी भी प्रकार का परिवर्तन नहीं करते है।

Example:-

1. वह नाराज था तो भी खुश था
   वह नाराज था।
   He was angry
   वह खुश था।
   He was happy
   He was angry however he was happy.

7. Whatever

अर्थ– इसका अर्थ (जो भी/जो कुछ भी/चाहे जो भी) से लगाया जाता है और यह विरोध या कल्पना का बोध कराता है।

निर्देश 1:– इसका प्रयोग दोनों उपवाक्यों के मध्य किया जाता है।

निर्देश 2:– दोनों उपवाक्य जिस काल में हों उन्हें उसी काल में ही बना रहने देते हैं। अर्थात् किसी भी प्रकार का परिवर्तन नहीं करते हैं।

Example:-

1. वह जो कुछ भी गाये गाने दो।
   उसे गाने दो।
   वह गाये।
   Let him sing.
   He sang.
   Let him sing what ever he sang.

8. What so ever

अर्थ– इसका अर्थ (जो भी/जो कुछ भी/चाहे जो भी) से लगाया जाता है।

निर्देश 1:– इसका प्रयोग दोनों उपवाक्यों के मध्य किया जाता है।

निर्देश 2:– दोनों उपवाक्य जिस काल में हों उन्हें उसी काल में ही बना रहने देते हैं। अर्थात् किसी भी प्रकार का परिवर्तन नहीं करते है।

Example:-

1. रामू जो भी खाये खाने दो।
   रामू को खाने दो।
   रामू खाये।
   Let Ramu eat.
   Ramu ate.
   Let Ramu eat what so ever Ramu ate.

9. Which ever

अर्थ– इसका अर्थ (जो कोई भी/चाहे जो) से लगाया जाता है।

निर्देश 1:– इसका प्रयोग दोनों उपवाक्यों के मध्य किया जाता है और दोनों उपवाक्य जिस काल में हों उन्हें उसी काल में बना रहने देते हैं।

Example:-

1. चोर चाहें जो पकड़े पकड़ सकता है।
   Catch the thief.
   Caught.
   Catch the thief which ever caught.

3. Adverb clause of Purpose

अर्थ 1:– यह उद्देश्य की ओर संकेत कराता है।

1. Lest

अर्थ 2:– इसका अर्थ (ताकि –– न) से लगाया जाता है।

निर्देश 1:– इसका प्रयोग प्रायः दोनों उपवाक्यों को जोड़ने में किया जाता है।

निर्देश 2:– Lest के बाद वाले वाक्य में कर्त्ता के बाद सदैव सहायक क्रिया should का प्रयोग किया जाता है।

निर्देश 3:– Lest का प्रयोग करते समय should के साथ not का प्रयोग नहीं किया जाता है। अर्थात Lest के बाद वाला वाक्य साधारण ही रहता है।

निर्देश 4:–Lest से पहले का उपवाक्य जिस काल में हो उसे उसी काल में बना देते हैं। अर्थात कोई परिवर्तन नहीं करते हैं।

Example:-

1. दरवाजा मत खोलो ताकि टूट न जाये।
   दरवाजा मत खोलो।
   टूट न जाये।
   Don't open the door.
   It does not break.
   Don't open the door lest it should break.
2. बाहर मत जाओ ताकि सर्दी न लग जाये।
   बाहर मत जाओ।
   सर्दी न लग जाये।
   Don't go out.
   You do not catch cold.
   Don't go out lest you should catch cold.
3. सावधानी से चलो ताकि गिर न जाओ।
   सावधानी से चलो।
   गिर न जाओ।
   Walk with care.

You do not fall.
Walk with care lest you should fall.

2. So that

अर्थ 1:– इसका अर्थ (ताकि) से लगाया जाता है।

निर्देश 1:– इसका प्रयोग प्रायः दोनों उपवाक्यों को जोड़ने में किया जाता है।

निर्देश 2:– पहले उपवाक्य जिस किसी काल में हो तो उसे उसी काल में बना रहने देते हैं।

निर्देश 3:– यदि दूसरे उपवाक्य में (सको/सकता है) आदि हो तो सहायक क्रिया may का प्रयोग किया जाता है।

निर्देश 4:– So that का प्रयोग सभी उपवाक्यों में को जोड़ने में किया जाता है। जब दूसरे उपवाक्य में सहायक क्रिया May / Might हो।

Example:-

1. कठिन मेहनत करो ताकि तुम पास हो सको।
   Work hard.
   You may pass.
   Work hard so that you may pass.
2. तेज दौड़ो ताकि वह पकड़ न सके।
   Run fast.
   He might not catch.
   Run fast so that he might not catch.
3. पत्र लिखो ताकि तुम समाचार पा सको।
   Write a letter.
   You may get news.
   Write a letter so that you may get news.

3. In order to

अर्थ 1:– इसका अर्थ (ताकि/जिससे कि) से लगाया जाता है।

निर्देश 1:– दोनों उपवाक्य जिस काल में हो उन्हें उसी काल में बना देते है।

निर्देश 2:– इसका प्रयोग प्रायः दोनों उपवाक्यों के मध्य में या जोडऩे के लिए किया जाता है।

निर्देश 3:– दूसरे उपवाक्य की सहायक क्रिया प्रायः May / Might ही होती है।

Example:-

1. वह बाजार गया जिससे कि वह कपड़ा खरीद सके।
   He went to market.
   He might buy the cloth.
   He went to market inorder that he might buy the cloth.

4. That

अर्थ 1:– इसका अर्थ (ताकि) से लगाया जाता है।

निर्देश 1:– दोनों उपवाक्य जिस किसी काल में हो उन्हें उसी काल में बना देते है।

निर्देश 2:– That का प्रयोग प्रायः दोनों उपवाक्यों के बीच में किया जाता है।

निर्देश 3:– दूसरे उपवाक्य की सहायक क्रिया प्रायः May / Might ही होती है।

Example:-

1. उन्होंने कठिन मेहनत की, कि वे कमा सकें।
   They worked hard.
   They might earn.
   They worked hard that they might earn.

4. Adverb clause of Reason / Case कारण / कारण

यह उपवाक्य प्रायः कारण की ओर संकेत करता है।

1. Because

अर्थ 1:– इसका अर्थ (क्योंकि) से लगाया जाता है।

निर्देश 1:– इसका प्रयोग प्रायः दोनों उपवाक्यों के बीच में किया जाता है।

निर्देश 2:– दोनों उपवाक्य जिस किसी काल में हों उन्हें उसी काल में ही बना देते हैं। अर्थात परिवर्तन नहीं करते हैं।

Example:-

1. मैं काम नहीं कर सकता क्योंकि मैं बीमार हूँ।
   I cannot do the work.

I am ill.
I cannot do the work because I am ill.

2. रामू पकड़ा गया क्योंकि वह चोर था।
Ramu was caught.
He was thief.
Ramu was caught because he was theif.

2. As

अर्थ 1:– इसका अर्थ (क्योंकि / ज्यों ही / जैसे ही / जैसे जैसे) आदि से लगाया जाता है।

निर्देश 1:– इसका प्रयोग पहली वाली clause के पूर्व या बाद वाली clause के पूर्व दोनों के साथ ही किया जाता है। और दोनों उपवाक्य जिस काल में हों उन्हें उसी काल में बना देते हैं।

Example:-

1. हम जैसे ही पहुंचे द्वार खुल गया।
We reached.
The door opened.
As we reached the door opened.

5. Adverb clause of Result परिणाम / प्रभाव

यह उपवाक्य प्रायः परिणाम या प्रभाव प्रदर्शित करता है।

1. So — that

अर्थ 1:– इसका अर्थ (इतना – कि) से लगाया जाता है।

निर्देश 1:– That का प्रयोग प्रायः दोनों उपवाक्यों के बीच / जोड़ने के लिए किया जाता है।

निर्देश 2:– That वाले वाक्यों में Can / could सहायक क्रियाऐं अवश्य आती है।

निर्देश 3:– So का प्रयोग सहायक क्रिया के बाद किया जाता है।

Example:-

1. वह इतना गरीब है कि वह साइकिल नहीं खरीद सकता है।
He is poor.
He cannot buy the cycle.
He is so poor that he cannot buy the cycle.

निर्देश 4:– So का प्रयोग मुख्य क्रिया के बाद तथा क्रिया विशेषण के पूर्व किया जाता है।

Example:-

1. रामू इतना तेज दौड़ा की वह ईनाम जीत सके।
   Ramu ran fast.
   He could win the prize.
   Ramu ran so fast that he could win the prize.

निर्देश 5:– So का प्रयोग (Very) के स्थान पर किया जाता है।

1. मोहन बहुत गरीब है कि वह फीस नहीं दे सकता है।
   Mohan is very poor.
   He cannot pay the fees.
   Mohan is so poor that he cannot pay the fees.

निर्देश 6:– So का प्रयोग (Too) के स्थान पर किया जाता है।

1. दिनेश दौड़ने के लिए मोटा भी है।
   Dinesh is too fat to run.
   Dinesh is too fat.
   He can not run.
   Dinesh is so fat that he can not run.

2. Such — that

अर्थ 1:– इसका अर्थ (ऐसा/ऐसा ही/जैसा/इसी प्रकार/का – कि) से लगाया जाता है।

निर्देश 1:– Such का प्रयोग प्रायः पहले उपवाक्य में सहायक क्रिया के बाद या क्रिया विशेषण से पूर्व या very / too के स्थान पर किया जाता है।

निर्देश 2:– That का प्रयोग उपवाक्यों को जोड़ने के लिए किया जाता है।

निर्देश 3:– दोनों उपवाक्य जिस किसी काल में हों तो उन्हें उसी काल में ही बना रहने देते हैं।

Example:-

1. वह इस प्रकार का कमजोर है कि वह दौड़ नहीं सकता है।
   He is weak.
   He cannot run.
   He is such weak that he cannot run.

2. तुम ऐसे ही आदमी थे कि तुम आ नहीं सके।
You were a man.
You could not come.
You were such a man that you could not come.

6. Adverb clause of Condition शर्त

यह उपवाक्य प्रायः शर्त प्रकट करता है।

1. If

अर्थ 1:– इसका अर्थ (यदि) से लगाया जाता है।

निर्देश 1:– यदि के लिए if तथा (तो/इसलिए) के लिए कामा (,) लगा दिया जाता है।

निर्देश 2:– यदि दोनों उपवाक्य वर्तमान काल में हों तो दोनों को वर्तमान काल में ही बने रहने देते हैं।

Example:-

1. यदि वह जाता है तो मैं जाता हूँ।
He goes.
I go.
If he goes, I go.

निर्देश 3:– यदि दोनों उपवाक्य भूतकाल में हो तो दोनों को भूतकाल में ही बने रहने देते है।

1. यदि हम आये तो वे गये।
We came.
They went.
If we came, they went.

निर्देश 4:– यदि दोनों उपवाक्य भविष्यत् काल में हों तो If से जुड़ने वाला उपवाक्य वर्तमान काल में तथा दूसरा उपवाक्य जैसा का तैसा अर्थात भविष्यत् काल में ही रहने देते हैं।

1. यदि वह जायेगा तो हम जायेंगे।
He will go, we shall go.
If he goes we shall go.
2. यदि राधा नाचेगी तो सीता गायेगी।
Radha will dance, sita will sing.
If radha dances, sita will sing.

2. Unless

अर्थ 1:– इसका अर्थ (यदि ––––– नहीं) से लगाया जाता है।

निर्देश 1:– इसका प्रयोग सदैव (if not) का प्रयोग किया जाता है।

निर्देश 2:– यदि (if not) से जुड़ने वाला उपवाक्य प्रजेन्ट वर्तमान काल में और दूसरा उपवाक्य भी वर्तमान काल में हो तो दोनों को जैसा का तैसा ही लिखा रहने देते हैं।

Example:-

1. यदि वह नहीं जाता है तो मैं जाती हूँ।
   He does not go.
   I do not go.
   If he does not go I do not go.
   Unless he goes, I do not go.

निर्देश 3:– यदि (if not) से जुड़ने वाला उपवाक्य भूतकाल में हों तो दोनों उपवाक्य भूतकाल में ही रहने देते हैं।

1. यदि वे नहीं गये तो हम नहीं आये।
   They did not go.
   We did not come.
   If they did not go we did not come.
   Unless they went, we did not come.

निर्देश 4:– यदि दोनों उपवाक्य भविष्यत् काल में हों तो (if not) वाले उपवाक्य को वर्तमान काल में तथा दूसरा उपवाक्य को भविष्यत् काल में ही रहने देते हैं।

3. यदि तुम नहीं आओगे तो मैं नहीं जाऊंगा।
   You will not come.
   I shall not go.
   If you do not come, I shall not go.
   Unless you come, I shall not go.

निर्देश 5:– इसका प्रयोग प्रायः वर्तमान काल, भविष्यत् काल में ही किया जाता है। और इसका प्रयोग दोनों उपवाक्यों के बीच में हो सकता है।

3. Whether

अर्थ 1:– इसका अर्थ (चाहे) से लगाया जाता है।

निर्देश 1:– इसका प्रयोग दोनों उपवाक्यों के मध्य किया जाता है और दोनों उपवाक्य जिस काल मे हों तो उन्हें उसी काल में ही बना देते हैं।

Example:-

2. मैं जाऊंगा चाहे वह आयेगा या न आयेगा।
   I shall go.
   He comes or not.
   I shall go whether he comes or not.

4. On condition

अर्थ 1:– इसका अर्थ (शर्त पर/किसी प्रकार भी) से लगाया जाता है।

निर्देश 1:– On condition के बाद that का भी प्रयोग किया जाता है।

निर्देश 2:– दोनों उपवाक्य जिस काल में हों उसी काल में बना देते है और On condition का प्रयोग पूर्व तथा मध्य दोनों स्थितियों में किया जा सकता है।

Example:-

1. किस शर्त पर मैं तुम्हारे साथ जाऊंगा।
   On what condition I shall go with you.
2. मैं तुम्हें किसी प्रकार भी क्षमा कर दूंगा कि तुम गाली नहीं दोगे।
   I shall forgive you will not abuse.
   I shall forgive you on condition that you do not abuse.

7. Adverb clause of Manner ढंग

यह उपवाक्य किसी ढंग या तरीके की ओर संकेत करता है।

1. As far as

अर्थ 1:– इसका अर्थ (जहां तक) से लगाया जाता है।

निर्देश 1:– दोनों उपवाक्य जिस किसी काल में हों उन्हें उसी काल में ही बना देते हैं। अर्थात किसी भी प्रकार का परिवर्तन नहीं करते हैं।

निर्देश 2:– इसका प्रयोग दोनों उपवाक्यों के प्रारंभ में ही किया जाता है।

Example:-

1. जहां तक मुझे याद है कल वर्षा हुई थी।
   I remember.
   It rained yesterday.
   As far as I remember, it rained yesterday.

2. जहां तक मैं जानता हूँ समाचार गलत है।
   I know the news is wrong.
   As far as I know, the news is wrong.

2. So far as

अर्थ 1:– इसका अर्थ (जहां तक कि) से लगाया जाता है।

निर्देश 1:– इसका प्रयोग दोनों उपवाक्यों के पूर्व अर्थात as far as की तरह ही किया जाता है।

निर्देश 2:– दोनों उपवाक्य जिस काल में हों उन्हें उसी काल में ही बना देते हैं। अर्थात किसी भी प्रकार का परिवर्तन नही करते हैं।

Example:-

1. जहां तक इससे संबंध है कि मैं असहाय हूँ।
   This is concerned.
   I am helpless.
   So far as this is concerned I am helpless.
2. जहां तक उसे पता था कि परीक्षा कल शुरु होगी।
   He knew, the exam will start tomorrow.
   So far as he knew, the exam will start tomorrow.

8. Adverb clause of Comparision. तुलना

यह उपवाक्य तुलना का भाव प्रकट करता है।

1. No less – than

अर्थ 1:– इसका अर्थ (कम महत्वपर्ण – अपेक्षा) से लगाया जाता है।

निर्देश 1:– दोनों उपवाक्य जिस किसी काल में हों उन्हें उसी काल में ही बना देते हैं। अर्थात किसी भी प्रकार का परिवर्तन नहीं करते हैं।

निर्देश 2:– no less का प्रयोग पहली clause के पूर्व तथा than दोनों clauses के बीच आता है।

Example:-

1. पंकज से कम महत्वपूर्ण किसी ने गाना नहीं गाया।
   No less a person than pankaj sang a song.
2. मुझसे कम महत्वपूर्ण खिलाड़ी ने खेल नहीं खेला।
   No less the player than I played the game.

विशेष:– No less वाले उपवाक्य को साधारण बना देते हैं अर्थात् No को हटा देते हैं।

2. As - As

अर्थ 1:– इसका अर्थ (उतना – जितना) से लगाया जाता है।

निर्देश 1:– इसका प्रयोग तुलनात्मक तथा नकारात्मक दोनों ही प्रकार के वाक्यों में किया जाता है।

निर्देश 2:– As – as का प्रयोग विशेषण शब्द आगे पीछे किया जाता है।

निर्देश 3:– दोनों उपवाक्य जिस काल में हों वे उसी काल में ही रहते हैं।

Example:-

1. वह उतना बड़ा है जितना मैं बड़ा हूँ।
   He is old, I am old.
   He is as old as I am.
2. वह उतना चतुर है जितना वह ईमानदार है।
   He is clever, he is honest.
   He is as clever as he is honest.

3. So - As

अर्थ 1:– इसका अर्थ (इतना – जितना / उतना – जितना) से लगाया जाता है।

निर्देश 1:– So – as का प्रयोग विशेषण शब्द के आगे पीछे किया जाता है।

निर्देश 2:– दोनों उपवाक्य जिस काल में हों तो उन्हें उसी काल में ही बना देते हैं।

Example:-

1. तुम इतने लम्बे नहीं हो जितना वे कहते हैं।
   You are not tall.
   They say.
   You are not so tall as they say.

4. As - So

अर्थ 1:– इसका अर्थ (जैसा – वैसा) से लगाया जाता है।

निर्देश 1:– As का प्रयोग पहले उपवाक्य के शुरु में तथा so का प्रयोग दूसरे उपवाक्य के शुरु में किया जाता है।

निर्देश 2:— दोनों उपवाक्य जिस काल में हों तो उन्हें उसी काल में ही बना देते हैं।

Example:-

1. जैसा तुम करोगे वैसा तुम पाओगे।
   You will do.
   You will get.
   As you do so you will get.
   As you do or so will you get.

विशेष:— As से जुड़ने वाली प्रायः वर्तमान काल में हो जाती है।

5. As much as

अर्थ 1:— इसका अर्थ (जितना हो सके उतना) से लगाया जाता है।

निर्देश 1:— दोनों उपवाक्य जिस काल में हों तो उन्हें उसी काल में ही बना देते है। और उसे दोनों उपवाक्यों के बीच में जोड़ देते हैं।

Example:-

1. वह जितना हो सका उतना अपने भाई बहिन को चाहता है।
   He likes his sister he likes his brother.
   He likes his sister as much as he likes his brother.

9. Adverb clause of Supposition विरोध या कल्पना

यह उपवाक्य विरोध या कल्पना का भाव दर्शाता है।

1. Though

अर्थ 1:— इसका अर्थ (यद्यपि) से लगाया जाता है।

निर्देश 1:— Though का प्रयोग पहले वाले उपवाक्य के पूर्व किया जाता है। तथा (किन्तु फिर भी) के स्थान पर yet/कामॉ (,) लगा दिया जाता है।

निर्देश 2:— दोनों उपवाक्य जिस काल में हों उन्हें उसी काल में ही रहने देते हैं। अर्थात किसी भी प्रकार का परिवर्तन नही करते हैं।

निर्देश 3:— इसका प्रयोग वहां किया जाता है जहां एक वाक्य में दो कथन परस्पर विरोधी हों।

Example:-

1. यद्यपि वह गरीब है फिर भी वह संतोषी है।
   He is poor.
   He is contented.
   Though he is poor, he is contented.

2. यद्यपि मैंने उसको गाली दी फिर भी उसने मुझे प्यार किया।
   I abused him.
   He loved me.
   Though I abused him, he loved me.
3. यद्यपि वह पागल है फिर भी वह अंग्रेजी बोलती है।
   She is mad.
   She speaks English.
   Though she is mad, she speaks English.

2. Although

अर्थ 1:– इसका अर्थ (यद्यपि) से लगाया जाता है।

निर्देश 1:–दोनों उपवाक्य जिस किसी काल में हों तो उन्हें उसी काल में ही बना रहने देते हैं। अर्थात किसी भी प्रकार का परिवर्तन नही करते हैं।

निर्देश 2:–पहले उपवाक्य के पूर्व although का प्रयोग किया जाता है।

निर्देश 3:– दोनों उपवाक्य को कामॉ (,) या yet से जोड़ दिया जाता है।

निर्देश 4:– Yet (किन्तु फिर भी) के लिए लिखा जाता है।

निर्देश 5:– इसका प्रयोग वहां किया जाता है। जहां एक वाक्य में दो कथन परस्पर विरोधी हों।

निर्देश 6:– Although के प्रयोग पहले वाले उपवाक्य में दोनों उपवाक्यों को कामॉ (,) yet से जोड़ दिया जाता है।

Example:-

1. यद्यपि वह गरीब है किन्तु फिर भी वह ईमानदार है।
   He is poor.
   He is honest.
   Although he is poor, he is honest.
   Although he is poor yet he is honest.
2. यद्यपि उसने कठिन मेहनत की किन्तु फिर भी वह फेल हो गया।
   He worked hard.
   He failed.
   Although he worked hard, he failed.
   Although he worked hard yet he failed.

3. यद्यपि वह धनी है किन्तु फिर भी वह चोर है।
   He is rich.
   He is thief.
   Although he is rich, he is thief.
   Although he is rich yet he is thief.

3. Even if

अर्थ 1:– इसका अर्थ (चाहे/भले ही) से लगाया जाता है।

निर्देश 1:– इसका प्रयोग दोनों उपवाक्यों के पूर्व अथवा दोनों उपवाक्यों के बीच में भी किया जाता है।

निर्देश 2:– दोनों उपवाक्य जिस किसी काल में हों तो उन्हें उसी काल में ही बना रहने देते हैं। अर्थात् किसी भी प्रकार का परिवर्तन नही करते हैं।

Example:-

1. मैं आऊंगा भले ही वह न आये।
   I shall come.
   He did not come.
   I shall come even if he did not come.
2. चाहे वह जाये न जाये में जाऊंगा।
   He will not go.
   I shall go.
   Even if he does not go, I shall go.

विशेष:– यदि दोनों उपवाक्य दोनों भविष्यत् काल में हो तो Even if से जुड़ने वाला वर्तमान काल में ही बनाया जाता है।

4. Even as

अर्थ 1:– इसका अर्थ (जैसे ही/उसी दम) से लगाया जाता है।

निर्देश 1:– दोनों उपवाक्य जिस किसी काल में हो तो उन्हें उसी काल में ही बना रहने देते हैं। और यदि भविष्यत् काल में हो तो Even as से जुड़ने वाला वाक्य वर्तमान काल में ही बना देते हैं।

निर्देश 3:– Even as को पहले उपवाक्य के पूर्व या दोनों के बीच में भी प्रयोग किया जाता है।

Example:-

1. जैसे ही वह आया मैं चला गया।
   He came.
   I went.
   Even as he came, I went.
2. मैं आया उसी दम वह चला गया।
   I came.
   He went.
   I came even as he went.

5. Even though

अर्थ 1:– इसका अर्थ (यद्यपि) से लगाया जाता है।

निर्देश 1:– दोनों उपवाक्य जिस किसी काल में हों तो उन्हें उसी काल में ही बना रहने देते हैं।

निर्देश 2:– इसका प्रयोग पहले उपवाक्य के पूर्व अथवा दोनों उपवाक्यों के बीच में भी किया जाता है।

Example:-

1. राम चोर है यद्यपि वह धनी है।
   Ram is thief.
   He is rich.
   Ram is thief eventhough he is rich.
2. यद्यपि वह मोटा है तो भी वह तेज दौड़ता है।
   He is fat.
   He runs fast.
   Even though he is fat, he runs fast.

6. Even so

अर्थ 1:– इसका अर्थ (तो भी/जिस पर भी/तब भी/फिर भी) से लगाया जाता है।

निर्देश 2:– इसका प्रयोग सबसे पूर्व या बीच में दोनों स्थितियों में भी किया जाता है। और दोनों उपवाक्य जिस काल में हों उसी काल में बना रहने देते हैं।

Example:-

1. सरदार सिंह नाराज थे तो भी वह आया।
   Sardar singh was angry.

He came.
Sardar singh was angry even so he came.

2. बीरेन्द शर्मा तो भी रोया जब उसने पीटा।
Birendra sharma wept, he beat.
Even so Birendra sharma wept, he beat.

7. Even then

अर्थ 1:– इसका अर्थ (तो भी / जिस पर भी / तब भी) से लगाया जाता है।

निर्देश 1:– दोनों उपवाक्य जिस काल में उन्हें उसी काल में ही बना देते है।

निर्देश 2:– इसका प्रयोग दोनों उपवाक्यों बीच में या सबसे पहले भी किया जाता है।

Example:-

1. हम धनी थे तो भी हमने चोरी की।
We were rich.
We stole.
We were rich even then we stole

2. वे बीमार थे तो भी वे आये।
They were ill.
They came.
They were ill even then they came.

8. As if

अर्थ 1:– इसका अर्थ (मानो / जैसा की) से लगाया जाता है।

निर्देश 1:– दोनों उपवाक्य जिस काल में उन्हें उसी काल में ही बना देते हैं अर्थात किसी भी प्रकार का परिवर्तन नहीं करते हैं।

निर्देश 2:– इसका प्रयोग दोनों उपवाक्यों बीच में ही किया जाता है। और (as if) के बाद वाले उपवाक्य को सदैव भूत काल में ही बनाया जाता है।

Example:-

1. वह देखती है मानो उसे संदेह था।
She looks as if she suspected.

2. वह रोयी मानो उसे भय था।
   She wept as if she was afraid.

9. As though

अर्थ :– इसका अर्थ (मानो/जैसा की/यद्यपि) से लगाया जाता है।

निर्देश 1:– दोनों उपवाक्य जिस काल में हों उन्हें उसी काल में ही बना देते है अर्थात किसी भी प्रकार का परिवर्तन नहीं करते हैं। इसके बाद वाला वाक्य भूतकाल में ही बनाया जाता है।

निर्देश 2:– इसका प्रयोग दोनों उपवाक्यों बीच में ही किया जाता है।

Example:-

1. सीता देखती है। जैसे कि वह जानती थी।
   Sita looks.
   She knew.
   Sita looks as though she knew.
2. हम प्रसन्न थे। यद्यपि हम पास हो गये।
   We were happy.
   We passed.
   We were happy as though we passed.

10. Else where

अर्थ :– इसका अर्थ (कहीं और/और कहीं/अन्यत्र) से लगाया जाता है।

निर्देश 1:– दोनों उपवाक्य जिस काल में उन्हें उसी काल में ही बना देते है अर्थात किसी भी प्रकार का परिवर्तन नहीं करते हैं।

निर्देश 2:– इसका प्रयोग दोनों उपवाक्यों बीच में ही किया जाता है।

Example:-

1. यहां से जाओ कही और मांगो।
   Go from here else where beg.
2. यहां मत चिल्लाओ अन्यत्र चिल्लाओ।
   Don't cry here, else where cry.
   Do not cry here else where cry.

11. Same - as

अर्थ 1:– इसका अर्थ (वहीं – जो) से लगाया जाता है।

निर्देश 1:– Same का प्रयोग पहले उपवाक्य में सहायक क्रिया के बाद किया जाता है।

निर्देश 2:– As का प्रयोग दोनों उपवाक्यों के बीच में ही किया जाता है।

निर्देश 3:– दोनों उपवाक्य जिस काल में उन्हें उसी काल में ही बना देते हैं अर्थात किसी भी प्रकार का परिवर्तन नहीं करते हैं।

Example:-

1. यह वही लड़की है जो वह प्रथम आयी थी।
   This is a girl she came first.
   This is same girl as she came first.
2. यह वही किताब है जो तुमने खरीदी।
   This is a book.
   You bought.
   This is same book as you bought.

12. Well

अर्थ 1:– इसका अर्थ (अच्छा/ठीक/भली भांति) से लगाया जाता है।

निर्देश 1:– दोनों उपवाक्य जिस काल में उन्हें उसी काल में ही बना देते हैं अर्थात किसी भी प्रकार का परिवर्तन नहीं करते हैं।

निर्देश 2:– इसका प्रयोग दोनों उपवाक्यों के बीच में ही किया जाता है।

Example:-

1. तुम पास हो गये ठीक है ऐसी आशा नहीं करता था।
   You passed well I did not hope so.
2. तुमने चोरी की ठीक, मैं यह नहीं जानता था।
   You stole well, I did not know this.

13. Only

अर्थ 1:– इसका अर्थ (केवल) से ही लगाया जाता है।

निर्देश 1:– दोनों उपवाक्य जिस काल में उन्हें उसी काल में ही बना देते हैं अर्थात किसी भी प्रकार का परिवर्तन नहीं करते हैं।

निर्देश 2:– इसका प्रयोग दोनों उपवाक्यों के बीच में ही किया जाता है।

Example:-

1. आप जहां जाना चाहे जाओ केवल यहां मत ठहरो।
   Go where you like.
   Don't stay here.
   Go where you like only don't stay here.
2. बातें करो केवल चिल्लाओ मत।
   Talk.
   Don't cry.
   Talk only don't cry.

14. Rather - than

अर्थ 1:– इसका अर्थ (कुछ/अपेक्षा या/अधिक) से ही लगाया जाता है।

निर्देश 1:– इसका प्रयोग (कुछ/अपेक्षा या/अधिक) अर्थ के लिए किया जाता है। दोनों उपवाक्य जिस काल में उन्हें उसी काल में ही बना देते हैं अर्थात किसी भी प्रकार का परिवर्तन नहीं करते हैं।

Example:-

1. वह कुछ कुरुप ही है।
   She is rather ugly.
2. हम अधिक पागल ही थे।
   We were rather mad.
3. वह कुछ तेज ही चलाता है।
   He drives rather fast.

अर्थ 2:– इसका अर्थ (बेशक/निश्चित ही/वस्तुतः) आदि से भी लगाया जाता है।

निर्देश 2: –इसका प्रयोग इसी अर्थ के लिए किया जाता है। अर्थात किसी भी प्रकार का परिवर्तन नहीं करते है।

Example:-

1. तुम निश्चय ही चतुर है।
   You are rather clever.
2. वे वस्तुतः बुद्धिमान हो।
   They are rather wise.

अर्थ 3:– इसका अर्थ (बल्कि/उल्टे) आदि से भी लगाया जाता है।

निर्देश 3:– इसका प्रयोग इसी अर्थ के लिए बिना कोई परिवर्तन किए किया जाता है।

Example:-

1. वह धनी तो है ही नहीं बल्कि गरीब है।
   He is not rich rather poor.
2. राधा कुरुप तो है ही नहीं उल्टे सुन्दर है।
   Radha is not ugly rather beautiful.

अर्थ 4:– इसका अर्थ (के बदले / के बजाय) आदि से भी लगाया जाता है।

निर्देश 4:– इसका प्रयोग बिना कोई परिवर्तन किए इसी अर्थ के लिए किया जाता है।

Example:-

3. हमारे बदले हमारा भाई काम करता है।
   Our brother does the work rather we.
4. मोहन के बजाय सोहन नाचता है।
   Sohan dances rather mohan.

अर्थ 5:– इसका अर्थ (पर / बल्कि) से लगाया जाता है।

निर्देश 5: –इसका प्रयोग बिना कोई परिवर्तन किए इसी अर्थ के लिए किया जाता है।

Example:-

1. वह मोटा तो है पर पतला नहीं।
   He is fat rather than thin.
2. वे धनी तो हैं पर चोर नहीं।
   They are rich rather than thieves.
3. राधा नाचती तो है पर गाती नहीं।
   Radha dances rather than sings.

15. Hardly – when / before

अर्थ 1:– इसका अर्थ (मुश्किल की / अभी – की) से ही लगाया जाता है।

निर्देश 1:– जब यह वाक्य के बीच में आता है। तब कर्त्ता के बाद प्रयोग किया जाता है।

निर्देश 2:– वाक्य जिस काल में हो उसे उसी काल में बना देते हैं।

Example:-

1. हम मुश्किल से घर पहुंचे ही थे कि वर्षा शुरु हो गयी।
   We had hardly reached the home when it began to rain.
2. मैं अभी स्कूल गया ही था कि मोहन आ गया।
   I had hardly gone to school when Mohan came.

विशेष:– When / Before का प्रयोग सदैव दोनों उपवाक्यों के बीच में किया जाता है।

निर्देश 2:– यह वाक्य के शुरु में आता है तब कर्त्ता से पहले सहायक क्रिया के बाद आता है।

Example:-

1. मुश्किल से मैं आया ही था कि वह मर गया।
   Had hardly I come when he died before.
2. अभी हम पहुंचे ही थे कि गाड़ी छूट गयी।
   Had hardly we reached when the train went before.

16. Scarcely – when / before

अर्थ 1:– इसका अर्थ (मुश्किल / अभी – की) से ही लगाया जाता है।

निर्देश 1:– इसका प्रयोग पूर्णतया Hardly - when / before की ही तरह किया जाता है।

निर्देश 2:– उपवाक्य जिस काल में हो उसे उसी काल में बना देते है।

Example:-

1. तुम मुश्किल से आये ही थे कि शिक्षक ने दण्ड दिया।
   You had scarcely come when the teacher punished before.
2. अभी वे गये ही थे कि तुम आ गये।
   Had scarcely they gone when you came before.
3. मुश्किल से मैं रोया ही था कि मेरी मां रोयी।
   Had scarcely I wept when my mother wept before.

17. All the same

अर्थ :– इसका अर्थ (तो भी / इसके बावजूद भी) से ही लगाया जाता है।

निर्देश 1:– दोनों उपवाक्य जिस काल में उन्हें उसी काल में ही बना देते हैं अर्थात किसी भी प्रकार का परिवर्तन नहीं करते हैं।

निर्देश 2:– इसका प्रयोग प्रायः दोनों उपवाक्यों के मध्य में ही किया जाता है।

Example:-

1. मैं थका हूँ तो भी मैं जाऊंगा।
   I am tired all the same I shall go.
2. राम बीमार था इसके बावजूद भी वह यहां आया।
   Ram was ill.
   He came here.
   Ram was ill all the same he came here.

18. Not at all

अर्थ :– इसका अर्थ (बिल्कुल भी नहीं) से ही लगाया जाता है।

निर्देश 1:– वाक्य जिस काल में हों उन्हें उसी काल में ही बना देते हैं अर्थात किसी भी प्रकार का परिवर्तन नहीं करते हैं।

निर्देश 2:– इसका प्रयोग प्रायः बिल्कुल भी नहीं अर्थ के लिए ही किया जाता है।

Example:-

1. वह बिल्कुल भी नहीं दौड़ा।
   He not at all ran.
2. उसने कहा परन्तु हमने बिल्कुल भी नहीं छुआ।
   He said we not at all touched. or
   He said not at all we touched.

19. In spite of

अर्थ 1:– इसका अर्थ (इसके बावजूद भी) से ही लगाया जाता है।

निर्देश 1:– दोनों उपवाक्य जिस काल में हों उन्हें उसी काल में ही बना देते हैं। अर्थात किसी भी प्रकार परिवर्तन नही करते हैं।

निर्देश 2:– इसका प्रयोग दोनों उपवाक्य के मध्य में किया जाता है।

Example:-

1. उसने कठिन मेहनत की इसके बावजूद भी वह फेल हो गया।
   He worked hard.
   He failed.
   He worked hard in spite of he failed.

20. At last

अर्थ 1:– इसका अर्थ (अन्त में) से ही लगाया जाता है।

निर्देश 1:– दोनों उपवाक्य जिस काल में हो उन्हें उसी काल में ही बना देते है। अर्थात किसी भी प्रकार परिवर्तन नही करते है।

निर्देश 2:– इसका प्रयोग दोनों उपवाक्यों के मध्य या सबसे पूर्व भी किया जाता है।

Example:-

1. वह तेज दौड़ा अन्त में वह जीता।
   He ran fast.
   He won.
   He ran fast at last he won.
2. उसने कठिन मेहनत की अन्त में वह पास हुआ।
   He worked hard.
   He passed.
   He worked hard at last he passed.

21. Generally

अर्थ 1:– इसका अर्थ (साधाणरतया) से ही लगाया जाता है।

निर्देश 1:– वाक्य के पूर्व में प्रायः इसका प्रयोग किया जाता है। कभी कभी दोनों उपवाक्यों के मध्य में भी इसका प्रयोग किया जाता है।

निर्देश 2:– वाक्य अथवा उपवाक्य जिस काल में हों उन्हें उसी काल में ही बना देते हैं। अर्थात किसी भी प्रकार का परिर्वतन नहीं किया जाता है।

Example:-

1. साधारणतया वह एक अच्छा लड़का है।
   Generally he is a good boy.
2. राम ने चोरी नहीं की साधारणतया वह धनी था।
   Ram did not steal.
   He was rich.
   Ram did not steal generally he was rich.

22. In short

अर्थ 1:– इसका अर्थ (संक्षेप) से ही लगाया जाता है।

निर्देश 1:– दोनों उपवाक्यों के मध्य में सबसे पूर्व भी किया जाता है।

निर्देश 2:– वाक्य अथवा उपवाक्य जिस काल में हों उन्हें उसी काल में ही बना देते हैं। अर्थात किसी भी प्रकार का परिर्वतन नहीं किया जाता हैं।

Example:-

1. मैंने संक्षेप में उसे कहानी सुनायी।
   In short I told him a story.
   Or
   I told him a story in short.
2. शिक्षक ने पढ़ाया पर उसने संक्षेप में नहीं पढ़ाया।
   The teacher taught in short he did not teach.
   Or
   The teacher taught, he did not teach in short.

23. Not at least

अर्थ 1:– इसका अर्थ (बिलकुल भी नहीं) से ही लगाया जाता है।

निर्देश 1:– इसका प्रयोग प्रायः दोनों उपवाक्यों के मध्य में ही किया जाता है।

निर्देश 2:– वाक्य अथवा उपवाक्य जिस काल में हों उन्हें उसी काल में ही बना देते हैं। अर्थात किसी भी प्रकार का परिर्वतन नहीं किया जाता है।

Example:-

1. उसने बहुत कहा पर हम बिलकुल भी नहीं दौड़े।
   He said.
   We did not run.
   He said not at least we ran.
2. उसने बिलकुल भी खाना नहीं खाया।
   Not at least he ate the food.

24. Consquently

अर्थ 1:– इसका अर्थ (परिणामस्वरुप/परिणामतः) से ही लगाया जाता है।

निर्देश 1:– इसका प्रयोग प्रायः दोनों उपवाक्यों के बीच में या एक वाक्य में भी नियमानुसार किया जाता है।

निर्देश 2:– वाक्य अथवा उपवाक्य जिस काल में हो उन्हें उसी काल में ही बना देते है। अर्थात किसी भी प्रकार का परिर्वतन नहीं किया जाता है।

Example:-

1. उसने मेहनत की परिणामस्वरुप वह फेल हो गया।
   He worked hard.
   He failed.
   He worked hard consequently he failed.
2. मैं तेज दौड़ा परिणामस्वरुप मैं चोर नहीं पकड़ पाया।
   I Ran fast.
   I Could not catch thief.
   I ran fast consequently I could not catch thief.

25. Thoroughly

अर्थ 1:– इसका अर्थ (पूर्णतया) से ही लगाया जाता है।

निर्देश 1:– इसका प्रयोग सबसे पूर्व या दोनों उपवाक्यों के बीच में किया जाता है।

निर्देश 2:– वाक्य अथवा उपवाक्य जिस काल में हों उन्हें उसी काल में ही बना देते हैं। अर्थात किसी भी प्रकार का परिर्वतन नहीं किया जाता है।

Example:-

1. वह पूर्णतया चोर है।
   Thoroughly he is thief.
   Or
   He is thoroughly thief.
2. राम बाहर आया कि वह पूर्णतया भीग गया।
   Ram came out, he became wet.
   Ram came out thoroughly he bacame wet.
   I ran fast consequently I could not catch thief.

26. Eventually

अर्थ 1:– इसका अर्थ (अन्त में) से ही लगाया जाता है।

निर्देश 1:– इसका प्रयोग प्रायः दोनों उपवाक्यों के मध्य में किया जाता है और सबसे पहले भी किया जाता है।

निर्देश 2:– वाक्य अथवा उपवाक्य जिस काल में हों उन्हें उसी काल में ही बना देते हैं। अर्थात किसी भी प्रकार का परिर्वतन नहीं किया जाता है।

Example:-

1. हमने परिश्रम किया अन्त में हम फेल हो गये।
   We worked hard
   We failed.
   We worked hard eventually we failed.
2. वे तेज दौड़े अन्त में वे सफल हो गये।
   They ran fast.
   They succeed.
   They ran fast eventually they succeed.

27. In fact

अर्थ 1:– इसका अर्थ (वास्तव में) से ही लगाया जाता है।

निर्देश 1:– इसका प्रयोग वाक्य के पूर्व या अन्त में अथवा दोनों उपवाक्यों के मध्य में किया जाता है।

निर्देश 2:– वाक्य अथवा उपवाक्य जिस काल में हों उन्हें उसी काल में ही बना देते हैं। अर्थात किसी भी प्रकार का परिर्वतन नहीं किया जाता है।

Example:-

1. वह वास्तव में चोर था।
   In fact he was thief.
2. वह पास हो गया वास्तव में मैं नहीं सोचता था।
   He passed.
   I did not think / know.
   He passed in fact I did not think / know.

28. Almost

अर्थ 1:– इसका अर्थ (लगभग) से ही लगाया जाता है।

निर्देश 1:– इसका प्रयोग प्रायः वाक्य मे ही किया जाता है तथा दोनों उपवाक्यों के मध्य में किया जाता है।

निर्देश 2:– वाक्य अथवा उपवाक्यों जिस काल में हों उन्हें उसी काल में ही बना देते हैं। अर्थात किसी भी प्रकार का परिर्वतन नहीं किया जाता है।

Example:-

1. मैं लगभग स्टेशन पहुंच चुका था।
   I had almost reached the station.
2. तुम लगभग आ चुके थे।
   You had almost come.
3. मैं घर पहुंचा तब वह लगभग पढ़ चुका था।
   I reached the home almost he had read.
   I reached the home he had almost read.

29. Further more

अर्थ 1:– इसका अर्थ (इसके अतिरिक्त) से ही लगाया जाता है।

निर्देश 1:– इसका प्रयोग प्रायः दोनों उपवाक्यों के मध्य में किया जाता है।

निर्देश 2:– वाक्य अथवा उपवाक्य जिस काल में हों उन्हें उसी काल में ही बना देते हैं। अर्थात किसी भी प्रकार का परिर्वतन नहीं किया जाता है।

Example:-

1. वह नही पढ़ा इसके अतिरिक्त वह पास हो गया।
   He did not read.
   He passed.
   He did not read further more he passed.
2. वह तेज नहीं दौड़ा इसके अतिरिक्त वह जीता।
   He did nor run fast.
   He won.
   He did not run fast further more he won.

30. Moreover

अर्थ 1:– इसका अर्थ (इसके अतिरिक्त) से ही लगाया जाता है।

निर्देश 1:– इसका प्रयोग प्रायः दोनों उपवाक्यों के बीच अर्थात further more की तरह किया जाता है।

निर्देश 2:– दोनों उपवाक्य जिस काल में हों उन्हें उसी काल में ही बना देते हैं। अर्थात किसी भी प्रकार का परिर्वतन नहीं किया जाता है।

Example:-

1. उसने ईलाज कराया इसके अतिरिक्त वह मर गया।
   He cured.
   He died.
   He cured moreover he died
2. रामू ने माफी मांगी इसके अतिरिक्त वह शिक्षक ने दण्ड दिया।
   Ramu begged pardon, the teacher punished.
   Ramu begged pardon moreover the teacher punished.

31. At no cost

अर्थ 1:– इसका अर्थ (चाहे जो भी हो) से ही लगाया जाता है।

निर्देश 1:– इसका प्रयोग प्रायः इसी अर्थ के लिए किया जाता है।

निर्देश 2:– वाक्य जिस काल में हों उन्हें उसी काल में ही बना देते हैं। अर्थात किसी भी प्रकार का परिर्वतन नहीं किया जाता है।

Example:-

1. चाहे जो भी हो मैं आऊँगा।
   At no cost I shall come.
2. चाहे जो भी हो मैं तुम्हारी मदद करुंगा।
   At no cost I shall help you.
3. चाहे जो भी हो मैं मंच पर नाचूंगा।
   At no cost I shall dance on the stage.

32. Trully

अर्थ 1:– इसका अर्थ (वास्तव में) से ही लगाया जाता है।

निर्देश 1:– इसका प्रयोग सबसे पहले अथवा दोनों उपवाक्य के बीच में ही किया जाता है।

निर्देश 2:– वाक्य जिस काल में हो उन्हें उसी काल में ही बना देते है। अर्थात किसी भी प्रकार का परिर्वतन नहीं किया जाता है।

Example:-

1. वास्तव में मैं कल जाऊंगा।
   Trully I shall go tomorrow.
2. वह वास्तव में नहीं आयेगा।
   He will not come trully.
   Or
   Trully he will not come.

33. In the event of

अर्थ 1:– इसका अर्थ (ऐसा होने पर भी) से ही लगाया जाता है।

निर्देश 1:– इसका प्रयोग वाक्य के पूर्व या दोनों उपवाक्यों के मध्य में भी किया जाता है।

निर्देश 2:– वाक्य अथवा उपवाक्य जिस काल में हों उन्हें उसी काल में ही बना देते हैं। अर्थात किसी भी प्रकार का परिर्वतन नहीं किया जाता है।

Example:-

1. वह ऐसा होने पर भी नहीं सुधरा।
   In the event of he was not inproved.
   Or
   He was not improved in the event of.
2. घायल होने पर भी वह नहीं समझा।
   In the event of wounded he was not knew.
   Or
   He was not knew in the event of wounded.

34. Indeed

अर्थ 1:– इसका अर्थ (वास्तव में/सचमुच/निश्चय ही) से ही लगाया जाता है।

निर्देश 1:– इसका प्रयोग वाक्य के पूर्व अथवा दोनों उपवाक्यों के बीच में भी किया जाता है।

निर्देश 2:– दोनों उपवाक्य जिस काल में हों उन्हें उसी काल में ही बना देते हैं। अर्थात किसी भी प्रकार का परिर्वतन नहीं किया जाता है।

Example:-

1. वह निश्चय ही चोर है।
   Indeed he is a thief.
2. वह सचमुच सुन्दर है परन्तु उसे घमंड नहीं है।
   She is beautiful
   She is not proud.
   She is beautiful indeed but she is not proud.
3. तुम निश्चय ही मोटे हो पर तुम पागल हो।
   You are fat indeed but you are mad.

35. In case

अर्थ 1:– इसका अर्थ (शर्त पर/यदि/के बावजूद/करने पर ही) आदि से ही लगाया जाता है।

निर्देश 1:– इसका प्रयोग वाक्य के पूर्व में ही किया जाता है। कभी कभी दोनों उपवाक्यों के बीच में भी किया जाता है।

निर्देश 2:– वाक्य या उपवाक्य जिस काल में हों उन्हें उसी काल में ही बना देते हैं। अर्थात किसी भी प्रकार का परिर्वतन नहीं किया जाता है।

Example:-

1. तुम्हारे कठिन मेहनत करने पर ही में मदद करुंगा।
   In case you work hard, I will help.
2. उसके स्टेशन पहुंचने के बावजूद भी वह समय पर नहीं पहुंच सका।
   In case he reached the station he could not reach in time.

36. Provided

अर्थ 1:– इसका अर्थ (पर शर्त है कि) आदि से ही लगाया जाता है।

निर्देश 1:– इसका प्रयोग दोनों उपवाक्यों के बीच में भी किया जाता है।

निर्देश 2:– दोनों उपवाक्य जिस काल में हों उन्हें उसी काल में ही बना देते हैं। अर्थात किसी भी प्रकार का परिर्वतन नहीं किया जाता है।

Example:-

1. मैं तुम्हें किताब दूंगा पर यह शर्त है कि तुम कल वापस करोगे।
   I shall give you book.

You return tomorrow.
I shall give you book provided you return tomorrow.

2. वह तुम्हें धन देगी पर यह शर्त है कि तुम उसे आश्वासन दो।
She will give you money.
You assure her.
She will give you money provided you assure her.

37. Always

अर्थ 1:– इसका अर्थ (सदैव / हमेशा / सदा) आदि से ही लगाया जाता है।

निर्देश 1:– दोनों उपवाक्य जिस काल में हों उन्हें उसी काल में ही बना देते हैं। अर्थात किसी भी प्रकार का परिर्वतन नहीं किया जाता है।

Example:-

1. वह सदैव झूठ बोलता है।
He always speaks a lie.
2. तुम हमेशा चाय पीते थे।
You always took tea.

38. Seldom

अर्थ 1:– इसका अर्थ (कभी नहीं) आदि से ही लगाया जाता है।

निर्देश 1:– इसका प्रयोग वाक्य नियमानुसार ही किया जाता है। और वाक्य जिस काल में हो उसी काल में ही बना देते है।

Example:-

1. भौंकने वाले कुत्ते कभी नही काटते है।
Barking dogs seldom bite.

39. Frequently

अर्थ 1:– इसका अर्थ (प्रायः / अक्सर / बहुधा) आदि से ही लगाया जाता है।

निर्देश 1:– वाक्य जिस काल में हों उसी काल में ही बना देते हैं।

Example:-

1. वह अक्सर चोरी करता है।
He frequently steals.
2. मैं अक्सर तुम्हें मिलता हूँ।
I frequently meet you.

40. Often

अर्थ 1:– इसका अर्थ (प्रायः / अक्सर / बहुधा / आमतौर से / बहुत बार) आदि से ही लगाया जाता है।

निर्देश 1:– वाक्य जिस काल में हो उसी काल में ही बना देते हैं।

Example:-

1. मैं अक्सर जाता रहता हूँ।
   I often go.
2. तुम अक्सर हंसते रहते हो।
   You often laugh.

Chapter – 15

Direct and Indirect Narration
Or
Direct and Indirect Speech
प्रत्यक्ष और अप्रत्यक्ष कथन

1. **Direct Narration/Speech परोक्ष / प्रत्यक्ष कथन:-**जब वक्ता के कथन को ज्यों का त्यों व्यक्त किया जाता है तब इस प्रकार के कथन को प्रत्यक्ष कथन कहते है।

2. **Indirect Narration/Speech अपरोक्ष / अप्रत्यक्ष कथन:-**जब वक्ता के कथन को ज्यों का त्यों न दोहराकर दूसरे शब्दों में उसके कथन से आशय या भाव को व्यक्त किया जाता है तब इस प्रकार के कथन को अप्रत्यक्ष कथन कहते है।

Parts of Direct Narration / Speech प्रत्यक्ष कथन के भाग

1. **Reporting Speech/ Verb:-**वाक्य के शब्द जो inverted commas के बाहर होते है। Reporting verb / speech कहते हैं कुछ Grammarian इसे Introductory verb भी कहते है।

2. **Reporteed Speech:-**वाक्य के वे शब्द जो inverted commas के अन्दर होते है। Reported speech कहलाते है। Grammarian इसे Verb of Reported speech भी कहते है। Reported speech का पहला letter (अक्षर) Capital (बड़ा अक्षर) में ही लिखा जाता है।

Direct से Indirect में परिवर्तन होने वाली बातें

जब हम किसी वाक्य को प्रत्यक्ष से अप्रत्यक्ष में परिवर्तन करते है तब निम्नलिखित बातों को नियमों तथा वाक्यों के अनुसार बदलते है।

1. Person (पुरुष)
2. Reporting verb (प्रत्यक्ष कथन)
3. Tense (काल)
4. Some special words (कुछ विशेष शब्द)
5. Syntactical structure of sentence (वाक्य गठन)

1. Person (पुरुष)

नियमः– S O N
1 2 3

संकेतः– S = Subject, O = Object, N = No change

निर्देश 1:– यदि Reported speech का कर्त्ता I, We हो तो उन्हें Reporting verb के कर्त्ता से बदलेंगे और वाक्य में यदि उत्तम पुरुष शब्द संबंध या कर्म के स्थान पर हों तो उन्हें भी Reporting verbके कर्त्ता से संबंध/कर्म के रुप में ही बदलेंगे।

निर्देश 2:– यदि Reported speech का कर्त्ता you तथा संबंध your और कर्म you हो तो उन्हें Reporting verb के कर्म से उसी रुप में बदलेंगे

निर्देश 3:– यदि Reported speech के कर्त्ता He, She, It, they हो तो संबंध His, Her, Its, their तथा कर्म Him, Her, It, Them हो तो Reporting verb के कर्त्ता या कर्म से नहीं बदलेंगे अर्थात इनमें किसी भी प्रकार का परिर्वतन नहीं किया जायेगा।

2. Reporting Verb (प्रत्यक्ष कथन)

निर्देश 1:– Reporting verb विभिन्न स्थितियों मे स्वतः ही परिवर्तित होती है। अर्थात sentences के अनुसार Reporting verb बदल कर ही लिखी जायेगी।

निर्देश 2:– इसके परिवर्तन आगे विभिन्न senteces में विस्तार से स्पष्ट हो जायेंगे।

3. Tense (काल)

निर्देश 1:– Reporting verb के काल में कोई परिवर्तन नहीं किया जाता है। बल्कि Reporting verb के Tense के अनुसार Reported speech की क्रिया के काल Tense में परिवर्तित किया जाता है।

निर्देश 2:– यदि Reporting verb वर्तमान Present अथवा Future Tense में हो तो Reported speech की क्रिया के Tense में कोई परिवर्तन नहीं होता है।

निर्देश 3:– यदि Reporting verb भूतकाल Past tense में हो तो Reported speech की क्रिया Present, Past, Future, tense में हो तो निम्न प्रकार से परिवर्तित करते है।

Memory Chart for Tense change

Sl.No. *क्र० सं०*	***Tense*** *काल*	***M. Verb, H. Verb*** *मुख्य क्रिया*	***Changed tense*** *परिवर्तित काल*	***Changed verb*** *परिवर्तित क्रिया*
1.	Present Indefinite	Go/ Goes Do/ Does	Past Indefinite	Went/ did
2.	Present Continous	Is / are / am going	Past Continous	Was / were going
3.	Present Perfect	Has / Have gone	Past Perfect	Had gone
4.	Present Perfect Continous	Has been / have been going	Past perfect Continous	Had been going
5.	Past Indefinite	Went / Did	Past Perfect	Had gone
6.	Past Continous	Was / were going	Past perfect continuous	Had been going

विशेष:– इसी प्रकार कुछ सहायक क्रियाओं में भी परिवर्तन किया जाता है।

1. Do Did
2. Does Did
3. Did Had
4. Will Would
5. Shall Should
6. Is Was
7. Are Were
8. Am Was
9. Was Had been
10. Were Had been

11. Has/Have Had
12. Had Had
13. Had been Had been
14. Can Could
15. May Might

आदि में बदल कर लिख देते है।

विशेषः– यदि Reported speech में Would, should, could, might, had आदि हो तो इनको बदलते नहीं है। अर्थात इन्हें जैसा का तैसा ही लिखा दिया जात है।

4. Some Special words (कुछ विशेष शब्द)

निर्देश 1:– प्रत्यक्ष से अप्रत्यक्ष में बदलने में काल तथा स्थान की निकटता बताने वाले शब्दों को दूरी प्रकट करने वाले शब्दों में परिवर्तित करते है।

S. No.	*Words*	*Changed words*
1.	Here	There
2.	This	That
3.	These	Those
4.	Hither	Thither
5.	Hence	Thence
6.	Thus	SO or In that way
7.	Now	Then or At that time
8.	Just	Then
9.	Today	That day or same day
10.	To night	That night or same night
11.	Last night	The previous night or the night before
12.	Yesterday	The previous day or thus or the day before
13.	Tomorrow	The next day or the following day.
14.	Hereby	Thereby
15.	Hence forth	Then a forth
16.	Next week	The following week
17.	Next day	The following day
18.	Next month	The following month
19.	Last month	A month before

5. Syntactical Structure of Sentence (वाक्य गठन)

निर्देश 1:– प्रत्यक्ष से अप्रत्यक्ष बनाते समय Reporting verb / Speech तथा Reported speech के बीच का कॉमा हटाकर कोई Connective (जोड़ने वाला शब्द) लगा दिया जाता है तथा Inverted commas भी हटा दिये जाते है।

Kinds

1. Assertive Sentences (विधिसूचक वाक्य)

वे वाक्य जिनके द्वारा किसी बात का कथन statement प्रकट होता है। Assertive Sentencesकहलाते है।

निर्देश 1:– Reporting verbतथा Reportedspeech को That नामक जोड़ने वाला शब्द से जोड़ देते है।

निर्देश 2: –यदि Reporting verbमें कर्म न हो तो says को says में तथा say को say में और said को said में ही बना रहने देते है। अर्थात परिवर्तित नहीं करते है।

निर्देश 3:– यदि Reporting verbमें कर्म हो तो says to को tells में तथा say to को Tell में तथा said to को told में बदल कर लिख दिया जाता है।

निर्देश 4:– यदि Reported speech के कर्त्ता I, we हो तो Reporting verb के कर्त्ता से बदल जायेंगे तथा जो भी उत्तम पु० कर्त्ता से संबंधित संबंध कारक तथा कर्म कारक हो उन्हें भी Reporting verb के कर्त्ता के अनुसार ही संबंध कर्म कारक रुप में बदलकर लिख दिया जाता है।

निर्देश 5:– यदि Reported speech का कर्त्ता you मध्यम पुरुष को Reporting verb के कर्म से ही संबंध तथा कर्म सहित परिवर्तित किया जायेगा।

निर्देश 6:– यदि Reported speech के कर्त्ता / संबंध / कर्म अन्य पुरुष He, she, it, they, Ram, Sita को Reporting verb के न तो कर्त्ता से और न ही कर्म बदले जायेंगे अर्थात इनमें किसी भी प्रकार का परिवर्तन नहीं किया जायेगा परन्तु काल Tense संबंधी परिवर्तन जरुर किया जायेगा।

Example:-

1. Raju says, “I am buying a book”.
   Raju says that he is buying a book.
2. Gita will say, “ The boys will swim.
   Gita will say that the boys swim.

3. They said, "We run".
   They said that they ran.
4. Arun said to her, "I shall go now".
   Arun told her that he should go then.
5. I say to him, "You will go".
   I tell him that he will go.
6. Ram says to me, "You sleep".
   Ram tells me that I sleep.

निर्देश 7:– यदि Reported speech लोकोक्ति (Proverb) या शाश्वत सत्य/सर्वमान्य सत्य (Universal truth) हो Reporting verb भूतकाल में हो तो भी Reportedspeech को जैसा का तैसा ही लिखा रहने देते है। अर्थात इनमें किसी भी प्रकार का परिवर्तन नहीं किया जायेगा।

Example:-

1. He said, "All that glitters is not gold".
   He said that all that glitters is not gold.
2. The teacher said, "The earth moves round the sun".
   The teacher said that the earth moves round the sun.

निर्देश 8:– यदि वाक्य में yes आया हो तो says/says to को affirms / admits / asserts में say/say to को affirm / admit / assert में तथा said/said to को affirmed / admited / asserted में बदल कर लिख दिया जाता है।

निर्देश 9:– यदि वाक्य में No आया हो तो says / says to को denies / refuses में तथा say / say to को deny / refuse में तथा said/ said to को denied / refused में बदल कर लिख दिया जाता है। तथा Reported Speech को साधारण बना दिया जाता है।

Example:-

1. Hari said, "yes I have done my work".
   Hari affirmed that he had done his work.
2. He said, "No I don't play ball".
   He denied that he played ball.

निर्देश 10:– यदि वाक्य में Sir / Madam / Your majesty आदि शब्द हो तो Respect fully में बदल देते है। और इन शब्दों को हटा दिया जाता है।

विशेषः –यदि Reporting verb में कर्म न हो तो Respect fully को क्रिया के साथ says respectfully / say respect fully / said respect fully के साथ ही लगाया जाता है।

विशेष:– यदि Reporting verb में कर्म हो तो Respectfully को कर्म के बाद तथा that से पूर्व प्रयोग किया जायेगा।

Example:-

1. Hari said to me, "Sir I get up early".
   He told me respectfully that he got up early.
2. Ram says, "Sir I can play".
   Ram says respectfully that he can play.
3. Manohar said to her, "Madam you gave me your book".
   Manohar told her respectfully that she had given him her book.
4. The prisoner said to the magistrate, "You majesty I have not done crime".
   The prisoner told the magistrate respectfully that he had not done crime.

2. Interrogative Sentences (प्रश्नवाचक वाक्य)

इसके द्वारा प्रश्न पूछे जाने का बोध होता है।

निर्देश 1:– यदि Reported Speech सहायक क्रियाओं से प्रारंभ हो तो Reporting verb तथा Reported Speech को (if या whether) से जोड़ दिया जाता है।

निर्देश 2:– यदि Reported Speech प्रश्नवाचक शब्दों (What, Why, Where, When, How etc.) से शुरु हो तो Reporting verb तथा Reported Speech को If/whether से नहीं जोड़ते हैं बल्कि उसी प्रश्नवाचक शब्द को ही लिखा रहने देते हैं इसके बाद Reported Speech को Positive साधारण बना देते है।

निर्देश 3:– प्रश्नवाचक चिन्ह को हटाकर उसके स्थान पर Full stup को लगा दिया जाता है।

निर्देश 4:– Reporting verbके (says / says to को asks / questions / inquiries of में) तथा (say / say to) को ask / question / inquire of में तथा said / said to को asked / questioned / inquired of में बदलकर लिख दिया जाता है।

निर्देश 5:– Reported Speech को verb तथा Pronoun को पूर्व बताये नियमों के अनुसार ही बदला जाता है।

Example:-

1. He says to me, "Are you ready ?".
   He asks me if I am ready.
2. They say to her, "Will you not help me?"
   I ask her if she would not help them.
3. My mother said to me, "Will you have milk?"
   My mother asked me if I would have milk.
4. Hari said to Gopal, "Are you going home ?".
   Hari asked Gopal whether he was going home.
5. Deepa said to me, "Do you love me?"
   Deepa asked me whether I loved her.
6. He said to me, "What is your name ?".
   He asked me what my name was.
7. Uma Shankar said to Jagram, "When will you go there ?".
   Uma Shankar asked Jagram when he would go there.
8. They said to him, "Where do you live ?".
   They asked him where he lived.

निर्देश 6:– यदि प्रश्नवाचक वाक्य के साथ Sir / Madam / Your Majesty आदि आवें तो इस प्रकार बदलते है। पूर्व बताये नियमों के अनुसार ही बदला जाता है।

विशेष1:– यदि Reporting verb में कर्म न हो तो says / says to को asks respectfully तथा say / say to को ask respectfully तथा said / said to को asked respect fully में बदलकर लिख देते है। तथा इन शब्दों को हटा देते है।

विशेष2:– यदि Reporting verb में कर्म हो तो Respect fully का के कर्म के बाद तथा If / Whether या what, how, when, where, whyसे पूर्व प्रयोग में लाते है।

Example:-

1. Mahendra said to Mira, "Madam may I help you ?".
   Mahendra asked Mira respectfully if he might help her.
2. He said to me, "Sir why do you worry for nothing ?".
   He asked me respectfully why I worried for nothing.

   Or

   He asked me respectfylly why I was worried for nothing.

3. Sita said, "Sir can I read ?".
   Sita asked respectfully if she could read.

निर्देश 7:– यदि वाक्य में yes हो तो reply / answer in affirmative में यदि No हो reply / answer in negative में बदलकर कर लिखते है।

Example:-

1. He said to his sister, "Can you read ? yes said his sister".
   He asked his sister if she could read. She replied in affirmative.

3. Imperative Sentences (आज्ञासूचक वाक्य)

इसके द्वारा आज्ञा, विनय, प्रार्थना तथा उपदेश का बोध होता है।

निर्देश 1:– यदि Reporting verbतथा ReportedSpeech को (to) से जोड़ दिया जाता है।

निर्देश 2:– Reporting verbमें (says / says to) हो तो (Orders/ requests / advises / suggest में) तथा (say / say to) हो तो (Order / request / advise / suggest में) तथा said / said to हो तो (Ordered / requested / advised / suggested में) में बदलकर लिख दिया जाता है।

निर्देश 3 (i) आज्ञा हेतुः– Command, order, inquir, charge bid आदि शब्दों का प्रयोग किया जाता है।

(ii) विनय हेतुः– Request, beg, implore, beseech, entreat, solicit आदि शब्दों का प्रयोग किया जाता है।

(iii) सलाह हेतुः– Advise, exhort, persuade, remind, pointout, urge, instruct आदि शब्दों का प्रयोग किया जाता है।

(iv) मनाही हेतुः– Forbid का प्रयोग किया जाता है।

(v) चेतावनी हेतुः– Warn का प्रयोग किया जाता है।

(vi) धमकी हेतुः– Threat का प्रयोग किया जाता है।

(vii) पूछने हेतुः– ask का प्रयोग किया जाता है।

Example:-

1. The teacher says,"Sit down"
   The teacher orders to sit down.
2. His father said, "work hard".
   His father advised to work hard.
3. Radha said to me, "Read the book".
   Radha suggested me to read the book.

4. The speaker said, "Listen to me".

   The speaker requested to listen to him.

निर्देश 4:– यदि Reported speech में Do not हो तो Do को हटा देते है और not को to से पूर्व लगा देते है। अथवा Reporting verb की says / says to को forbids तथा say / say to को forbid में तथा said / said to को forbade में बदलकर लिख दिया जाता है।

Example:-

1. The Principal says, "Don't go".

   The Principal order not to go. Or

   The Principal forbids to go.

2. The old man said, "Do not make a noise".

   The old man bordade to make a noise.

निर्देश 5:– यदि वाक्यों में yes हो तो says / says to को Admits / allows में तथा say / say to को Admit / allow में तथा said / said to को Admited / allowed में बदलकर लिख दिया जाता है। तथा yes को हटा देते है।

निर्देश 6:– यदि वाक्यों में no हो तो says / says to को denies में तथा say / say to को deny में तथा said / said to को denied में बदलकर लिख दिया जाता है। तथा no को हटा देते है।

Example:-

1. He said, yes, come in.
   He admitted to comc in. Or
   He admitted him to come in.
2. You said, no come in.
   You denied to come in.

   Or

   You denied him to come in.

निर्देश 7:– यदि Reported speech में Sir, Madam, Your honour, Your Majesty, Please, Kindly आदि शब्द हो तो Reporting verb में भावानुसार परिर्वतन करके इन शब्दों का लोप कर दिया जाता है। अथवा says / says to को requests में तथा say / say to को request में तथा said / said to को requested में बदलकर लिख दिया जाता है। तथा to से पूर्व Respectfully का प्रयोग कर दिया जाता है।

Example:-

1. The student said to the teacher, "Sir, teach this lesson".
   The student requested the teacher to teach that lesson.
   The students requested the teacher respectfully to teach that lesson.

निर्देश 8:– Reported speech जब Let से शुरु होती है। तो Indirect form निम्नप्रकार से बनाते है। 2 Reporting verb को says / says to proposes / orders / suggests / allowsमें तथा say / say toको Order / propose / suggest / allows में तथा said / said to को Proposed / suggested / allowed / ordered में बदलकर लिख दिया जाता है। तथा let से पूर्व to लगा देते है और Reported speech को जैसा का जैसा ही लिखा रहने देते है।

Example:-

1. The teacher said to the boys, "Let the monitor speak first".
   The teacher ordered the boys to let the monitor speak first.
2. The teacher said, "Let him do it".
   The teacher allowed to let him do it.
   Or
   The teacher allowed him do it.
3. The doctor said to them, "Let the patient sleep in undisturbed".
   The doctor advised them to let the patient sleep undisturbed.

निर्देश 9:– यदि Reported speech में प्रस्ताव करते हुए Let के बाद us का प्रयोग होता है। Let को हटा कर that का प्रयोग करते है। Reporting verb के स्थान पर says / says toको Proposes to / suggests to में तथा say / say toको Propose to / suggest toमें तथा said / said to को Proposed to / suggested to में बदलकर लिख दिया जाता है।

विशेष 1:– जब बात कहने वाले और सुनने वाले में से कोई एक उत्तम पुरुष (First Person)में हो तो us को we में बदल देतें है।

विशेष 2:– जब बात कहने वाले तथा सुनने वाले में से कोई एक मध्यम पुरुष (Second person) या (Third person) अन्य पुरुष में हो तो us को you में बदल देतें है।

विशेष 3:– जब बात कहने वाले तथा सुनने वाले दोनों है (Third person) अन्य पुरुष में हो तो us को They में बदल देतें है।

Example:-

1. He said to me, "Let us go".
   He proposed to me that we should go.
2. He said to you, "Let us go".
   He suggested to you that you should might go.
3. The monitor said to the boys, "Let us read".
   The monitor proposed to the boys that they should read.

विशेष 4:– We/ You / They के बाद Might / Should को सहायक क्रिया के रुप में प्रयोग किया जाता है।

निर्देश 10:– यदि Reported speech में Let के साथ us का प्रयोग होता है और अन्य शब्द हो तो request / order / advise में भावानुसार बदलते है। और Let से पूर्व to लगा देते है। अथवा Let को हटाकर that लगाकर might be permitted to / might be allowed to / should be allowed to का प्रयोग करते है।

Example:-

1. The doctor said, "Let the patient sleep".
   The doctor advised to let the patient sleep. Or
   The doctor advised that the patient might be allowed to sleep.

4. Exclamatory Sentences (विस्मयबोधक वाक्य)

इसके द्वारा दुख, प्रसन्नता तथा आश्चर्य आदि का भाव प्रकट होता है।

निर्देश 1:– यदि Reporting verb तथा Reported Speech को (that) से जोड़ा जाता है।

निर्देश 2:– यदि वाक्य में Hurrah, Ha, Ha आदि आवे तो Reporting verb को (says/says to) को exclaims with joy/delight में) तथा (say/say to) हो तो exclaim with joy/delight में) तथा said/said to हो तो exclaimed with joy / delight में) में बदलकर लिख दिया जाता है।

Example:-

1. He said, "Hurrah! We have won".
   He exclaimed with joy that they had won.

निर्देश 3:– यदि वाक्य में Ah, Alas आदि आवे तो Reporting verb को says/says to को exclaims with sorrow में) तथा say/say to) को exclaim with sorrow में तथा said/said to हो तो exclaimed with sorrow में बदलकर लिख देते है।

Example:-

1. The merchant said, "Alas! I am undone".
   The merchant exclaimad with sorrow that he was undone.

निर्देश 4:– यदि वाक्य में Bravo आवे तो Reporting verb को (says / says to) को exclaims with applause में) तथा (say / say to) हो तो exclaim with applause में) तथा said / said to हो तो exclaimed with applause) में बदलकर लिख दिया जाता है।

Example:-

1. He said, "Bravo! Well done".
   He exclaimed with applause that it was well done.

निर्देश 5:– यदि Reported speech में What / How हो तो इन्हें हटाकर very / very much / great में बदल देते है। और Reporting verb को (says / says to) को exclaims with surprise में बदल देते है।

Example:-

1. He said, "How foolish they are!
   He exclaimed with surprise that they were very foolish.

5. Optative Sentences (इच्छासूचक वाक्य)

इसके द्वारा दुख, आर्शीवाद तथा प्रार्थना, शाप की भावना प्रकट होती है।

निर्देश 1:– यदि ReportedSpeech में प्रार्थना का भाव हो तो Reporting verb(says / says to) को prays में) तथा (say/say to) हो तो pray में) तथा said / said to हो तो prayed) में बदलकर लिख दिया जाता है।

Example:-

1. The beggar said, "May God bless you!
   The beggar prayed that the God might bless him.
2. Oh God ! Help me this time, "I said.!
   I prayed to God to help me that time.

निर्देश 2:– यदि Reported Speech में शुभकामना का भाव हो तो Reporting verb says / says to को wishesमें तथा say / say to हो तो wish में तथा said / said to हो तो wished में बदलकर लिख दिया जाता है।

Example:-

1. The teacher said to him, "May you pass!
   The teacher wished him that he might pass.
   Or
   The teacher wished that he might pass.

निर्देश 3:– यदि Reported Speech में शाप /अभिशाप का भाव हो तो Reporting verb says / says to को curses में तथा say / say to हो तो curse में तथा said / said to हो तो cursed में बदलकर लिख दिया जाता है।

Example:-

1. Rupa said, "May my energy go to hell.
   Rupa cursed that her energy might go to hell.
2. Vishnu said to Narad, "May you become monkey.
   Vishnu cursed Narad that he might become monkey.
3. The old man said to him, "May you stare.
   The old man cursed him that he might stare.

Chapter – 16

Affix शब्दांश

शब्दांश वह ध्वनि समूह है जो स्वतन्त्र रहकर कोई अर्थ नहीं देता है। किन्तु दूसरे शब्द के साथ मिलकर एक नया सार्थक शब्द बना देता है।

Kinds प्रकार

1. Prefix – जो शब्दांश किसी शब्द के पूर्व जुड़कर अर्थ में परिवर्तन या विशेषता उत्पन्न कर देते है। उन्हें उपसर्ग (Prefix) कहा जाता है। as – fore, pre, up, re, non, inter, ir, em

Example:-

1. Un + match = unmatch
2. Im + possible = Impossible
3. Im + pure = Impure
4. Miss + Guide = Misguide
5. Miss + print = Misprint
6. Dis + count = Discount
7. Dis + dain = disdain.

2. Suffix– (प्रत्यय) जो शब्दांश किसी शब्द के बाद जुड़कर एक नया शब्द बनाते है। प्रत्यय (suffix) able, age, once, hood, dom, ment, ward, tion, sion, ship कहलाते है।

Example:-

1. Great + ness = Greatness
2. Fresh + ness = Freshness
3. Use + ful = Useful
4. Harm + ful = Harmful
5. Kind + ly = Kindly

6. Clear + ly = Clearly
7. Wise + Dom = Wisdom.
8. Kind + Dom = Kindom.
9. Air + y = Airy.
10. Fair + y = Fairy.

3. Antonyms (विलोम शब्द)

विलोम शब्द वे शब्द होते है जो उल्टा अर्थ देते है।

S.No.	***Words***	***Meanings***	***Antonyms***
1.	Active	सक्रिय	Passive
2.	Adversity	विपत्ति	Prosperity
3.	Affirm	दृढ़	Deny
4.	Ascend	चढ़ना	Dscend
5.	Attack	आक्रमण	Defend
6.	Admit	स्वीकार करना	Refuse
7.	Aware	परिचित	Unware
8.	Ancient	प्राचीन	Modern
9.	Bold	बहादुर	Timid
10.	Bright	चमकीला	Dull
11.	Broad	चौड़ा	Narrow
12.	Base	नीच	Noble
13.	Beautiful	सुन्दर	Ugly
14.	Beginning	शुरु	End
15.	Blunt	बिनाधार	Sharp
16.	Blame	दोष देना	Praise
17.	Cheerful	प्रसन्न	Gloomy
18.	Confess	कबूलना	Deny
19.	Certain	निश्चित	Uncertain
20.	Cheap	सस्ता	Dear
21.	Clever	चतुर	Stupid
22.	Clean	साफ	Dirty
23.	Coarse	घटिया	Fine

24.	Common	साधारण	Rare
25.	Conceal	छिपाना	Reveal
26.	Casual	आकस्मिक	Regular
27.	Conquer	जीतना	Yield / Surrender
28.	Cruel	निष्ठुर	Kind
29.	Conclude	निष्कर्ष	Begin
30.	Confidence	विश्वास	Deffidance
31.	Continue	जारी रखना	Discontinue
32.	Difficult	कठिन	Easy
33.	Deficient	कम	Surplus
34.	Diligent	परिश्रमी	Idle
35.	Diminish	कम	Increase
36.	Death	मृत्यु	Life / Birth
37.	Despair	निराशा	Hope
38.	Economical/ frugal	मितव्ययी	Extravagant/grugal
39.	Encourage	उत्साहित	Discourage
40.	Exterior	बाहरी	Interior
41.	Enthusiasm	उत्साह	Indifference
42.	Earn	कमाना	Spend
43.	Empty	खाली	Full
44.	Enjoyment	आनन्द	Suffering
45.	Friendly	मित्रवत	Hostile
46.	Freedom	स्वतंत्रता	Slavery
47.	Fame	यश	Defame
48.	Famous	प्रसिद्ध	Notorious
49.	Fickle	चंचल	Constant
50.	Final	अन्तिम	Initial
51.	Finite	निश्चित	Infinite
52.	Fresh	ताजा	Stale

1.	False	झूठ	True	सत्य
2.	Fertile	उपजाऊ	Barren	बंजर
3.	Firm	दृढ़	Weak	कमजोर
4.	Foul	अशुद्ध	Fair	शुद्ध
5.	Fear	भय	Courage	साहसी
6.	Glory	यश	Shame	शर्म
7.	Genuine	असली	Duplicate	नकली
8.	Giant	विशालकाय	Dwarf	बौना
9.	Grant	स्वीकार करना	Refuse	अस्वीकार करना
10.	Glad	प्रसन्न	Sad	दुखी
11.	Grave	गंभीर	Cheerful	प्रसन्न
12.	General	सामान्य	Particular	विशेष
13.	Guilty	अपराधी दोषी	Innocent	निर्दोष
14.	Gentle	सभ्य	Rude	असभ्य
15.	Humble	विनम्र	Proud	अभिमानी
16.	Happiness	प्रसन्नता	Misery	दु:ख
17.	Haste	जल्दी	Delay	देरी
18.	Hate	घृणा	Love	प्रेम
19.	Heavy	भारी	Light	हल्का
20.	Heaven	स्वर्ग	Hell	नर्क
21.	Handsome	सुन्दर	Ugly	कुरुप
22.	Increase	बढ़ाना	Decrease	घटाना
23.	Ignorance	अज्ञानता	Knowledge	ज्ञान
24.	Import	आयात	Export	निर्यात
25.	Illiterate	अनपढ़	Educate	शिक्षित
26.	Include	शामिल करना	Exclude	निकालना
27.	Junior	कनिष्ठ	Senior	वरिष्ठ
28.	Keen	उत्सुक	Dull	उदासीन
29.	Lenient	उदार	Strict	कठोर
30.	Lie	झूठ	Truth	सत्य

31.	Loose	ढीला	Tight	तंग / चुस्त
32.	Long	लम्बा	Short	छोटा
33.	Loud	जोर से	Soft / Low	हल्का
34.	Lend	उधार देना	Borrow	उधार लेना
35.	Laugh	हंसना	Cry / weep	चिल्लाना / रोना
36.	Lead	नेतृत्व करना	Follow	अनुसरण करना
37.	Limited	सीमित	Unlimited	असीमित
38.	Minor	अल्पवयस्क	Major	वयस्क
39.	Master	स्वामी	Servant	नोकर
40.	Mad	पागल	Sane	स्वस्थ चित्त
41.	Material	भौतिक	Spiritual	पारलौकिक
42.	Majority	बहुमत	Minority	अल्पमत
43.	Mistress	गृहणी	Maid	नौकरानी
44.	Melody	लय	Discord	कलह
45.	Marrigo	मग्न जीवन	Celibacy	ब्रहमचर्य
46.	Migratory	देशान / गमन करने वाला	Sedantry	बैठे हुए
47.	Male	पुरुष	Female	स्त्री
48.	Masculine	पुरुषवाचक	Feminie	स्त्रीवाचक
49.	Neat	साफ	Dirty	गन्दा
50.	Native	देशवासी	Foreign	विदेशी
51.	Natural	प्राकृतिक	Artificial	बनावटी
52.	Nice	अच्छा	Nasty	निर्लज्ज
53.	Optimist	आशावादी	Pessimist	निराशावादी
54.	Offensive	क्षतिकर	Deffensive	रक्षम
55.	Oral	मौखिक	Written	लिखित
56.	Orthodoxy	धर्मपरायणता	Heterodoxy	विधर्मिता
57.	Omission	त्याग / लोप	Commission	मानना
58.	Original	असल	Copy / Duplicate	नकल

59.	Ornamental	दिखावटी	Useful	लाभदायक
60.	Offer	देना	Refuse	इंन्कार करना
61.	Offen	अक्सर	Seldom	कभी कभी
62.	Prohibit	प्रतिबंधित	Permit	स्वीकृति देना
63.	Precious	कीमती	Worthless	मूल्यहीन
64.	Plenty	बहुत	Scarcity	कमी
65.	Profit	लाभ	Loss	हानि
66.	Pride	घमण्ड	Humility	विनम्रता
67.	Punish	दण्ड देना	Reward	ईनाम देना
68.	Peace	शांति	War	युद्ध
69.	Permanent	स्थायी	Temporary	अस्थाई
70.	Persuade	राजी करना	Dissuade	हतोत्साहित करना
71.	Pleasure	प्रसन्नता	Pain	दर्द
72.	Pros	अच्छाई	Cons	बुराई
73.	Quick	तेज	Slow	धीमा / मन्दा
74.	Reject	अस्वीकार	Grant	स्वीकार करना
75.	Religious	धार्मिक	Irreligious	अधार्मिक
76.	Rich	धनी	Poor	निर्धन
77.	Reap	काटना	Sow	बोना
78.	Retreat	पीछे हटना	Advance	आगे बढ़ना
79.	Recieve	प्राप्त करना	Lose	खोना
80.	Reduce	कम करना	Increase	बढ़ाना
81.	Relief	आराम	Trouble	परेशानी
82.	Rough	खुरदरा	Smooth	चिकना
83.	Famous	प्रसिद्धि	Disgrace	अपमान
84.	Ruler	शासक	Subject	प्रजा
85.	Roar	गर्जना	Whisper	फुसफुसाहट
86.	Simple	साधारण	Complex	जटिल
87.	Savage	असभ्य	Civilized	सभ्य
88.	Strong	मजबूत	Weak	कमजोर

89.	Smile	मुस्कुराना	Frown	भौंह चढ़ाना
90.	Strange	अपरिचित	Familiar	परिचित
91.	Sweet	मीठा	Sour	खट्टा
92.	Superior	श्रेष्ठ	Inferior	तुच्छ
93.	Sea	समुद्र	Land	धरती
94.	Sensible	समझदार	Senseless	नासमझ
95.	Sickness	बीमारी	Health	स्वस्थ्य
96.	Sympathy	सहानुभूति	Antipathy	घृणा
97.	Stern/Harsh	कठोर	Mild	नरम / कोमल
98.	Success	सफलता	Failure	असफलता
99.	Thick	मोटा	Thin	पतला
100.	Top	चोटी	Bottom	तल
101.	Tame	पालतू	Wild	जंगली
102.	Tragedy	दुखांत	Comedy	सुखांत
103.	Victory	विजय	Defeat	हार
104.	Virtue	गुण	Vice	अवगुण
105.	Wisdom	बुद्धिमानी	Folly	मूर्खता
106.	Wide	चौड़ा	Narrow	संकरा
107.	Able	योग्य	Unable	अयोग्य
108.	Bathed	स्नान करना	Unbathed	बिना स्नान किए हुए
109.	Complete	पूर्ण	Incomplete	अपूर्ण
110.	Cover	ढकना	Uncover	खोलना
111.	Direct	प्रत्यक्ष	Indirect	अप्रत्यक्ष
112.	Digest	पचाना	Indigest	कुपच
113.	Equal	समान	Unequal	असमान
114.	Formal	नियमित	Informal	अनियमित
115.	Guide	मार्ग दर्शन करना	Misguide	पथ भ्रष्ट करना
116.	Human	मानवीय	Inhuman	अमानवीय

117.	Just	न्याय संगत	Unjust	अन्याय पूर्ण
118.	Legal	कानूनी	Illegal	गैर कानूनी
119.	Order	आदेश देना/ क्रम	Disorder	क्रम हीन
120.	Usual	साधारण	Unsual	असाधारण

3. Synonyms (पर्यायवाची शब्द)

शब्द पर्याय व्याकरणीय वर्ग के वे शब्द है जिनका एक सा अर्थ होता है परन्तु उनका पर्याय कही विभेद अवश्य करता है। पर्याय कहलाते है।

S.No.	*Words*	*Meaning*	*Synonyms*
1.	Anger	क्रोध	Indignant, nexation, annoyance, wrath
2.	Effect	प्राप्त करना	Accomplish, execute, achieve
3.	Adversity	दुःख	Calamity, misery, tribulation
4.	Stingy	लालची	Avarious, miserly, penurious
5.	Tyrant	निंरकुश	Autocrat, despot, Monarch
6.	Build	निर्माण	Elreet, Construct
7.	Courage	साहस	Bravery, Gallantry, Fortitude
8.	Bias	ईर्ष्या	Prajudice, Propossission
9.	Brief	संक्षेप	Concise, Terse, Pithy
10.	Understand	समझना	Comprehend, Apprehend
11.	Restraint	नियंत्रण	Compulsion, Constraint
12.	Costomary	प्रचलित	Fashionable, Conventional
13.	Civil	विनम्र	Corteous, affable, polite
14.	Pair	जोड़ा	Couple
15.	Countrary	विपरीत	Opposite reverse
16.	Vice	अपराध	Crime, Sin
17.	Rival	प्रतिभोगी	Competitor
18.	Confuse	भ्रम	Confound, derange
19.	Aware	ज्ञान	Consciuos

20.	Respect	सत्कार	Defference, reverence, veneration
21.	Dangerous	भयानक	Perilous, Hardous
22.	Skill	होशियारी	Dexterity, address, cleverness
23.	Hate	घृणा	Despite, Condemn, Scorn, disdain, abhor, Jealuosy
24.	Error	गलती	Mistake, Blunder
25.	Frank	उदार / दयालू	Condid, ingenuous
26.	Figure	आकृति	Enblem, Symbol Type
27.	Faith	विश्वास	Belief, Credulity
28.	Fraility	कमजोरी	Foible, Feeble, Failing, Weakness
29.	Force	शक्ति	Compel, coerce, oblige, constrain
30.	Mild	मृदु	Kind, Tender, gentle
31.	Guard	रक्षा	Keep, Preserve,
32.	Hasty	जल्दीबाजी	Premature, Precipitate
33.	Fancy	कल्पना	Imagination
34.	Inplacaple	निर्दयता	Unrelenting, Inexorable
35.	Inevitable	अनिवार्य	Unavoidable
36.	Impossible	असंभव	Inpracticable
37.	Increase	वृध्दि करना	Enlarge, Angment
38.	Funny	मजाकिया	Jocose, Ludicurous, Ridiculous, absured
39.	Stay	घूमना / ढकना	Liger, Loiter
40.	Illegal	गैर कानूनी	Lawless, unlawful
41.	Mad	पागल	Insane, imbecile
42.	Shy	लज्जावान	Modest, diffident, Bashful, Demure reserved
43.	Event	घटना	Occurance circumstance
44.	Clear	स्पष्ट	Evident, Obvious
45.	Chance	अवसर	Opportunity, occasion, Juncutre
46.	Power	शक्ति / अधिकार	Strength, force, authority

47.	Pain	दर्द	Grief, Sorrow, Agony, Anguish
48.	Pardon	क्षमा	Forgive, excuse, appologise
49.	Vertical	लम्बा / खड़ा	Perpendicular
50.	Provoke	उत्तेजित करना	Prompt, Incite, Instigate
51.	Procedure	कार्यवाही / तरीका	Proceeding
52.	Solitude	एकान्त	Privacy, Retirement, loneliness, desolatoin.
53.	Person	प्राणी	Creature, Being, Individual
54.	Rude	निर्लज्ज	Impertinent, Insolent, Impudent
55.	Recover,	पुनः प्राप्ति	Regain, Retrive
56.	Rise	चढ़ना	Ascend, mount, soar
57.	Regret	पश्चाताप	Lament, deplore
58.	Respect	आदर	Esteem
59.	Dumb	मूक / गूंगा	Reticence, Reserve
60.	Remnant	शेष	Rest, Residue, remainder, remain
61.	Revenge	बदला	Avenge, vengeance
62.	Remember	याद करना	Learn, recollect
63.	Reproof	तिरस्कार	Reprimand, censure, remonstrance
64.	Return	वापिस करना	Resotre, surrender
65.	See	देखना	Look, behold, discern, perceive, aspect
66.	Needless	अनावश्यक	Superflous, unnecessary,
67.	Say	कहना / बताना	Tell, relate, recount, describe express
68.	Secret	रहस्य पूर्ण	Hidden, Covert, tacit, mystreous
69.	Sly	धोखेबाज	Cunning, Crafty, Deceitful
70.	Size	विस्तार	Bulk, volume
71.	Sanatory	आरोग्यकर	Sanitry, sanatine, salutary, salubrious
72.	Salander	बदनामी	Calumny, Detraction, Defamation

73.	Severe	कठोर	Harsh, Regorous, stern, austere strict,
74.	Part	बांटना	Separate, Divide, Distribute
75.	Timidity	तुच्छता	Shyness, bashfulness, Diffidence
76.	Teach	पढ़ाना / सिखाना	Instruct, Inform, Educate
77.	Truth	सच्चाई	Veracity
78.	Useful	लाभप्रद	Advantageous, Expedient
79.	Unnatrual	अप्राकृति	Supernatural, Nonatural, Pretematural,
80.	Variety	विभिन्नता	Variance, Variation
81.	Wisdom	ज्ञान	Learning, Acqaitnace, Knowledge
82.	Wonder	आश्चर्य	Strange, Surprise, Amagement, astonishment.

4. One word Substition or One word for a sentence (वाक्य के लिए एक शब्द)

S.No.	Words	Meaning	Synonyms
1.	Anarchist	अराजकता फैलाने वाला	One who is out to have no government.
2.	Aurocracy	अनियन्त्रित शासन	Government by one.
3.	Athiest	नास्तिक	One who does not believe in god.
4.	Be got	कट्टर पंथी	A narrow minded with biapeligious views
5.	Bilingual	द्विभाषी	People Speaking two languages
6.	Amphibia	जल थल चर	Animals able of living on land & water.
7.	Autobiography	स्वजीवनी / आत्मकथा	The life story of person written by himself.
8.	Clibacy	ब्रह्मचर्य	The state of being unmarried.
9.	Democracy	प्रजातन्त्र	Government by people.
10.	Domestic	पालतू	An animal that can be tamed.
11.	Edible	खाने योग्य	Fit to be eaten.
12.	Extemproe	बिना तैयारी के भाषण	A speech made with out preparation.
13.	Epitaph	शेर	Words desceibad to the tomb berman.
14.	Fatalist	भाग्यवादी	One who belives in fate.
15.	Germicide	कीटनाशक	A medicine that kills germs
16.	Homicide	मनुष्य हत्या	The killing of man.
17.	Eligible	जो पढ़ा न जाय	That can not be read.
18.	Incredible	अविश्वसनीय	That can not be believed.

19.	Insolvent	दिवालिया	One who is unable to pay his debits.
20.	Illiterate	अशिक्षित	A amn who does not read and write.
21.	Inaudible	जो सुना न जाय	A sound that can not be heard.
22.	Idolator	मूर्ति पूजा	Worship of idols.
23.	Vegetarian	निरामिष भोजी	One who eats vegetables only
24.	Soliloquy	आत्मवार्ता / आत्मभाषण	Speaking loud one's thoughts when done.
25.	Pessimist	निराशावादी	One who takes a dark view of things.
26.	Obsulete	प्रयोग में न आने वाला शब्द	A word no loger in use.
27.	Notorious	बदनाम	A man with evil reputation.

5. Proverbs (लोकोक्तियाँ)

S. No.	*Proverbs*	*लोकोक्तियाँ*
1.	Good mind and good find	आप भला तो जग भला।
2.	Health is wealth	तन्दुरुस्ती हजार न्यामत है।
3.	Union is Strength	एकता में शक्ति है।
4.	No pains no gains	काया को दुख दिए बिना काम नहीं सुधरता।
5.	Society moulds man	खरबूजे को देख कर खरबूजा बदलता है।
6.	Money makes money	रुपया को रुपया कमाता है।
7.	Silence is best	सबसे भली चुप।
8.	As the king so are his subjects	यथा राजा तथा प्रजा।
9.	A promising youth had bright future.	होनहार बिरवान के होत चीकने पात।
10.	The protector is greater than slayer.	मारने वाले से बचाने वाला बड़ा होता है।
11.	Where there is will there is way.	जहां चाह वहां राह।
12.	The world is substained by hope.	दुनिया उम्मीद पर कायम है।
13.	Money makes the more go.	पैसे को पैसा बढ़ाता है।
14.	Expect no good in return.	नेकी कर दरिया में डाल।
15.	The wicked have no friends.	बुरे का कोई साथी नहीं।
16.	Friendship before one's face.	मुंह देखे की मुहब्बत है।
17.	Nor throw a stone nor get a splash.	न ईंट डालो न छीटें पड़ें।
18.	A lie can not be hid.	कागज की नाव सदा नहीं बहती।
19.	None so great another is greater.	शेर को सवाशेर मौजूद है।
20.	Hearing is not like seeing.	सुनने और देखने में बहुत फर्क है।
21.	To make and mar is in God's hard.	बिगाड़ संवार ईश्वर के हाथ।
22.	What God will is best.	मरजी मौला सब औला।
23.	God protects the friendless.	अकेले दुकेले का भगवान बेली।
24.	A friendship of base is a wall of sand.	ओछे की प्रीत जैसे बालू की भीत।
25.	There is no remedy for superstition.	वहम की दवा लुकमान के यहां भी नहीं।
26.	Like it or not a guest is me you have got.	मान न मान मैं तेरा मेहमान।

27.	He dances another's piping.	बछड़ा खूंटे बल कूदता है।
28.	Before the whip the devils dance.	मार के आगे भूत नाचता है।
29.	Misfortance over took his first venture.	सिर मुंडाते ही ओले पड़े।
30.	A word to wise.	अक्लमन्द को इशारा काफी है।
31.	Little learning is dangerous thing.	नीम हकीम खतरे में जान।
32.	The friendship of ingnorant is always less.	नादान की दोस्ती जी का जंजाल।
33.	Tit for tat	जैसे का तैसा।
34.	Even the name of success is worth having.	जीत की हवा भी अच्छा होती है।
35.	God filled the full.	खुदा भरे को ही भरता है।
36.	Something is better than nothing.	बेकार से बेगारी भली।
37.	Experience teaches the unskilled.	अभ्यास से ही पूर्णता आती है।
38.	Look to chief not subordinate.	जड़ को पकड़ो शाखा छोड़ो।
39.	He bites the hand that fed him.	जिसका खाये उसी को काटे।
40.	Anger is un-lawful.	गुस्सा हराम है।
41.	As yo do you must due.	अपने किये को भुगतो।
42.	In want my-self and give another.	जेब खाली बनता धनी।
43.	He is eaten up with pride.	शेखों के मोर मरे जाते हैं।
44.	Subjects are prey of king.	चूहा बिल्ली का शिकार है।
45.	A dog is a lion in his lane.	अपनी गली में कुत्ते भी शेर।
46.	Called to work given to shrink.	शिकार के वक्त कुतिया हंगासी।
47.	Empty vassels give the loudest sound.	थोथा चना बाजे घना।
48.	A pearl is of no value in forest.	जंगल में मोती की कदर नहीं होती है।
49.	Eat what you please dress for world.	खाइये मनभाता, पहनिये जगभाता।
50.	He makes a hole in his own dish.	जिस हांडी में खाये, उसी में छेद करे।
51.	Do in rome romans do.	जहां का पीवे पानी वहां की बोले वानी।
52.	Coal brokers black hands.	कोयले की दलाली में हाथ काले।
53.	Strong man's orders are obeyed.	जबरदस्त का हुक्म चलता है।
54.	The profits of mill are spent on the mill.	कुएं की मिट्टी कुंए में ही लग जाती है।
55.	Flattery brings income.	खुशामद में ही आमद है।
56.	Fools praise fools.	गधे को गधा खुजलाता है।

57.	A drop in ocean.	ऊंट के मुंह में जीरा।
58.	For work use all, on food a foe to fall.	काम का न काज का ढाई सेर अनाज का।
59.	Handsome is that handsom does	काम प्यारा है चाम प्यारा नहीं है।
60.	The dacree of fate are immutable.	कर्म रेखा अमिट है।
61.	Give a loan an enemy own.	उधार दीजे दुश्मन कीजे।
62.	Whom god protects no one can hurt.	जाको राखे साइयाँ मार सके न कोई।
63.	As the price you pay the work you get.	जैसा दाम वैसा काम।
64.	Casting pearls before swine.	गधे को पूरी हलवा।
65.	Let not innocent suffer with guilty	चने के साथ कहीं घुन न पिस जावे।
66.	Small cost great show.	कम खर्च वाला नशी।
67.	Silence is half consent.	चुप आधी मरजी।
68.	No one cries stin king flesh.	अपनी छाछ को कौन खट्टी कहता है।
69.	Penny wise pound foolish.	गंवार गन्ना न दे भेली दे।
70.	A single life a thousand hopes.	एक जिन्दगी हजार उम्मीद दें।
71.	All guess and no certainty.	अटकल पंजे डेढ़ सौ।
72.	Every man's honour is in own keeping.	अपनी लाज अपने हाथ।
73.	A half share an equal share.	आधी की साझी बराबर की चोट।
74.	Wait for the result.	तेल देखो तेल की धार देखो।
75.	The tyrant smites nor any permits.	जबर मारे रोने न दे।
76.	He lives on the fat of the land.	पांचो उंगुली घी में।
77.	The rich have many friends.	धनी के सब यार।
78.	All is well that ends well.	अन्त भला तो सब भला।
79.	Seeing is believing.	आंखो देखा परसराम जो कभी न झूठा होय।
80.	A man's worth is known after his death.	आदमी की कदर मरे पर होती है।
81.	Stumble and get sense.	आदमी ठोकर खाकर संभलता है।
82.	One post a hundred candidates.	एक अनार सौ बीमार।
83.	No sooner asked then wed.	चट मंगनी पट ब्याह।
84.	A burnt child are ads the fire.	दूध का जला छांछ फूंक फूंक कर पीता है।

85. Poverty is a sluggard.	दिन चढ़े उठना दरिद्री का काम है।
86. A great name and show tame	नाम बड़े और दर्शन छोटे।
87. A badman better than a bad name.	बद अच्छा बदनाम बुरा।

6. Idioms (मुहावरे)

किसी भाषा को सरस, रसिक तथा माधुर्य, ओजस्वी बनाने के लिए आभूषण स्वरुप मुहारों तथा कहावतों का प्रयोग किया जाता है।

S. No.	*Idioms*	*Meanings*
1.	To add fuel the fire.	जलती पर तेल डालना।
2.	To bear in mind.	स्मरण रखना।
3.	To beat about the bush.	इधर उधर की बात करना।
4.	To bring to book.	दण्ड देना।
5.	To blow one's own trumpet.	अपनी तूती बजाना।
6.	To break loose.	बन्धन तोड़ना।
7.	To bell the cat.	कठिन काम करना।
8.	To burry the hate let.	झगड़ा समाप्त करो।
9.	To build castle in the air.	खयाली पुलाव पकाना।
10.	To burn the candle at both hand.	व्यर्थ गवांना।
11.	To bring to the hammer.	नीलामी करना।
12.	To be cut to the quick.	दिल को चोट मारना।
13.	To call a spade a spods.	मुंह फट होना/साफ साफ बोलना।
14.	To break down.	फेल हो जाना।
15.	To bear in to	जबरदस्ती दाखिल होना।
16.	To break out.	फूट पड़ जाना।
17.	To break up.	बिखर जाना।
18.	To bring round.	रास्ते पर लाना।
19.	To come to one self.	होश में आना।
20.	To come by	पाना।
21.	To come of age.	बालिग होना।
22.	To come across.	मिलाप / भेंट होना।
23.	To come to grief.	लज्जित होना।
24.	To call in question.	शक करना।
25.	To call attention.	ध्यान दिलाना।

26.	To fall short of.	आशा में कम होना।
27.	To fall flat	कोई असर न होना।
28.	To fight tooth and nail.	वीरता से मुकाबला करना।
29.	To get off.	बच निकलना।
30.	To get by heart.	जवानी याद कर लेना।
31.	To get into hot water.	आपत्ति में फंस जाना।
32.	To get rid of.	पल्ला छुड़ाना।
33.	To get on.	काम चलाना।
34.	To give in.	हार मान लेना।
35.	To give the lie to.	झूठा साबित करना।
36.	To hold one's tongue.	चुप रहना।
37.	To hold good.	पुरा उतरना।
38.	To hold awage.	शर्त लगाना।
39.	To hold one's head high.	सिर ऊंचा रखना।
40.	To hold in check.	वश में रखना।
41.	To keep company with	संगत रखना।
42.	To keep the wolf from the door.	भूखा मरने से बचना।
43.	To keep an eye on.	ख्याल रखना।
44.	To keep one in suspense.	किसी को इंतजार में रखना।
45.	To keep a person in the dark.	किसी से बात छुपाकर रखना।
46.	To look down upon.	घृणा की दृष्टि से देखना।
47.	To look in the face.	निडर होकर सामना करना।
48.	To live in the lurch.	संकट के समय छोड़ जाना।
49.	To life from hand to mouth.	कठिनता से निर्वाह करना।
50.	To live on stone up tunred.	कसर न रखना।
51.	To make the most of.	पूरा पूरा लाभ उठाना।
52.	To mind one's own business.	अपने काम में मग्न रहना।
53.	To none heaven and earth.	एड़ी चोटी का बल लगाना।
54.	To make off.	लेकर भाग जाना।
55.	To make mountain of a mole hill.	बात का बतगड़ बनाना/राई का पहाड़ बनाना।
56.	To payback in same coin.	जैसे को तैसा।
57.	To pocket an insult.	अपमान सहन करना।
58.	To put to the sword.	तलवार के घाट उतारना।
59.	To put the vote.	किसी मामले पर राय देना।
60.	To rise to the occasion	अवस्था के अनुकूल काम करना।

61.	To see eye to eye with.	समदर्शी होना।
62.	To set a part.	अलग उठाकर रख देना।
63.	To set trap.	जाल बिछाना।
64.	To set defiance.	चैलेन्ज करना।
65.	To set free.	मुक्त कर देना।
66.	To set on fire.	आग लगा देना।
67.	To turn against.	विरोध करना।
68.	To take leave of a person.	विदा होना।
69.	To take in hand.	अपने जिम्मे लेना।
70.	To take to one's heals.	नौ दो ग्यारह हो जाना।
71.	To throw dust into for nothing.	आंखों में धूल झोंकना।
72.	To throw cold water upon.	आशाओं पर पानी फिर जाना।
73.	To treat all like.	एक ही लाठी से हांकना।
74.	To teach a lesson.	दांत खट्टे करना/सबक सिखाना।
75.	To turn tail.	पीठ दिखाना।
76.	To turn a deaf ear to,	कान न धरना।
77.	To turn the tables on	उल्टे चना चबाना।
78.	To while away time.	समय नष्ट करना।
79.	Pass a sleepless night.	रात आंखों में काटना।
80.	Weep bitterly.	आठ आठ आंसू रोना।
81.	Girdup one's loing.	कमर कसना।
82.	Add insult to injury.	घावों पर नमक छिड़कना।
83.	Be cut to the quick.	तनबदन में आग लग जाना।
84.	Be fed.	जी भर जाना।
85.	Behand in glove with.	दांत काटी रोटी होना।
86.	Awfully miserable.	नाक में दम करना।
87.	Be besides one self with joy.	फूले न समाना।
88.	Be on a firm footing.	पांव जम जाना।
89.	Split hairs.	बाल की खाल निकालना।
90.	Come to grief.	मुंह की खाना।
91.	Lay down wins.	हथियार डाल देना।
92.	At one's wit's end.	हाथ पांव फूल जाना।
93.	Work a miracle.	हथेली पर सरसों जमाना।
94.	Light of one's eye.	आंखो का तारा।

95.	To lay down one's life.	जान तक निछावर कर देना।
96.	Small wit great boast.	छोटी मुंह बड़ी बात।
97.	To adapt under hand means	टट्टी की आड़ में शिकार खेलना।
98.	To burn the candle at both ends.	दोनों हाथों से लुटाना।
99.	To be sworn enemy.	खून का प्यासा होना।
100.	To lose one's reason.	बुद्धि भ्रष्ट होना।
101.	To fool one's own nest.	अपने पांव पर कुल्हाड़ी मारना।
102.	Something at the bottom.	दाल में कुछ काला होगा।
103.	Haste makes waste.	उतावला सो बावला।
104.	A wolf in sheep's clothing.	बगल में छुरी मुंह में राम राम।
105.	To blow one's own trumphet.	अपने मुंह मियां मिट्ठु बनना।
106.	Sin is sweet.	चोरी का गुड़ मीठा।
107.	By leaps and bounds.	दिन दूने रात चौगुनी।
108.	To cut one's coat according to one's cloth.	अपनी चादर देख कर पांव फैलाना।
109.	To cook one's own broth.	अपनी खिचड़ी अलग पकाना।
110.	To see the ups and downs of life.	घाट घाट का पानी पीना।
111.	Mouth watered.	मुंह में पानी भर आना।
112.	To live in the fools paradise.	बहम की दूनिया में रहना।
113.	To lose chance.	अवसर हाथ से खो देना।
114.	To be one's last legs.	अन्तिम घड़िया गिनना।
115.	Be jealous.	छाती पर सांप लोटना।

7. Figures of Speech (अलंकार)

Definition:- A figure of speech is a departure from the ordinary form of expression or the ordinary courage of ideas, in order to produce greater effect. **(By when)**

Kinds प्रकार

1. Simile (उपमा अलंकार)

In a simile a comparison is made between two objects of different kinds which have however, at least one point in common. **(when)**

Example:-

1. Laxmi bai fought like lion.
2. Rana pratap was as brave as lion.

2. Metaphor (रूपक अलंकार)

A metaphor is an implied simile (when)

Example:-

1. Life is a tale told by an idiot.
2. Flower's heart is a stony heart.
3. Life is not a bed of roses.
4. Surdas is the Milton of India.
5. Kalidas is the shakespeare of India.

3. Personification (मानवीयकरण अलंकार)

In personification inaximate objects and abstract notions are spoken of as having life and intelligence. (when)

Example:-

1. Death lays his icy hands on kings.
2. I am daughter of earth and water.
3. Love is blind.
4. Experience is the best teacher.
5. Anxiety is sitting on her face.
6. Authority for gets adying kings.

4. Apostrophe (संबोधन अलंकार)

An apostrophe is a direct address to the dead to the absent or to a personified object or idea. (when)

Example:-

1. O world ! o life! O time !.
2. O death ! why are you so cruel !.
3. O Grave ! where is the victory !.

5. Hyperbole (अतिशयोक्ति अलंकार)

In Hyperbole a statement is made imphatic by over statement. (when)

Example:-

1. All the perfumes of Arabia will not sweaten this little hand.
2. Rivers of blood flowed in the battle field.

6. Oxymoron (विरोधाभास अलंकार)

Oxymoron is a special form of antithesis where, two contradictory qualities are predicted of the same thing. (when)

Example:-

1. Life is bitter sweet.

2. Has ten slowly.
3. Bitter sweet lone.

7. Onomatopoeia (ध्वनि अलंकार)

It consists in using a word similar to the sound (when)

Example:-

1. The dogs bark.
2. The snakes are hissing.
3. The bees are buzzing.
4. Grunt grunt goes the hog.
5. I heard the water laping on the crag.
6. The moaning of dives.

Chapter – 17

1. खानें की चीजों के नाम Name of edible things

S.No.	*Words*	*Pronunciation*	*Meaning*
1.	Furmentry	फर्मेन्ट्री	खीर
2.	Sugar	शुगर	शक्कर
3.	Sugar cane	शुगरकेन	गन्ना
4.	Curd	कर्ड	दही
5.	Soup	सूप	शोरबा
6.	Broth	ब्रॉथ	शोरबा
7.	Sour milk	सॉरमिल्क	छाछ
8.	Butter	बटर	मक्खन
9.	Beaten rice	बीटन राइस	चूड़ा
10.	Biscuit	बिस्कुट	बिस्कुट
11.	Cake	केक	मीठी रोटी
12.	Flesh	फलेश	कच्चा गोस्त
13.	Roast	रोस्ट	कबाब भुना गोस्त
14.	Sugar candy	शुगर केन्डी	मिश्री
15.	Jaggery	जेगरी	गुड़
16.	Pickle	पिकल	अचार
17.	Butter milk	बटर मिल्क	मट्ठा
18.	Whey	व्हे	मट्ठा
19.	Milk	मिल्क	दूध
20.	Honey	हनी	शहद

21.	Mint	मिन्ट	पोदीना
22.	Pork	पोर्क	सुअर का मांस
23.	Beaf	बीफ	गाय भैंस का मांस
24.	Flesh	फ्लेश	आदमी का मांस
25.	Mutten	मटन	बकरी का मांस
26.	Clarified butter	क्लेरीफॉइड बटर	घी
27.	Food	फूड	भोजन
28.	Meal	मील	खाना
29.	Feast	फीस्ट	दावत
30.	Lunch	लंच	सुबह का भोजन
31.	Dinner	डिनर	दोपहर दिन का खाना
32.	Supper	सपर	रात्रि का भोजन
33.	Bread	ब्रेड	रोटी
34.	Break fast	ब्रेकफास्ट	नाश्ता
35.	Loaf	लोफ	ग्रास
36.	Tea	टी	चाय
37.	Coffee	कॉफी	कहवा
38.	Sweet ball	स्वीट बॉल	लड्डू
39.	Venison	बेनीशन	हिरन का मांस
40.	Jelly	जैली	जैली
41.	Cream	क्रीम	मलाई
42.	Sweat meat	स्वीट मीट	मिठाई
43.	Tiffin	टिफिन	नाश्ता
44.	Vagetable	वेजीटेबल	साग
45.	Rice	राइस	चावल
46.	Curry	करी	कढ़ी
47.	Sweet	स्वीट	मिठाई
48.	Jam	जैम	मुरब्बा
49.	Preserve	प्रजर्व	मुरब्बा
50.	Party	पार्टी	दावत

2. पेड़ों और फलों के नाम Name of Fruits & Trees

S.No.	*Words*	*Pronunciation*	*Meaning*
1.	Apple	एपिल	सेब
2.	Acasiatree	अकेसियाट्री	बबूल पेड़
3.	Almond	आलमन्ड	बादाम
4.	Raspberry	रेस्पबेरी	रसभरी
5.	Brinjal	ब्रिंजल	बैंगन
6.	Broadbean	ब्रोडबीन	जामुन
7.	Corolla	कोरोला	दलपुंज
8.	Cotton plant	कॉटन प्लांट	रुई का पेड़
9.	Pear	पियर	नाशपाती
10.	Pomegranate	पोमीग्रेनेट	अनार
11.	Cocumber	कुकुम्बर	ककड़ी / खीरा
12.	Muskmelon	मस्कमेलन	खरबूजा
13.	Water melon	वाटर मेलन	तरबूज
14.	Mulbery	मलबेरी	शहतूत
15.	Orange	औरेंज	संतरा
16.	Guava	ग्वावा	अमरुद
17.	Grape	ग्रैप	अंगूर
18.	Plum	प्लम	बेर
19.	Peach	पीच	शफ्तालू,आड़ू
20.	Silk cotton	सिल्क कॉटन	सेगर
21.	Holly fig	होलीफिग	पीपल
22.	Banana tree	बनाना ट्री	केले का पेड़
23.	Teak Tree	टीक ट्री	सागौन ट्री
24.	Palm Tree	पाम ट्री	ताड़ का पेड़
25.	Banyan	बेनयान	बरगद का पेड़
26.	Palm Tree	पाम ट्री	खजूर का पेड़
27.	Creeper	क्रीपर	बेल / लता
28.	Juice	जूस	रस

29.	Swet Lime	स्वीटलाइम	मिट्ठा
30.	Quince	क्विंस	बिहा / श्रीफल
31.	Tree	ट्री	पेड़
32.	Plant	प्लांट	पौधा
33.	Root	रुट	जड़
34.	Fiber	फाइबर	रेशा
35.	Trunk	ट्रंक	तना
36.	Branch	ब्रांच	शाखा
37.	Leaf	लीफ	पत्ती
38.	Plantain	प्लैटेन	केला
39.	Walnut	वालनट	अखरोट
40.	Beat	बीट	चुकन्दर
41.	Coconut	कोकोनट	नारियल
42.	Sour/Carambola	सोवर / केरम्बोला	कमरख
43.	Loquat	लोकाट	लाखौट
44.	Raisin	रेजिन	किशमिश
45.	Custard apple	कस्टर्ड एपेल	शरीफा
46.	Citron	साइट्रॉन	खट्टा
47.	Lemon	लेमन	नींबू
48.	Tamarind	टगरिन्ड	ईमली
49.	Leechee	लीची	लीची
50.	Date	डेट	खजूर
51.	Peanut	पीनट	मूंगफली
52.	Ground Nut	ग्राउन्ड नट	मूंगफली
53.	Fig	फिग	अंजीर
54.	Pinapple	पाइनएपेल	सेब
55.	Pistachio	पिस्टेश्यू	पिस्ता
56.	Flower	फ्लोवर	फूल
57.	Blossom	ब्लोसम	कली
58.	Pod	पोड	फली

59.	Sead	सीड	बीज
60.	Bud	बड	कली
61.	Mango Tree	मैंगो ट्री	आम का पेड़
62.	Margosa tree	मारगोस ट्री	नीम का पेड़
63.	Radish	रेडिश	मूली
64.	Rose	रोज	गुलाब
65.	Tulip	टूलिप	गुलाब
66.	Myrtle	मारटल	मेंहदी
67.	Balsom	बाल्सम	गुल मेंहदी
68.	Jasmine	जेस्मिन	चमेली
69.	Marigold	मेरीगोल्ड	गेंदा
70.	Violet	वॉयलट	गुलवनप्सा
71.	Lilly	लिली	गुलसौ सन,कुमुद
72.	Daisy	डैजी	गुलबहार
73.	Sunflower	सनफ्लावर	सुरजमुखी
74.	Lotus	लोटस	कमल
75.	Nurcasus	नरकेसस	मौल श्री
76.	Fennel	फैनल	सोया
77.	Purslane	पर्सहेन	फूलका,कुलफा का शाक
78.	Beans	बीन्स	लोभिया
79.	Waterchest nut	वाटरचेस्ट नट	सिंगाड़ा
80.	Ripe cucumber	राइप कुकुंबर	फूट, परिपक्व ककड़ी
81.	Sweet potato	स्वीट पौटेटों	शकरकन्द
82.	Mint	मिंट	पुदीना
83.	Mango	मैंगो	आम
84.	Onion	ओनियन	प्याज
85.	Garlic	गार्लिक	लहसुन
86.	Potato	पोटैटो	आलू
87.	Tomato	टोमेटो	टमाटर
88.	Mushroom	मशरुम	खुम्बी,कुकुरमुत्ता

89.	Sorrel	सोरेल	लालर
90.	Pot herb	पोट हर्ब	मेथी
91.	Ginger	जिंजर	अदरक
92.	Dry ginger	ड्राई जींजर	सौंठ
93.	Pumpkin	पंपकिन	कद्दू
94.	Turnip	टर्निप	शलजम
95.	Pea	पी	मटर
96.	Carrot	कैरॅट	गाजर
97.	Yam	याम	रतालू
98.	Artichozes	आर्टीचोजेस	हाथी पाक
99.	Cauli flower	कोली फ्लावर	फूल गोभी
100.	Cabbage	कैबेज	बंद गोभी
101.	Terebinth tree	टेरेबिन्थ ट्री	तारपीन का पेड़
102.	Vegetables	वेजीटेब्लस	सागपाता
103.	Bush	बुश	झाड़ी
104.	Bamboo	बंबू	बांस
105.	Grass	ग्रास	घास
106.	Mould	मोड	फफूंदी
107.	Clover	क्लोवर	तिन पतिया घास
108.	Luccrn	लूरान	बरसीम
109.	Paddy	पैडी	धान

3. Human Limbs आदमी के शरीर के भागों के नाम

S.No.	*Words*	*Pronunciation*	*Meaning*
1.	Arm	आर्म	बांह
2.	Fore arm	फोर आर्म	बांह का ऊपरी भाग
3.	Lower arm	लोवर आर्म	बांह का निचला भाग
4.	Top	टॉप	ऊपर वाला
5.	Face	फेस	चेहरा
6.	Teeth	टीथ	दांत

7.	Gum	गम	मसूड़ा
8.	Tongue	टंग	जीभ
9.	Spleen	स्पलीन	तिल्ली
10.	Belly	बेली	पेट
11.	Stomach	स्टोमक	मैदा, पेट भीतरी
12.	Entrailor, instine	इन्टेलर, इन्स्टाइन	आंत
13.	Baby	बेबी	बच्चा
14.	Rib	रिब	पसली
15.	Armpit	आर्मपिट	बगली, कांख
16.	Waist	वेस्ट	कमर
17.	Palate	पेलेट	तालू
18.	Throat	थ्रोट	गला
19.	Chin	चिन	ढोड़ी, ठुड्डी
20.	Cheek	चीक	गाल
21.	Temple	टेम्पिल	कनपटी
22.	Vein	वेन	नस
23.	Jaw	जॉ	जबड़ा
24.	Collorbone	कॉलर बोन	हंसली
25.	Moustache	मोस्टाजेज, मश्टेश	मूंछ
26.	Beard	वियर्ड	दाढ़ी
27.	Side	साइड	बगल
28.	Shoulder	सोल्डर	कंधा
29.	Palm	पाम	हथेली
30.	Finger	फिंगर	अंगुली
31.	Thumb	थंब	अंगूठा
32.	Wrist	रिस्ट	कलाई
33.	Fist	फिस्ट	मुट्ठी
34.	Nail	नेल	नाखून
35.	Heart	हार्ट	हृदय
36.	Liver	लीवर	कलेजा

37.	Muscle	मसल	पुट्ठा, मांसपेशी
38.	Ankle	एन्किल	टखना
39.	Leg	लेग	टांग
40.	Foot	फूट	पैर
41.	Sole	सोल	तलवा
42.	Anus	एनस	एंड़ी
43.	Mole	मोल	तिल
44.	Wart	वार्ट	मस्सा
45.	Back	बैक	पीठ
46.	Testicle	टेस्टीकल	अंडकोष
47.	Kidney	किडनी	गुरदा
48.	Buttock	बुटुक	चूतड़
49.	Hip	हिप	कूलहा
50.	Thigh	थाई	जांघ
51.	Kneepane	नीपैन	परिया
52.	Knee	नी	घुटना
53.	Calf	काफ	पिंड
54.	Clavicle	क्लेवीकल	गर्दन
55.	Mouth	माउथ	मुंह
56.	Abdomen	अब्डोमेन	पेडू
57.	Womb	वोम्ब	कोंख
58.	Penis	पेनिस	आदमी के पेशाब करने की जगह
59.	Joint	ज्वांइट	जोड़
60.	Film	फिल्म	झिल्ली
61.	Scalp	स्काल्प	चांद, खोपड़ी
62.	Vulva	वुल्बा	औरत के पेशाब करने की जगह
63.	Finger phalanx	फिंगर फैलेक्स	पोरुआ
64.	Urine	यूरिन	पेशाब

65.	Excrete	इक्सेरेट	टट्टी
66.	Acne	एक्ने	मुहांसा
67.	Treckle	ट्रेकिल	लहसन
68.	Lap	लैप	गोद
69.	Motion	मोशन	दस्त
70.	Bladder	ब्लेडर	मसाना
71.	Glans	ग्लान्स	सुपारी
72.	Euractation	यूरेक्टैशन	पाद
73.	Phlegm	पिलम	खखार
74.	Skin	स्किन	चमड़ा
75.	Spittle	स्पिटल	लार / थूक
76.	Whiskers	व्हिस्कर्स	ठठरी, बड़ी–2 मूंछें
77.	Filth	फिल्थ	पाखाना
78.	Gall	गाल	पित्त
79.	Sweat	स्वीट	पसीना
80.	Breath	ब्रीथ	श्वांस, सांस
81.	Soul	सॉल	आत्मा / रुह
82.	Voice / sound	वॉयस / साउन्ड	आवाज
83.	Ani	अनी	कांच
84.	Blood	ब्लड	खून
85.	Knock	नोक	घूंसा

4. अदालत संबंधी शब्द Court related words

S.No.	***Words***	***Pronunciation***	***Meaning***
1.	Court	कोर्ट	अदालत
2.	Stamp	स्टाम्प	टिकिट
3.	Law	लॉ	कानून
4.	Legal	लीगल	कानूनी
5.	Mukhtar	मुख्तार	मुख्तार
6.	Pleader	प्लीडर	वकील
7.	Lawyer	लॉयर	वकील

8.	Crime	क्राईम	जुर्म
9.	Suit	सूट	नालिश,मुकदमा
10.	Trial	ट्रायल	समायत,परीक्षण
11.	Plaintif	प्लेन्टिफ	मुद्दई
12.	Difendant	डिफेन्डेट	मुद्दायल
13.	Evidence	इवीडेन्स	गबाही
14.	Judgement	जजमैन्ट	फैसला
15.	Complaint	कम्पलेंट	शिकायत
16.	Degree	डिग्री	डिगरी
17.	Witness	विटनेस	गवाह
18.	Bond	बोंड	तवन्मुख,अनुबंध
19.	Issue	इश्यू	ममला
20.	Advocate	एडवोकेट	वकील
21.	Respondent	रेस्पोन्डेट	खिलाफ अपील करने वाला
22.	Appellant	एपीलेन्ट	मुद्दई
23.	Apeal	अपील	अपील
24.	Jury	जूरी	पंचायत
25.	Petition	पिटीशन	अर्जी
26.	Arbitrator	आरबीट्रेटर	पंच
27.	Confession	कन्फेशन	इकबाल
28.	Notice	नोटिस	नोटिस
29.	Summons	सम्मनस	सम्मन
30.	Mortagege	मोर्गेज	रहन
31.	Ejectment	इजेक्टमेंट	बेदखली
32.	Gellows	गैलोज	फांसी
33.	Murderer	मर्डरर	कातिल
34.	Assessor	असेसर	कर निर्धारित करने वाला
35.	Compromise	कम्प्रोमाइज	राजीनामा
36.	Prisoner	प्रिजनर	कैदी

37.	Transportation	ट्रांसर्पोटेशन	कालापानी
38.	Fine	फाइन	जुर्माना
39.	Forgery	फोरजरी	जालसाजी
40.	Instalment	इन्सालमेन्ट	किस्तबंदी
41.	Defenation	डिफेनेशन	मानहानि
42.	Argument	आर्जूमेन्ट	बहस
43.	Ground	ग्राउन्ड	दलील
44.	Guilty	गिल्टी	मुजरिम
45.	Heir	हेअर	वारिस
46.	Reader	रीडर	पेशकार
47.	Dismiss	डिसमिस	खारिज करना
48.	Favour	फेवर	अपने पक्ष में
49.	Agreement	एग्रीमेन्ट	इकरारनामा
50.	Thanks giving	थैंक्स गिविगं	शुकरनामा
51.	Theft	थैफ्ट	चोरी
52.	Dacoity	डेक्युटी	डकैती
x53.	Murder	मर्डर	कत्ल
54.	Draw	ड्रा	ले लेना
55.	Lose	लोस	हारना

5. Name of Metals धातुओं के नाम

S.No.	***Words***	***Pronunciation***	***Meaning***
1.	Tin	टिन	टीन
2.	Brass	ब्रास	पीतल
3.	Magnet	मैग्नेट	चुम्बक
4.	Peter	पीटर	रांगा,रांग
5.	Mercury	मर्करी	पारा
6.	Saltpeter	साल्टपीटर	शोरा
7.	Niter	नाईटर	शोरा
8.	Borax	बोरेक्स	सुहागा
9.	Silver	सिल्वर	चांदी

10.	Gold	गोल्ड	सोना
11.	Pearl	पर्ल	मोती
12.	Diamond	डायमंड	हीरा
13.	Iron	ऑयरन	लोहा
14.	Copper	कॉपर	तांबा
15.	Bronze	ब्रॉन्ज	कांसा
16.	Lead	लीड	शीशा
17.	Steel	स्टील	फौलाद
18.	Zinc	जिंक	जस्ता
19.	Stone	स्टॉन	पत्थर
20.	Coal	कोल	कोयला

6. Time समय

S.No.	*Words*	*Pronunciation*	*Meaning*
1.	Year	ईयर	साल/वर्ष
2.	Half year	हाफ ईयर	आधा साल
3.	Midnight	मिडनाइट	अर्द्ध रात्रि
4.	Spring	स्प्रिंग	बसन्त
5.	Autumn	ऑटम	पतझड़
6.	Winter	विन्टर	जाड़ा
7.	Summer	समर	गर्मी
8.	Rainy	रेनी	वर्षा
9.	Season	सीजन	ऋतु
10.	Today	टुडे	आज
11.	Day	डे	दिन
12.	Tomorrow	टुमोरो	आने वाला कल
13.	Yesterday	यस्टर डे	बीता हुआ कल
14.	Tonight	टुनाईट	आज की रात
15.	Yesterday night	यस्टर डे नाईट	कल की रात
16.	Day after	डे आफ्टर	आने वाला कल

17.	Day Before	डे बिफोर	बीता हुआ कल
18.	Night	नाइट	रात
19.	Hour	आवर	घंटा
20.	Minute	मिनट	मिनट
21.	Second	सैंकेड	पल
22.	Morning	मार्निंग	प्रातः
23.	Noon	नून	दोपहर
24.	Evening	इवनिंग	संध्या,सायं
25.	Afternoon	आफ्टर नून	तीसरा पहर
26.	Midday	मिड डे	दोपहर
27.	Dawn	डॉन	पौ फटना,भोर,सुबह
28.	Week	वीक	सप्ताह
29.	Month	मंथ	मास / महीना
30.	Fortnight	फोर्ट नाइट	पखवारा

7. Name of Jewels / ornaments आभूषणों के नाम

S.No.	***Words***	***Pronunciation***	***Meaning***
1.	Ring	रिंग	अंगूठी
2.	Ear ring	इयर रिंग	बाली
3.	Silver bett	सिल्वर बेट	कंगनी
4.	Nacklace	नेकलेस	हार / माला
5.	Bangles	बैंग्लस	चूड़ी
6.	Nose ring	नोज रिंग	नथ

8. Name of Ornaments/Jewels जवाहरात के नाम

S.No.	***Words***	***Pronunciation***	***Meaning***
1.	Topaz	टोपाज	पुखराज
2.	Pearl	पर्ल	मोती
3.	Garnet	गारनेट	याकूत
4.	Opal	ओपल	मूंगा,दूधिया पत्थर

5.	Emerald	एमराल्ड	पन्ना
6.	Ruby	रुबी	लाल,माणिक
7.	Diamond	डायमंड	हीरा

9. Name of Colors रंगो के नाम

S.No.	*Words*	*Pronunciation*	*Meaning*
1.	Colour	कलर	रंग
2.	White	व्हाईट	सफेद
3.	Black	ब्लैक	काला
4.	Red	रेड	लाल
5.	Green	ग्रीन	हरा
6.	Rosy	रोजी	गुलाबी
7.	Gray	ग्रे	सलेटी
8.	Purple	पर्पिल	नारंगी

10. Name of Days दिनों के नाम

S.No.	*Words*	*Pronunciation*	*Meaning*
1.	Sunday	सन्डे	रविवार
2.	Monday	मन्डे	सोमवार
3.	Tuesday	ट्यूसडे	मंगलवार
4.	Wednesday	वेडनस डे	बुधवार
5.	Thursday	थरसडे	बृहस्पतिवार
6.	Friday	फ्राईडे	शुक्रवार
7.	Saturday	सैटेरडे	शनिवार

11. Name of Direction दिशाओं के नाम

S.No.	*Words*	*Pronunciation*	*Meaning*
1.	North	नॉर्थ	उत्तर
2.	South	साउथ	दक्षिण
3.	East	ईस्ट	पूर्व
4.	West	वैस्ट	पश्चिम

Chapter – 18

Hindi – English Dictoinary हिन्दी अंग्रेजी शब्दकोश

"अ"

S.No.	*Hindi Words*	*English meaning words*
1.	अंक	Alphabet / digit
2.	अंक पंत्र	Lable, Aslip of paper
3.	अंक विद्या	Arithmatic
4.	अंकित	Marked, counted
5.	अंकुर	Sprout, off shoot, bud
6.	अंकुश	Obstruction
7.	अंखफोड़वा	Grasshopper
8.	अंग	Limb, body, branch, part
9.	अंगड़ाना	Yawn
10.	अंगन	Courtyard
11.	अंगभंग	Mutilation of limb
12.	अंगरक्षक	Body guard
13.	अंगरखा	A long coat
14.	अंगविद्या	Physiology
15.	अंगार	Embers / Burning charcoal
16.	अंगी	Creature, corporal
17.	अंगिया	Stays, Bodice
18.	अंगीकार	Agreement, Consent

19.	अंगीठी	Furnace
20.	अंगुली	Finger
21.	अंगूठा	Thumb
22.	अंगूठी	Finger ring
23.	अंगूर	Grape
24.	अंचवना (कुल्ला)	Gargle
25.	अंजीर	Fig
26.	अंटा	Ball, marble
27.	अंगोछा	Towel, Napkin
28.	अंडा	Egg
29.	अंत	End, Goal, Death
30.	अंतकाल	Last Breathe
31.	अंत क्रिया	Cremation
32.	अंतरंग	Internal Secret
33.	अंतर	Difference / Pause
34.	अंतरा	Internal, Distance
35.	अंतराल	Included space
36.	अंतरिक्ष	Sky, Atmosphere
37.	अंतर्गत	Hidden, Internal
38.	अन्तर्जातीय	Interracial
39.	अंतर्ज्ञान	Innersense
40.	अन्तर्दाह	Internal heat
41.	अर्न्तधान	Concealment
42.	अंतर्मुख	Opened in inside
43.	अंतर्यामी	Acquanted with heart
44.	अंतर्राष्ट्रीय	International
45.	अंतर्लम्ब	Triangle
46.	अंतर्लीन	Hidden, Absorbed
47.	अंतर्वेग	Mental agitation worry
48.	अंतशय्या	Death, Bed

49.	अंतिम	Last, Final, Ultimate
50.	अंतःकरण	Mind, Soul, Conscieness
51.	अंत्येष्टि	Funeral, rites
52.	अंदरुनी	Inner
53.	अंध	Blind, Blindness
54.	अंधड़	Violent, Storm
55.	अंधेरी	Blind women
56.	अंधविश्वास	Superstition blind faith
57.	अंधाधुंध	Excessively
58.	अंधेर	Injustice
59.	अंबर	Cloth, Cloud
60.	अंबराई	Amango garden
61.	अंबारी	A littre
62.	अंबिया	Unripe small mango
63.	अंश	Part, Portion
64.	अंशक	Sharer
65.	अंशु	The sun beam
66.	अहं	Sin, Wrong
67.	अकंटक	Without enemies
68.	अकंपन	Firmness, steadiness
69.	अकड़	Crookedness, pride
70.	अकड़ाव	Contortion
71.	अकबक	Disconnected
72.	अकर्त्तव्य	Not worth doing
73.	अकर्म	Sin, wickedness
74.	अकर्मी	Villain
75.	अकलंकित	Stainless, pure
76.	अकल्याण	Misfortune
77.	अकस	Enemity, Hatred
78.	अकस्मात	Sudden

79.	अकाज	Useless, injury
80.	अकारण	Causeless
81.	अकारण	Useless
82.	आकाशवाणी	An oracle
83.	अकिंचन	Poor, destitute
84.	अकल	Knowledge
85.	अकुशल	Awkward
86.	अक्खड़	Rude, fearless
87.	अगूढ़	Evident
88.	अगोचर	Imperceptible, imperceivable
89.	अगौरा	Upper thin portion of sugarcane
90.	अग्नि बाण	Rocket, fiery arrow
91.	अग्न्यास्त्र	Artillery, firearm
92.	अग्रदूत	Forerunner
93.	अचपल	Steady, peaceful
94.	अचल	Stationery, motionless
95.	अचार	Jam, Pickles conserve
96.	अचाहा	Disinterested
97.	अचिन्त	Rash, careless
98.	अचेत	Senseless, dead
99.	अच्युत	Sternal Imperiashable
100.	अछूत	Untouchable
101.	अजन्मा	Unborn
102.	अजर	Not liable to decay
103.	अजीत	Usubdued
104.	अजीब	Unanimate body
105.	अजेय	Invinicible
106.	अजोड़	Jointless
107.	अटकल	Guess, Estimate
108.	अटपटाना	Stagger

109.	अटपटी	Irregular
110.	अटारी	Attic
111.	अट्टहास	A horse laugh
112.	अंड़गा	A mode of wrestling obstacle

"आ"

S.No.	*Hindi Words*	*English meaning words*
1.	आँक	Figure, number
2.	आँकड़ा	Figure, numeral
3.	आँकना	Mark, estimate
4.	आँकुश, अंकुश	Goad
5.	आँख	Eye, sight vision
6.	आँखफोड़वा, टिड्डी	Grasshopper
7.	आँख मिचौनी	Child's play of hide and seek
8.	आंगन	Courtyard
9.	आंगी	Fine sieve
10.	आँच	Flame of fire heat
11.	आंकपन	Shaking trembling
12.	आकर्ण	Extended up to ears
13.	आकलन	Accumulation
14.	आकस्मिक	Accidental, sudden
15.	आकांक्षा	Wish, desere, intention
16.	आकार	Form, shape, size
17.	आकाश	Sky, heavens
18.	आकीर्ण	Scattered diffused
19.	आंकुचन	Contraction
20.	आकृति	Farm, size, shape
21.	आकृमित	Attacked, invaded
22.	आकृान्त	Surrounded
23.	आक्रोश	Curse, anabuse

24.	आखेट	Chase, hunting
25.	आख्या	Name, appellation
26.	आग	Fire, Heat, warmth
27.	आगत	Arrived, come
28.	आगम	Arrival, origin
29.	आगर	Mine, Store house
30.	आगवन	Arrival
31.	आगामी	Future, ensuing, next
32.	आगार	House, store, treasury,
33.	आगी	Fire
34.	आगे	Prep, Beyond, forwards
35.	आग्नेय	Stimulating, fiery
36.	आग्रह	Persistence, zeal
37.	आघात	Stroke, Bloro, shock
38.	आघूर्ण	Rotating, oscellating
39.	आचमन	Rinsing of mouth with waterbefore religious ceremonies practice
40.	आचरण	Conduct
41.	आचरित	Performed
42.	आचार	Custom
43.	आचरण	Surprise
44.	आचार्य	Religious, preceptor
45.	आच्छंद	Covering cloth
46.	आज	Today, now, this day
47.	आजन्म	Throughout the life
48.	आजा	Paternal Grand father
49.	आज्ञा	Command, order
50.	आज्ञाकारी	Obedient
51.	आटा	Flour, meal
52.	आटोप	Covering ostentation

53.	आठ	Eight
54.	आडंबर	Display, show pomp
55.	आड़	Curtain
56.	आड़त	Brokerage agency
57.	आतंक	Terrorism
58.	आततायित	Murder, theft
59.	आतप	Heat of the sun warmth
60.	अतिथ्य	Hospitality
61.	आत्म	One's own personal
62.	आत्मकार्य	Personal concern
63.	आत्मज्ञानी	Mental Philosopher
64.	आत्मा	Sould, self ego
65.	आत्मीय	Pertaining, to one's own self
66.	आत्मोद्धार	Renunciation
67.	आदमी	Human being, individual
68.	आदर	Respect, homage
69.	आदर्श	Mirror looking glass
70.	आदि	Beginning, primary
71.	आदी	Habituated accustomed
72.	आदेश	Instruction, command
73.	आद्य	First
74.	आध, परिचय सहायता	Halp
75.	आधा	Half
76.	आधान	Surety, pledge
77.	आधार	Basis
78.	आधी	Half
79.	आधीन	Subject subordinate
80.	आधुनिक	Recent, modern
81.	आघृत	Agitated, shaken

82.	आधे	Middle, halfway
83.	आद्येय	Supportable
84.	आन	Limit manner pride
85.	आनन्द	Pleasure, delight
86.	आनन्दित	Delighted, cheerful
87.	आनन	Mouth, face,
88.	आनबान	Pomp show vanity
89.	आन्दोलन	Agitation
90.	आनाकानी	Conniving, purposely
91.	आनुभाविक	Conjectural, probable
92.	आपत्ति	Calamity, disaster, distress
93.	आमंत्रण	Invitation, call
94.	आभारी	Obliged, graceful
95.	आभूषण	Ornaments
96.	आम	Mango tree, fruit
97.	आमाशय	Stomach
98.	आमुख	Prelude of drama
99.	आय	Income
100.	आयत	Wide, oblong
101.	आयात	Imported goods
102.	आयु	Age, duration of life
103.	आयोजन	Exertion, effort
104.	आरंभ	Beginning, start, outset
105.	आर	Barder, yello
106.	आरा	Saw, shoemaker sawl
107.	आराम	Pleasure, garden, grove
108.	आरोप	Charge, putting on
109.	आर्थिक	Financial, pecuniary
110.	आलमारी	Almirah
111.	आलस	Laziness, sloth
112.	आलस्य	Idleness, indolence

113.	आलू	Potato
114.	आलेख	Writing, script
115.	अवश्य	Necessary
116.	आवास	Place of residence
117.	आविष्कार	Invention, discovery
118.	आवेग	Irrilation
119.	आहार	Food, diet

"इ"

S.No.	*Hindi Words*	*English meaning words*
1.	इंगित	Gesture, hint, sign
2.	इंगुर	Vermilion
3.	इंच, इंची	Twelfth part of a foot
4.	इंदारा	Well
5.	इंदिरा	Goddess, lakhani
6.	इंदु	Moon, camphar
7.	इंद्र	King of the Gods lord
8.	इंद्रजाल	Witcher of illusion
9.	इंद्रधनुष	Rainbow
10.	इंद्रनील	Sapphire
11.	इंद्रवधू	Red in sect
12.	इंद्रायुध	Rain bow, thunderbolt
13.	इंद्रासन	Throne of Indra
14.	इंद्रिय	Organ of sense
15.	इकंग	One side
16.	इक	One
17.	इकट्ठा	Together
18.	इकता	Unity
19.	इकताई	Singleness
20.	इकतीस	Thirty one

21.	इकला	Alone
22.	इकलोता	Single, only son
23.	इकसठ	Sixty one
24.	इक्का	Alone single
25.	इक्कीस	Twenty one
26.	इक्यावन	Fifty one
27.	इक्यासी	Eighty one
28.	ईख	Sugarcane
29.	इच्छा	Wish, desire
30.	इच्छा	Desire, will, wish
31.	इजार	Trousers, drawers
32.	इठलाना	Walk affectedly
33.	इठाई	Desire friendship
34.	इत	Here, this, way
35.	इतर	Other, different
36.	इतराना	Act affectedly
37.	इतराहट	Affectedness
38.	इतवार	Sunday
39.	इति	End, finish.
40.	इतिहारा	Annals, history
41.	इतेक	So much
42.	इत्यादि	Etetera and as forth
43.	इर्द	This
44.	इधर	Here, hither
45.	ईंधन	Fuel, Firewood
46.	इमली	Tamarind
47.	इमि	Way
48.	इयत्ता	Boundary, limit
49.	इर्षना	Ardent, desire
50.	इला	Earth, goddess
51.	इल्ला	Wart which rises over the skin

52.	इब	Similar
53.	इषु	Arrow
54.	इष्ट	Wished, desired
55.	इष्टतम	Most beloved
56.	इष्टता	Reference respect
57.	इष्टि	Fire, sacrifice
58.	इस्पात	Steel, which is hard and rough
59.	इह	Hire
60.	इयाँ	Here

"ई"

S.No.	*Hindi Words*	*English meaning words*
1.	ईन्कार	Red lead, vermillion
2.	ईचना	Pull, draw, attract
3.	ईगुंर	Rat, Mouse
4.	ईंधन	Fire wood, fuel
5.	ईक्षण	Act of seeing
6.	ईख	Sugarcane
7.	ईखना	Look, see
8.	ईठना	Intend desire
9.	ईण्ठि	Friendship
10.	ईढ	Obstinacy
11.	ईति	Obstacles, distress
12.	ईद्रश	Such, thus
13.	ईप्सा	Wish, desire
14.	ईप्सित	Desired
15.	ईरान	Persia
16.	ईर्षणा	Jealousy, envy
17.	ईर्षा	Envy, malice, jealousy
18.	ईशान	Nartheast quarter

"उ"

S.No.	Hindi Words	English meaning words
1.	उँगल	Finger
2.	उँगली	Finger
3.	उँचान	Height
4.	उँचाना	Lift, Raise
5.	उँचास	Height, Elevation
6.	उँछ	Expressing refusal
7.	उकचना	Separated
8.	उकटना	Be dug up
9.	उकटा	Exposing obligations done
10.	उकलना	Separated in layers
11.	उकसना	Come out riseup
12.	उकलाना	Tear off
13.	उकेलना	Romove the folds
14.	उकेला	Stands of a rope
15.	उखड़ना	Raised, dug up
16.	उखरना	Broken
17.	उखली	Marter of wood or stone for pounding grain
18.	उखाड़	Rooting up
19.	उगना	Grow, springup
20.	उगलना	Vomit, spit out
21.	उगाना	Cause to germinate
22.	उघाड़ना	Open, Expose, disclose
23.	उचकना	Stand on tip toe, leap
24.	उचक्का	Swindler, thief
25.	उचटना	Sleep to be broken or interrupted
26.	उचाट	Dejection, sorrow

27.	उचाटना	Cause to be indifferent
28.	उचाना	Raise, elevate
29.	उचार	Pronuncipation
30.	उचेलना	Peel off
31.	उच्च	Lofty, high, loud
32.	उछग	Lap, bosom
33.	उछरना	Springup
34.	उछलना	Jump, Springup
35.	उछाल	Jump, Springup
36.	उजड़ना	Destroyed
37.	उजला	White, shining, clear
38.	उजागर	Bright, shining, Famous
39.	उजाली	Moon-Light
40.	उज्वल	Bright, clear
41.	उझकना	Jump Startled
42.	उठना	Rise
43.	उठवाना	Couse to be lifted or removed by another
44.	उड़ना	Fly, disappear
45.	उड़ाना	Fly
46.	उत्तर	Answer
47.	उतरना	Descend, alight
48.	उतार	Fall, slope
49.	उतारना	Degrode, lower, copy
50.	उताक	Determined
51.	उत्तम	Best, Principal
52.	उत्तर	Answer
53.	उत्तरदायी	Accountable, responsible
54.	उत्पति	Birth, origin, yeild

"ऊ"

S.No.	Hindi Words	English meaning words
1.	ऊँचा	High, lofty, great
2.	ऊँची	High, lofty
3.	ऊँचे	Upwards
4.	ऊँछना	Comb the hair
5.	ऊँट	Camel
6.	ऊँदर	Rat
7.	ऊँहूँ	No, never
8	ऊअना	Riso
9.	ऊक	Shooting star
10.	ऊख	Sugarcane
11.	ऊखम	Heat
12.	ऊखल	Marter of stone as wood for pounding grain
13.	ऊज	Disturbance agitation
14.	ऊजड़	Desolate, barren
15.	ऊजरा	White
16.	ऊटना	Argue, discuss
17.	ऊढ़ना	Think, guess
18.	ऊड़ा	Decrease loss
19.	ऊड़ी	Dip into water
20.	ऊढ़	Married
21.	ऊढ़ा	Married woman, wife
22.	ऊत	Having no son, stupid
23.	ऊतर	Answer
24.	ऊतला	Agile, quick
25.	ऊद	A loes, outer, bear
26.	ऊन	Trifling, worthless wool
27.	ऊनता	Decrease, deficiency
28.	ऊनी	Woolen

29.	ऊपर	Upon, on above to
30.	ऊब	Agitation, perplexity
31.	ऊबड़ खाबड़	Uneven, ruffled
32.	ऊबना	Feel irksomeness
33.	ऊमस	Excessive heat
34.	ऊर्ज	Powerful, strong
35.	ऊर्ध्व	Above, high
36.	ऊषण	Black pepper
37.	ऊषा	Early, morning
38.	ऊष्म	Warmt, summer season
39.	ऊसर	Sandy fallow land

"ए"

S.No.	*Hindi Words*	*English meaning words*
1.	ए	Word used in calling
2.	एकांत	Alone
3.	एक	Alone, single, one
4.	एक काल	One time
5.	एकचित	Unanimouse agreeing
6.	एक क्षत्र	Government by one king alone
7.	एकटकी	Fixed gaze
8.	एकट्ठा	Collected, together
9.	एकता	Harmony union
10.	एकतान	Closely attentive
11.	एकतारा	Musical instrument having one wire only
12.	एकतालीस	Forty one
13.	एक्तीस	Thirty one
14.	एकड़ा	Collectedly
15.	एकदन्त	Name of God Ganesh
16.	एक नयन	Blind of one eye

17.	एकनाम	Alias
18.	एकपक्ष	Associate, partisan
19.	एकपिण्ड	Consoligated
20.	एकबार	Once, one time
21.	एकमत	Agreeing
22.	एकमुखी	Having mouth
23.	एकरंग	Similar
24.	एकरस	Similar like
25.	एकला	Alone
26.	एकलम	Agreement
27.	एक लौता	Only child of his parents
28.	एकवचन	Singular number
29.	एकयाक्मता	Agreement talk
30.	एकसठ	Sixty one
31.	एकहरा	Single
32.	एकही	Same
33.	एकांग	Of one limb
34.	एकांत	Alone, solitary
35.	एका	Union
36.	एकाकी	Alone, solitary
37.	एकाक्ष	Blind of one eye
38.	एकाक्षर	Mono syllable
39.	एकाग्र	Undistutbed
40.	एकांक	Unit
41.	एकात्मक	Unitary
42.	एकात्मकता	Unity
43.	एकादश	Eleventh eleven
44.	एकाष	Few, some
45.	एकाधिकार	Monopoly, exclusive right
46.	एकाधिपति	Emperor

47.	एकार्थक	Similar, meaning
48.	एकान्तवासी	Recluse
49.	एकावली	Garland of one string
50.	एकाह	Finishing in one day
51.	एकीभूत	Mixed together
52.	एकोझा	Alone, single
53.	एक्का	Alone
54.	एक्यानवे	Ninty one
55.	एक्यावन	Fifty one
56.	एक्यासी	Eighty one
57.	एड़ – एड़ी	Spur
58.	एतत	This
59.	एतवार	Sunday
60.	एकाद्रश	This, sort, such

"ऐ"

S.No.	***Hindi Words***	***English meaning words***
1.	ऐंच	Drawing twitching
2.	ऐंछना	Cleanse
3.	ऐंठ	Twist, pride
4.	ऐंठन	Twist, distortion
5.	ऐंड़	Twist, pride
6.	ऐंड़ा	Twisted, distorted
7.	ऐक्य	Oneness, unity
8.	ऐगुन	Fault
9.	एच्छिक	Intentional
10.	ऐत	So much
11.	ऐतवार	Sunday
12.	ऐतिहासिक	Historical, traditional
13.	ऐन	Eye

14.	ऐनक	Spectacles
15.	ऐना	Mirror
16.	ऐने	Hither
17.	ऐया	Grand mother
18.	ऐरावत	Indras chief elephant
19.	एश्वर्य	Wealth, fortune, glory
20.	ऐसा	So, such, like
21.	ऐसे	Thus
22.	ऐहिक	Worldly

"ओ"

S.No.	***Hindi Words***	***English meaning words***
1.	ओंठ	Lip
2.	ओंड़ा	Deep
3.	औ	Used in calling
4.	ओक	Residence house
5.	ओखद	Medicine
6.	ओखा	Dry, crooked
7.	ओग	Tax, subscription
8.	ओंछ	Collection multitude
9.	ओंछा	Superficial silly
10.	ओज	Strength, vigour
11.	ओझा	Wizard
12.	ओट	Shelter, screen
13.	ओढ़नी	Montle
14.	ओढर	Pretext
15.	ओम	Same as
16.	ओर	Side
17.	ओला	Hail, ball of sugar candy
18.	औषधि	Medical herb

19.	ओस	Dew
20.	ओह	Pain
21.	ओहो	Expressing regret
22.	औंजना	Agitated
23.	औंघना	Upset
24.	औ	Also
25.	औघट	Steep
26.	औचक	Suddenly, abraptly
27.	औढर	Self willed
28.	औतार	Inearnation of a deity
29.	औदसा	Mishap
30.	औदार्य	Liberality
31.	और	And, also, besides
32.	औरत	Woman – female
33.	औरस	Legitimate child
34.	और्णनाम	Spider
35.	औसत	Average, medium

"क"

S.No.	*Hindi Words*	*English meaning words*
1.	कंक	Kind of mango
2.	कंकड़	Small piece of stone
3.	कंकण	Bangle
4.	कंकाल	Skeleton
5.	कंगन	Bracelet
6.	कंगही	Comb
7.	कंगूरा	Parapet wall
8.	कंघा	Big Comb
9.	कंघी	Comb
10.	कंचन	Gold, wealth

11.	कंटक	Thorn
12.	कंठ	Throat
13.	कठारा	Learnt by heart
14.	कंडी	Dried cowdung
15.	कंत	Master
16.	कंधा	Sholder
17.	कंबल	Rug
18.	कई	Several, many
19.	कक्का	Paternal uncle
20.	कक्षा	Ward, farm, class
21.	कच्चा	Unripe – raw
22.	कछुआ	Tortoise
23.	कटवाना	Cause to be cut
24.	कटार	Dagger
25.	कटीला	Sharp, tharny
26.	कटौती	Discount deducted from the amount paid
27.	कठिन	Hard, arduous
28.	कठोर	Hard, harsh, rigid
29.	कड़क	Crack
30.	कड़ा	Bangle
31.	कपटी	Artful, cunning
32.	कपड़ा	Cloth, clothing
33.	कपूत	Undutiful son
34.	कपूर	Camphor
35.	कबूतर	Pigeon
36.	कमर	Loins, haunch
37.	कमरा	Room chamber
38.	कमाना	Earn, wark
39.	कर्जा	Loan, debt
40.	कर्त्तवात्य	Active voice

41.	कर्मचारी	Official
42.	कलाई	Wrist
43.	कलेजा	Heart
44.	कहाँ	Where
45.	कहानी	Fable, story
46.	काण्ड	Chapter
47.	कान	Ear
48.	काना	Blind of one eye
49.	काम	Wish, task, work
50.	कुँवारा	Unmarried
51.	कुतिया	Bitch
52.	कुचलना	Tread, tramble
53.	कुटिया	Cottage, hut
54.	कुआरी	Maiden, lass
55.	कुम्हार	Potter
56.	कुरता	Doubler, tunie
57.	कुवारा	Bachelor
58.	कुथल	Clever, skillful
59.	कुशल	Welfare

"ख"

S.No.	***Hindi Words***	***English meaning words***
1.	खंजर	Dagger
2.	खच्चर	Mule
3.	खजूर	Palmyra palm
4.	खटका	Fear
5.	खटखट	Clatter, noise
6.	खट्टा	Sour, tart
7.	खड़ग	Sword
8.	खड़तल	Rude

9.	खड़बढ़	Tumult, disorder
10.	खड़ा	Standing
11.	खत	Wound
12.	खनिज	Mineral
13.	खरिहान	Barn, Grange
14.	खपाना	Waste, spend
15.	खप्पर	Potsherd
16.	खरगोश	Hare, rabbit
17.	खरब	Thousand millions
18.	खरी	Oilcake
19.	खजूर	Date tree
20.	खलबल	Tumult, alarm
21.	खलियान	Granary
22.	खाँचा	Basked, crate
23.	खिलाना	Flower, blossom
24.	खिलाड़ी	Playful, funny
25.	खिलौना	Plaything
26.	खींचना	Pull, dray
27.	खुर	Cloven hoof
28.	खुरपा	Weeding instrument
29.	खुलना	Opened
30.	खुला	Open – exposed
31.	खूँट	Border
32.	खूँटा	Tent – pin, stake
33.	खूँटी	Peg wicket
34.	खूंदना	Trample
35.	खेत	Field, ground land
36.	खेती	Farming, agriculture
37.	खेद	Sorrow, grief

38.	खेना	Row, passtime
39.	खेल	Fun, game, sport
40.	खेवट	Boatman
41.	खेवा	Wharfage, toll
42.	खेंचना	Pull
43.	खैर	Catechu
44.	खोखला	Empty, hollow
45.	खोज	Search, enquiry
46.	खोटा	Flaw, defect
47.	खोटापन	Cause to be dug up
48.	खोदना	Scratch engrave
49.	खोना	Lose, destroy
50.	खोपड़ा	Cranium scalp
51.	खोपड़ी	Skull
52.	खोम	Assemply
53.	खोय	Habit, nature
54.	खोया	Condensed mild
55.	खोर	Narrow lane
56.	खोलना	Open unfold
57.	खोली	Sheath, covering
58.	खौलना	Boil bubble

"ग"

S.No.	*Hindi Words*	*English meaning words*
1.	गंदगी	Filth
2.	गंभीर	Earnest, crave
3.	गेंद	Method, device
4.	गँवार	Vulgar, foolisp
5.	गउ	Cow

6.	गगन	Sky, firmament
7.	गड़बड़	Rough, confused
8.	गड़बडी	Confusion
9.	गड़रिया	Shepherd
10.	गड़्ही	Puddle, plash
11.	गड़ा	Heap, mass
12.	गड्ढा	Pit, hollow
13.	गढ़ी	Small fart
14.	गड़ैया	Moulder
15.	गण	Gang, group
16.	गणना	Number
17.	गणित	Calculation
18.	गति	Motion, movement
19.	गद्दा	Cushion, matress
20.	गन्ना	Sugarcane
21.	गप्प	Fraud
22.	गया	Went
23.	गरजना	Roar, thunder
24.	गला	Throat, gullt
25.	गाँठ	Knop, knot
26.	गाँव	Village
27.	गाजर	Carrot
28.	गाद	Sediment, dregs
29.	गाय	Cow
30.	गारा	Knoded mud
31.	गारी	Abusive, reckoning
32.	गाल	Check, moutbful
33.	गिही	Broken place of stone or brick
34.	गिनती	Calculation

35.	गिनना	Count compure
36.	गिरना	Fall drop
37.	गिलहरी	Squarrel
38.	गीत	Song, tune
39.	गीदड़	Jackal
40.	गुड़ा	Rogue, wicked
41.	गुड़	Quality, virtue
42.	गुलाब	Rose
43.	जल	Water
44.	गूँगा	Mute dumb
45.	ग्रहस्थी	Housbandry
46.	गेहूँ	Wheat
47.	गोंद	Gum
48.	गोद	Lap, embrace
49.	गोबर	Cow – dung
50.	गोभी	Cabbage
51.	गोरा	White
52.	गोली	Pill, gunshot
53.	गौ	Cow
54.	ग्यान	Knowledge
55.	ग्रह	Planet
56.	ग्राम	Small habitation
57.	ग्राहक	purchaser

"घ"

S.No.	***Hindi Words***	***English meaning words***
1.	घंटा	Bell, gone, hour
2.	घंटी	Small jug, tensil
3.	घटाना	Reduce, diminish
4.	घड़ा	Earthen, polpitcher

5.	घड़ी	Time
6.	घनघोर	Very thick, fearful
7.	घनत्व	Solidity
8.	घनिष्ठ	Thick, compact
9.	घबराना	Confused
10.	घबराहट	Confusion
11.	घमंड	Pride, conceit
12.	घर	House, dwelling
13.	घरबार	Family, household
14.	घराना	Family
15.	घरु	Homely
16.	घरेलू	Domestic
17.	घर्षण	Friction
18.	घसियारा	Cross cutter
19.	घसीटना	Dray
20.	घाँघुरा	Petti coat
21.	घाँटी	Laryns joint
22.	घाघ	Clever
23.	घाघरा	Kilt, robe
24.	घाट	Landing, place
25.	घाटा	Loss
26.	घाटी	Mountain puss
27.	घात	Blow, push
28.	घाती	Murderous
29.	घनी	Out – turn
30.	घाम	Shunshine
31.	घायल	Wounded, hurt
32.	घालक	Destroyer
33.	घालना	Mix, jumble, ruin
34.	घाव	Wound, sare

35.	घास	Grass
36.	घिन	Hate, disgust
37.	घिनाना	Feel, disgusted
38.	घिरना	Surrounded
39.	घिरनी	Pulley, wheel
40.	घिराव	Environment
41.	घिसकना	Slide
42.	घिसना	Rub
43.	घिसाव	Rubbing
44.	घुड़चढ़ा	Horse man
45.	घुड़ दौड़	Horse-race
46.	घुमाना	Revolve
47.	घुर घुराना	Grumble
48.	घुलना	Dissolved
49.	घुसेड़ना	Thrust
50.	घुसना	Enter, goin
51.	घुसेड़ना	Penetrate, pierce
52.	घूँघट	Veil
53.	घूँघट	Curl of hour
54.	घूँट	Drought
55.	घूँसा	Blow with the fist
56.	घूधू	Owl
57.	घूमना	Roll, wander
58.	घृणा	Disgust
59.	घोड़ा	Horse

"च"

S.No.	*Hindi Words*	*English meaning words*
1.	चंगा	Healthy
2.	चंगुल	Claw, talens

3.	चंचल	Agile, playful
4.	चंदन	Sandal
5.	चन्द्र	Moon
6.	चकवा	Ruddy goose
7.	चक्कर	Circle wheel
8.	चक्कू	Knife
9.	चक्र	Disk
10.	चक्रवृद्धि	Compund interest
11.	चक्राकार	Circuler
12.	चखना	Taste, relish
13.	चाची	Aunt
14.	चटकना	Split, crack
15.	चटकीला	Rich colour
16.	चटनी	Souce
17.	चटपट	Soonatance
18.	चटपटा	Pungent, soucy
19.	चटपटी	Hurry, haste
20.	चट्टान	Rock, cliff
21.	चट्टू	Greedy
22.	चढ़ना	Ascend, rise
23.	चढ़ाई	Ascent
24.	चढ़ाना	Cause to ascend or climb
25.	चढ़ाव	Ascent
26.	चण्डाल	Untouchable
27.	चतुर	Expert
28.	चतुर्थ	Fourth
29.	चतुर्मुख	Four – faced
30.	चतुष्पद	Four – footed
31.	चना	Gram

32.	चन्दन	Sandal tree
33.	चमरना	Mix together
34.	चपरासी	Servant
35.	चप्पल	Slipper, sandal
36.	चबूतरा	Platform
37.	चमगीदड़	Bat
38.	चमचा	Spoon
39.	चमटा	Tongs
40.	चमड़ा	Leather, hide
41.	चमार	Shoemaker
42.	चमेली	Jasmine plant
43.	चम्मच	Spoon
44.	चर्चा	Talk
45.	चरना	Graze
46.	चरवैया	Grazier
47.	चराना	Graze
48.	चाकर	Servant
49.	चाकू	Knife
50.	चाचा	Paternal Uncle
51.	चाय	Tea
52.	चारपाई	Bedsted – Bed
53.	चाल	Gait
54.	चावल	Rice
55.	चिट्ठी	Note, letter
56.	चिड़िया	Bird
57.	चित्र	Painting
58.	चित्रकार	Artist
59.	चिप्रित	Portrayed
60.	चेला	Pupil

"छ"

S.No.	Hindi Words	English meaning words
1.	छंद	Metre, stanza
2.	छक्का	Gourp of six
3.	छछूँदर	Mole, muskrat
4.	छटपटाना	Struggle
5.	छड़	Pole, spike
6.	छड़ी	Rod, cane, stick
7.	छत	Roof, floor
8.	छतरी	Umbrella
9.	छतिया	Breast, chest
10.	छत्तर	Umbrella
11.	छत्तीस	Thirty six
12.	छत्र	Umbrella
13.	छत्रक	Hive, mushroom
14.	छन	Moment
15.	छनना	Filter
16.	छनाई	percolation
17.	छनिक	Momentary
18.	छन्न	Hissing sound
19.	छन्ना	Cloth for sifting
20.	छपना	Stamped or printed
21.	छप्पन	Fifty six
22.	छप्पर	Thatched roof
23.	छबड़ा	Shallow basked
24.	छषि	Aspect
25.	छबीला	Handsome
26.	छब्बीस	Twenty six
27.	छमा	Forgiveness
28.	छय	Destraction

29.	छर्रा	Small shot
30.	छरिन्दा	Free – single
31.	छल	Deception trick
32.	छलना	Cheat
33.	छलनी	Sieve
34.	छबैया	Thatcher
35.	छाँटना	Abridge
36.	छाती	Breast, chest
37.	छात्र	Student, pupil
38.	छानना	Filter, sift
39.	छानवे	Ninety - six
40.	छाप	Stamp
41.	छापा	Stamp, seal, print
42.	छाबनी	Thatch
43.	छिनाल	Adulterous, harlot
44.	छिपकली	Lizard
45.	छिपना	Concealed, hidden
46.	छियालीस	Forty – six
47.	छियासी	Eighty – six
48.	छिलका	Rind, bark, husk
49.	छिलना	Rubbed away
50.	छिलना	Scatterd
51.	छींटना	Scatter
52.	छींटा	Splash
53.	छीनना	Seize
54.	छुटकारा	Release
55.	छुटटा	Not bound
56.	छुरा	Razor
57.	छुरी	Knife

58.	छूना	Touch
59.	छेड़ना	Irritate, tease
60.	छेद	Hole, pit, opening

"ज"

S.No.	***Hindi words***	***English meaning***
1.	जंगल	Forest wilderness
2.	जंगली	Savage, wild
3.	जंजाल	Perplexity
4.	जंजीर	Chain, fetter
5.	जन्तु	Animal
6.	जग	World
7.	जगत	World
8.	जगना	Awake
9.	जगाना	Awoken
10.	जटिल	Very difficult
11.	जड़	Irrational
12.	जड़त्व	Torpor
13.	जड़ना	Fit, join strike
14.	जतन	Remedy
15.	जनक	Father
16.	जनता	Folk, populace
17.	जनम	Birth
18.	जन्मदिन	Brithday
19.	जनमना	Barn
20.	जनसंख्या	Population
21.	जानवर	Animal
22.	जन्तु	Animal, creature
23.	जन्मभूमि	Mother land
24.	जन्मस्थान	Birth place

25.	जब	When whatever
26.	जमादार	Headman
27.	जमाना	Freeze
28.	जयन्ती	Banner
29.	जय	Conquest, victory
30.	जर्जर	Old, outwarn
31.	जल	Water, Aqua
32.	जलना	Bore
33.	जलप्रवाह	Tarrent
34.	जलयान	Ship
35.	जलवायु	Climate
36.	जवान	Young, youthful
37.	जहाज	Ship
38.	जात	Born
39.	जाति	Race, sex
40.	जादू	Charm
41.	जान	Life
42.	जानना	Know
43.	जाना	Go, depart
44.	जानू	Lover
45.	जाल	Mesh
46.	जियरा	Life
47.	जीभ	Tongue
48.	जुआँ	Louse
49.	जुआरी	Gambler
50.	जुलाहा	Weaver
51.	जूठन	Offal, refuse
52.	जूता	Shoe boot
53.	जोड़	Joint, sum
54.	जोड़ी	Fair, couple

55.	जोतना	Plough
56.	ज्ञान	Knowledge
57.	ज्वर	Fever
58.	ज्वाला	Flame, blaze

"झ"

S.No.	Hindi words	English meaning
1.	झंकार	Humming
2.	झंडा	Flage
3.	ज्ञगड़ा	Storm
4.	झटपट	Quickly, hastily
5.	झपका, झोंका	Gust
6.	झरना	Flow
7.	झाग	Seem, foam
8.	झाड़	Bush
9.	झाड़न	Sweepings
10.	झाड़ना	Sweep – comb
11.	झाड़ू	Mop
12.	झारु	Broom
13.	झालना	Solder
14.	झाल	Fruit fringe
15.	झिड़कना	Scold
16.	झींगुर	Lake
17.	झुझलाना	Tretful
18.	झुण्ड	Flock, cluster
19.	झुकना	Droop, stoop
20.	झुकान	Bent
21.	झुकाव	Bent, reclination
22.	झुझकाना	Deceive by telling, lies
23.	झुठलाना	Falsify

24.	झुणई	Falshood, lying
25.	झुणना	Falsify, belie
26.	झुन –झुना	Childs rattle
27.	झुप्पा	Bunch
28.	झुमाना	Cause to oscillate
29.	झुरकट	Dry branches of a tree
30.	झुरना	Wither, fade
31.	झुरमुट	Assembly
32.	झुरसना	Scorened
33.	झुराना	Lean and thin
34.	झुर्री	Wrinkle, Turrow
35.	झुबना	Swinging
36.	झुलवा	Swing
37.	झुलवाना	Cause to swing
38.	झुलसन	Singe
39.	झुलाना	Swing, rock, dandle
40.	झूठ	Lie, falsehood
41.	झूठमूठ	Uselessly
42.	झूठा	False, untrue
43.	झूम	Nap
44.	झूमना	Swing, move to and fro
45.	झूमर	Kind of song
46.	झूर	Withered
47.	झूला	Swing
48.	झेत	Light, push
49.	झेल	Bear, endure
50.	झोंक	Push, rush
51.	झोंका	Blast, gust
52.	झोंझ	Birds nest
53.	झोंझरा	Cracked
54.	झोंझला	Anger, wrath

55.	झोंपा	Bunch
56.	झोब	Soup
57.	झोला	Kit
58.	झौर	Dispute – uproar
59.	झौरे	Close by near

"ट"

S.No.	*Hindi words*	*English meaning*
1.	टंगड़ी	Foot, leg
2.	टँगना	Hung, suspended
3.	टकटकी	Gaze, Stare
4.	टकसाल	Mint
5.	टक्कर	Push, knock
6.	टटुआ	Pony
7.	टट्टू	Pony
8.	टपक	Leak
9.	टमटम	Gig, tandem
10.	टरकना	Disappear
11.	टाँड	Cup board, shelf
12.	टाट	Canvar, clan
13.	टापू	Island, isle
14.	टारना	Evade
15.	टाल	Heap
16.	टिकट	Postage stamp
17.	टिपऱ्ड़ा	Dish,
18.	टिकना	Stop, stay
19.	टिकाऊ	Lasting
20.	टिकान	Stay
21.	टिकिया	Tablet
22.	टिक्कड़	Thick, cake of bread

23.	टिटिहरी	Peewit
24.	टिट्डा	Grasshopper
25.	टिपका	Water drop
26.	टिहुकना	Shudder, tremble
27.	टीका	Annotation
28.	टीन	Tin
29.	टीप	Pressure
30.	टीपना	Press, jotdown
31.	टीला	Mound hill
32.	टुकड़ा	Piece, fragment
33.	टूक	Lass deficiency
34.	टूटना	Break, burst
35.	टूटा	Broken
36.	टूसा	Fragment
37.	टेंटी	Quarrel some
38.	टेक	Drop, support
39.	टेकना	Support, rest
40.	टेंटुआ	Throttle
41.	टेढ़ा	Irragular
42.	टेम	Flame of light
43.	टेर	Call
44.	टेवा	Horoscope
45.	टोंका	Corner – frill
46.	टोक	Hindrance
47.	टोकना	Interrogate, question
48.	टोकरी	Small basket
49.	टोटका	Spell charm
50.	टोटा	Loss, deficiency
51.	टोना	Magic
52.	टोप	Hat, helmet

53.	टोपी	Cap
54.	टोभ	Stitch
55.	टोल	Society
56.	टोवना	Grape
57.	टोह	Search, secret
58.	टोटी	Spout, cock tap
59.	टोहना	Seek

"ठ"

S.No.	Hindi words	English meaning
1.	ठंड	Coldness
2.	ठंडा	Cold
3.	ठंढा	Cold
4.	ठकुराइन	Wife of a thakur
5.	ठग	Cheat robber
6.	ठगनी	Wife of a thief
7.	ठटरी	Skeleton
8.	ठट्ठ	Crowd, gathering
9.	ठटठी	Skeleton
10.	ठट्ठा	Fun, jest, joke
11.	ठठरा	Fence
12.	ठनठनाना	Tinkle
13.	ठप्पा	Dice
14.	ठर्रा	Inferior – country wine
15.	ठसक	Pride, coquetry
16.	ठस्सा	Vanity, coquetry
17.	ठहर	Place of rest
18.	ठहराना	Quarter
19.	ठहरो	Wait
20.	ठाँवें	Place

21.	ठाँस	Coughing
22.	ठाँसना	Cram stun
23.	ठाकुर	God, leader
24.	ठाट	Stare, pomp
25.	ठान	Resolve
26.	ठाम	Place
27.	ठार	Snow, frost
28.	ठावें	Place
29.	ठाहर	Abode
30.	ठिगना	Short
31.	ठिगना	Short
32.	ठिकाना	Place
33.	ठिठक	Fear
34.	ठिठोली	Buffoonery
35.	ठिनकना	Sob
36.	ठिया	Seat boundary line
37.	ठिर	Frost
38.	ठिलुआ	Mean
39.	ठिल्ला	Big earthen pot
40.	ठीक	Exact
41.	ठुंठ	Stump of a tree
42.	ठुकना	Beaten
43.	ठुड्डी	Chin
44.	ठुनक	Sob
45.	ठुमका	Short sized
46.	ठुमरी	Short song
47.	ठुसकना	Weep
48.	ठुंठ	Stump of a tree
49.	ठूँठा	Leafiess
50.	ठेंगा	Thumb

51.	ठेंठी	Stopper
52.	ठेंपी	Plug
53.	ठेक	Prop
54.	ठेठ	Plain
55.	ठेला	Push
56.	ठेस	Push
57.	ठेसरा	Haughty
58.	ठोकर	Stroke, kick
59.	ठोड़ी	Chin
60.	ठौर	Place locality.

"ड"

S.No.	Hindi words	English meaning
1.	डंका	Kettle, drum
2.	डंगर	Beast, cattle
3.	डंठल	Spring of a plant
4.	डंठी, डंठल	Same as
5.	डंड	Stick, penalty
6.	डंडा	Bar, rod
7.	डंबर	Ostentation
8.	डकार	Belch, eructation
9.	डकैत	Dacoit, robber
10.	डग	Pace, gait
11.	डगना	Stagger
12.	डगर	Path, Road
13.	डटना	Stay
14.	डर	Fear
15.	डरपौक	Timid, Cowardly
16.	डला	Piece
17.	डबा	Wooden spoon

18.	डसना	Bite, sting
19.	डाँट	Molestation
20.	डाँट	Twig
21.	डाँढ	Poke
22.	डाँड़ा	Boundary
23.	डाक	Stage – coach
24.	डाका	Robbery
25.	डाकू	Robbery, dacoit
26.	डाट	Prop
27.	डाबर	Marsh, puddle
28.	डायन	Hag, Witch
29.	डार	Branch
30.	डाला	Big basker
31.	डाली	Small branch
32.	डाबरा	Son, child
33.	डाबनी	Daughter
34.	डाटना	Tease
35.	डिंगल	Mean
36.	डिंम	Child
37.	डिगना	Shrink
38.	डिग्गी	Tank of water
39.	डींग	Pride
40.	डीठ	Look sight
41.	डीह	Habitation
42.	डुपट्टा	Scarf
43.	डुबकी	Plunge
44.	डुबाना	Dip
45.	डुलाना	Move
46.	डूँगर	Mound
47.	डूबना	Sink

48.	डेढ	Once and a half
49.	डेरा	Abode
50.	डैना	Wing
51.	डोंगा	Large
52.	डोकरा	Father
53.	डोबा	Plunge – rip
54.	डोर	Thick cord or thread
55.	डोरा	Thread, cord
56.	डोल	Bucket
57.	डौल	Form, shape
58.	डयोढा।	One and a halt
59.	डयोड़ी	Porch

"ढ"

S.No.	*Hindi words*	*English meaning*
1.	ढंग	Method, mode
2.	ढंगी	Cunning, crafty
3.	ढंढार	Very old
4.	ढंढोरा	Drum used by a public crier
5.	ढंपना	Covered
6.	ढकना	Cover, lid
7.	ढकेलना	Push, dash
8.	ढकोसला	Affectedness
9.	ढक्कन	Cover
10.	ढक्का	Big drum
11.	ढचर	Arfectedness
12.	ढढ्ढा	Frame – work
13.	ढप	Drum
14.	ढयना	Ruin
15.	ढराना	Roll

16.	ढर्रा	Plan, method
17.	ढलकना	Roll
18.	ढलना	Decline, poured out
19.	ढलाई	Caqsting moulding
20.	ढहना	Destroyed
21.	ढाँकना	Cover
22.	ढाँचा	Outline – frame
23.	ढाँस	Dry cough
24.	ढाई	Two and half
25.	ढाड़	Bellowing
26.	ढाना	Destroy
27.	डाबर	Filthy, muddy
28.	ढार	Slope
29.	ढारना	Demolish
30.	ढाल	Shield
31.	ढाहना	Demolish, destroy
32.	ढिढोरना	Churn
33.	ढिंढोरा	Proclamatic
34.	ढिंग	Near
35.	ढिलठिल	Loose not firm
36.	ढिलाई	Looseness, laziness
37.	ढिलाना	Loosen
38.	ढिल्लड़	Slow, lazy
39.	ढीठ	Impudent, daring, naughty
40.	ढीलापन	Looseness
41.	ढुकना	Penetrate
42.	ढुरना	Totter
43.	ढुराना	Toos waive
44.	ढुलना	Cause to roll
45.	ढुलाई	Charge for carrying
46.	ढुलाना	Incline

47.	ढूँढ़ना	Investigate
48.	ढेंपी	Plug
49.	ढेर	Heap
50.	ढोंकना	Drink
51.	ढोंग	Trick
52.	ढोंगी	Deceitful
53.	ढोंढ	Capsule of certain plants
54.	ढोटा	Son, child, boy
55.	ढोना	Carry
56.	ढोल	Drum
57.	ढोला	Warm found in rotten article
58.	ढोली	Bundle of two hundred betel
59.	ढोंसना	Acclam in merriment

"त"

S.No.	***Hindi words***	***English meaning***
1.	तंतु	Thread
2.	तंत्र	Thread, charm
3.	तंबाकू	Tobacco
4.	तंबू	Tent
5.	तई	Towards
6.	तक	Till, upto, while, as long as
7.	तकलीफ	Pain, trouble
8.	तकिया	Pillow
9.	तगड़ा	Strong, sturdy
10.	तचना	Heated
11.	तट	Bank, share, coast
12.	तड़प	Palpitation, fury
13.	तड़पना	Writhe
14.	ततैया	Wasp

15.	तत्काल	Instantly
16.	तत्व	Element, essence
17.	तथा	Thus
18.	तथ्य	Reality, truth
19.	तन	Body, direction
20.	तने	Son
21.	तन्तु	Thread
22.	तंत्र	System
23.	तप	Devotion
24.	तपन	Heat, Summer
25.	तपस्या	Penance
26.	तपस्वी	Asutic
27.	तमाशा	Sport
28.	तैयार	Ready
29.	तरकारी	Vegetable
30.	तरबूज	Water melon
31.	तलवा	Sole
32.	तलवार	Sword
33.	तरी	Moisture, valley
34.	तांबा	Copper
35.	तापना	Heat
36.	तार	Thread
37.	तारघर	Telegraph office
38.	ताला	Lock
39.	तालाब	Pond
40.	तिखूटा	Triangular
41.	तितली	Butterfly
42.	तिथि	Lunar day
43.	तीर्थ	Holy spot
44.	तीव्र	Sharp
45.	तुम	You

46.	तुम्हारा	Yours
47.	तुरंत	Rapidly
48.	तुला	Balance
49.	तूतिया	Blue vitriol
50.	तूफान	Storm
51.	तेज	Glory – Heat, fire
52.	तेजाब	Acid
53.	तेल	Oil
54.	तेली	Oil man
55.	तैरना	Swim, Float
56.	तैयार	Ready
57.	तौलना	Sultry
58.	त्यौरी	Frown
59.	त्रिक	Triad
60.	त्रिकोण	Triangular

"थ"

S.No.	*Hindi words*	*English meaning*
1.	थंब	Pillar
2.	थंमित	Stagnant
3.	थकना	Fatigued
4.	थकाना	Tire
5.	थक्का	Clat
6.	थड़ा	Shopkeeper's sea
7.	थत्ती	Heap
8.	थन	Udder
9.	थनैत	The head man of a village
10.	थपकन	Pat, tap
11.	थपकी, थपका	Pat
12.	थपना	Congeal

13.	थफुआ	Tile made of clay
14.	थपना	Stay, stop
15.	थर	Layer
16.	थरकना	Tremble with fear
17.	थरथर	Shuddering
18.	थरना	Rivet with a hammer
19.	थर्राना	Shudder
20.	थल	Place dryland
21.	थलकना	Tremble
22.	थलचर	Animals that live on land
23.	थलिया	Plate
24.	थली	Place, bed of water
25.	थबई	Mason
26.	थाँग	Den of thieves
27.	थाँभ	Prop – post pillar
28.	था	Was, wast
29.	थाई	Permanent
30.	थाक	Boundary of a village
31.	थान	Place, abode
32.	थाना	Police, station guard house
33.	थानी	Owner of a place
34.	थाप	Pat
35.	थापन	Work of keeping on a fixed place
36.	थापा	Mark of a power hand
37.	थाम	Pillar, drop
38.	थायी	Stagnant, permant
39.	थाह	Bottom limit
40.	थाहना	Sound, fathom
41.	थिगली	Fixed placed
42.	थिति	Staying – condition

43.	थिरा	Fixed, settled
44.	थिरा	Earth
45.	थुकाना	Cause to spit
46.	थुड़ी	Censure
47.	थुन्नी	Prop
48.	थुथना	Snout
49.	थूक	Spittle
50.	थूल	Clumsy
51.	थूला	Corpulent
52.	थहर	Cactus
53.	थूहा	Mound
54.	थैला	Bag
55.	थोक	Prop, heap
56.	थोड़ा	Little – some
57.	थोपना	Heap – prop
58.	थोबड़ा	Shout of a beast
59.	थोरिक	Bit

"द"

S.No.	*Hindi words*	*English meaning*
1.	दंगा	Mutiny
2.	दंड	Staff, stick
3.	दक्खिन	South
4.	दम	Punishment
5.	दया	Favour
6.	दर	Price-rate
7.	दर्जन	Dozen
8.	दरजी	Tailor
9.	दरपन	Mirror
10.	दरार	Leak, gap

11.	दरिद्र	Poor, Needy
12.	दल	Group, Assembly
13.	दलदल	Swamp, bog
14.	दलाल	Tout broker
15.	दबा	Medicine
16.	दशा	Condition, state
17.	दहेज	Dowry
18.	दांत	Tooth
19.	दार	Wife
20.	दास	Slave, bondman
21.	दिखलाना	Show
22.	दिन	Day, Time
23.	दिल	Heart
24.	दिवस	Day
25.	दीवाल	Wall
26.	दिशा	Region, quarter
27.	दीन	Poor
28.	दुःख	Pain
29.	दुख	Pain, Trouble
30.	दुखी	Sad, sick
31.	दुधार	Giving milk
32.	दुरुस्त	Just, proper
33.	दुर्बल	Slender
34.	दुर्बीन	Telescope
35.	दुलहिन	Bride
36.	द्वार	Door
37.	दुबिधा	Doubt
38.	दुष्ट	Mean, wicked
39.	दुहना	Milk
40.	दूत	Messenger

41.	दूध	Milk
42.	दूर	Away
43.	दूरी	Distance
44.	दूषित	Defied
45.	दृग	Eyc
46.	द्रत	'honoured
47.	दृश्य	Visible
48.	दृष्टि	Sight, vision
49.	देना	Give, grant
50.	देर	Delay
51.	देरी	Dclay, suspension
52.	देवता	Deity, God
53.	देश	Place, land
54.	देशवासी	Native
55.	देश	Country
56.	देहांत	Death
57.	दौनों	Both
58.	दोष	Harm
59.	द्वार	Gate, door

"ध"

S.No.	***Hindi words***	***English meaning***
1.	धंधा	Business
2.	धकेलना	Push
3.	धक्का	Dash
4.	धज्जी	Shred
5. 6.	धड़ंग धड़ाका	Naked Thumb
7.	धड़ाधड़	Continuously
8.	घतूरा	Thornapple

9.	धधक	Flame
10.	धन	Riches, money
11.	धनाधिकारी	Treasurer
12.	धनिष्ठ	Wealthy
13.	धनी	Rich, well
14.	धनुर्धर	Bowman
15.	धनुर्विद्या	Archery
16.	धनुष	Bow
17.	धन्य	Jucky
18.	धब्बा	Blemish
19.	धमकी	Threat
20.	धर	Holding
21.	धरणी	Earth
22.	धरन	Rafter
23.	धरम	Religious, piety
24.	धरा	Earth, soil
25.	धरातल	Earth
26.	धरैया	Catcher
27.	धर्ता	Holder
28.	धर्म	Virtue
29.	धर्मनिष्ठ	Dutiful
30.	धर्मशास्त्र	Holy, writ
31.	धर्मात्मा	Pious
32.	धर्मी	Virtuous
33.	धधकना	Jealous
34.	धाक	Renown
35.	धागा	Thread, cord
36.	धात	Metal
37.	धातु	Mineral
38.	धान	Paddy

39.	धान्य	Corn, paddy
40.	धाम	House
41.	धार	Edge
42.	धारा	Stream
43.	धार्मिक	Religious, holy
44.	धाबा	Assault
45.	धिक्कार	Contempt
46.	धीमर	Fisherman
47.	धुँआ	Smoke
48.	धूमधाम	Pomp
49.	धूर	Dust
50.	धोना	Wash
51.	धोबिन	Washerwoman
52.	धोबी	Washerman
53.	धौंस	Threat
54.	धौत	Washed
55.	धौरा	White
56.	धौरे	Slowly
57.	धौल	Slap
58.	ध्यात	Thought
59.	ध्यान	Meditation, thought
60.	ध्वनि	Sound

"न"

S.No.	*Hindi words*	*English meaning*
1.	नंगा	Nude, bare
2.	नउआ	Barber
3.	नकटी	Noseless
4.	नकसा	Pattern, plan
5.	नक्षत्र	Planet

6.	नष्टना	Destroy
7.	नग	Muntain
8.	नगद	Cash
9.	नगर	City, town
10.	नचवैया	Dancer
11.	नतीजा	Result
12.	नमक	Salt, beauty
13.	नमकीन	Saltish, salty
14.	नमस्कार	Adoration, salutation
15.	नयन	Eye
16.	नया	New, modern
17.	नर	Male
18.	नरक	Hell
19.	नरम	Soft
20.	नल	Long pipe
21.	नवयुवक	Youngman
22.	नष्ट	Lost
23.	नस	Vein, sinew
24.	नहर	Canal
25.	नहाना	Bathe
26.	नाक	Nose
27.	नाग	Snake
28.	नागरिक	Artisan
29.	नाचना	Dance
30.	नाट्य शास्त्र	Dramaturgy
31.	नाता	Relationship
32.	नाम	Name
33.	नामी	Famous
34.	नाला	Drain
35.	नाश	Waste

36.	नाश्ता	Breakfast
37.	निकट	Near
38.	निडर	Fearless
39.	निबंध	Essay
40.	निर्बल	Weak
41.	नियत	Regular
42.	निथारा	Separate
43.	निर्णय	Certainly
44.	निर्दयी	Barbarous
45.	निर्धन	Poor
46.	निर्मल	Clean, pure, spotless
47.	निर्माण	Creation
48.	निर्माता	Builder
49.	निबह	Group
50.	निवासी	Resident
51.	निशिदिन	Nigh and day
52.	नींबू	Lemon
53.	नीम	Margos tree
54.	नीला	Blue
55.	नेता	Leader
56.	नैया	Boat
57.	नीम	Salt
58.	नौकर	Servant
59.	नौकरी	Service

"प"

S.No.	***Hindi words***	***English meaning***
1.	पंख	Wing, fin
2.	पंखा	Fan
3.	पंडित	Learned

4.	पक्षी	Bird
5.	पग	Foot
6.	पहरी	Stave
7.	पट्ठा	Wrestler
8.	पड़ोस	Vicinity
9.	पंतग	Bird, Kite
10.	पत्थर	Stone
11.	पत्नी	Wife
12.	पत्र	Letter, Newspaper
13.	पदार्थ	Material
14.	परन्तु	But, however
15.	परत	Fold, layer
16.	परमाणु	Atom
17.	परीक्षा	Examination
18.	परे	Other side
19.	पर्दा	Screen
20.	पर्वत	Mountain
21.	पर्याप्त	Adequate
22.	पवित्र	Pure, holy
23.	पशु	Brute, cattle
24.	पश्चात	Again
25.	पश्चिम	West
26.	पसीना	Sweat
27.	पहनना	Put on, wear
28.	पहाड़	Mountain
29.	पहिचान	Recognition
30.	पहिया	Wheel
31.	पागल	Mad, Crazy
32.	पाठशाला	School

33.	पानी	Water, temper
34.	पालना	Tame
35.	पाँव	Leg, Foot
36.	पावन	Holy
37.	पिंजड़ा	Cage
38.	पिआर	Love
39.	पिटाई	Stroke
40.	पिता	Father
41.	पियास	Thirst
42.	पीना	Drink
43.	पीला	Yellow
44.	पुरस्कार	Reward
45.	पुरुष	Male, man
46.	पुल	Bridge
47.	पुष्प	Flower
48.	पुस्तक	Book
49.	पूँछ	Tail
50.	पूँजी	Stock
51.	पूजन	Worship
52.	पेड़	Tree, plant
53.	पैदल	Walking on foot
54.	प्रश्न	Question
55.	प्रसंग	Topic, Subject
56.	प्रसिद्ध	Famous
57.	प्रस्तावना	Introduction
58.	प्राचीन	Ancient old
59.	प्रार्थना	Request

"फ"

S.No.	Hindi words	English meaning
1.	फंद	Trap
2.	फंदा	Snare, Noose
3.	फंसना	Entrapped
4.	फंसान	Tangle
5.	फटकार	Rebuke
6.	फटन	Rent, Fissure
7.	फटना	Torn, split
8.	फाटक	Crystal
9.	फड़फड़ाना	Fletter
10.	फफूँदी	Mildew
11.	फफोला	Blotch, blister
12.	फबि	Beauty
13.	फर	Fruit
14.	फरमाना	Order
15.	फरसा	Axe, spade
16.	फल	Effect, Fruit
17.	फलक	Board, bench
18.	फलवान	Fruitful
19.	फलित	Fruitful
20.	फलीभूत	Successful
21.	फाँक	Eleft, slit
22.	फाँट	Division, decoction
23.	फाँद	Leaping
24.	फाँसी	Noose
25.	फाग	Holi festival
26.	फाटना	Split
27.	फाड़न	Rent, split
28.	फाल	Fragment

29.	फाबड़ा	Spade
30.	फिटकार	Curse
31.	फिट्ठा	Insulted
32.	फिना	Death
33.	फिर	Again
34.	फिसा	Returned
35.	फिरना	Return
36.	फीका	Insipid
37.	फुँकना	Burn
38.	फुँकार	Hissing
39.	फुँसी	Pimple
40.	फुँदना	Tassel
41.	फुटका	Blister
42.	फुड़िया	Sore, pimple
43.	फुदकना	Hop, leap
44.	फुरती	Quick, hasty
45.	फुरना	Shine
46.	फुलका	Blister
47.	फुलवारी	Flower – garden
48.	फुलना	Swell
49.	फुबारा	Fountain
50.	फुसफुसा	Fragile, weak
51.	फूँक	Blowing
52.	फूँका	Blister
53.	फूट	Enmity
54.	फूलना	Swell
55.	फूल	Flower
56.	फेंकना	Throw, cast
57.	फैलना	Spread
58.	फैलाव	Spon, stretch

"ब"

S.No.	Hindi words	English meaning
1.	बंजारा	Grain dealer
2.	बंटना	Divided
3.	बंटवारा	Partition
4.	बंद	Bandage
5.	बंदन	Salutation
6.	बंदूक	Musket, gun
7.	बंधु	Brother
8.	बंश	Race, family
9.	बकना	Chatter
10.	बकरी	She – goat
11.	बकला	Bark – kind
12.	बकस	Box
13.	बगुला	Duck
14.	बचत	Protection
15.	बचन	Speech
16.	बचना	Saved
17.	बचपन	Childhood
18.	बचाना	Defend
19.	बच्चा	Child, boy
20.	बटन	Twist
21.	बटवारा	Partition
22.	बटाना	Stopped
23.	बढ़ई	Carpenter
24.	बढ़ाना	Promote
25.	बढ़िया	Superior
26.	बदना	Accept
27.	बदरा	Cloud
28.	बदल	Change

29.	बदलना	Alter
30.	बदली	Transfer, exchange
31.	बन	Forest
32.	बनचर	Wild beast
33.	बनरा	Monkey
34.	बनाना	Make
35.	बनावटी	Showy
36.	बनिया	Grocer
37.	बन्दर	Monkey
38.	बबूल	Acacia tree
39.	बरगद	Banyan Tree
40.	बरतन	Pot
41.	बरबाद	Ruined
42.	बरात	Marriage
43.	बर्तन	Basin
44.	बर्तना	Use
45.	बर्षा	Rain
46.	बलात्कार	Oppression, violence
47.	बस्त्र	Cloth
48.	बहरा	Deaf
49.	बहादुर	Brave
50.	बहिन	Sister
51.	बाँसुरी	Flute, pipe
52.	बाजार	Market
53.	बाजी	Wager, bet
54.	बादल	Cloud
55.	बिक्री	Sale – disposal
56.	बिचार	Thought
57.	बैर	Enmity
58.	बीरा / बोरी	Bag, sack

"भ"

S.No.	Hindi words	English meaning
1.	भंग	Fragment
2.	भंगी	Fragile
3.	भंडार	Store house
4.	भगत	Devotion
5.	भगना	Run away
6.	भगाना	Dispel
7.	भजन	Prayer, worship
8.	भजाना	Fight
9.	भट	Warrior
10.	भटका	Astray
11.	भटकैया	Deceiver
12.	भटियार	Innkeeper
13.	भड़क	Show
14.	भड़कना	Startle, angry
15.	भड़काना	Frighten
16.	भड़भड़	Thump
17.	भड़भड़ाना	Flutter
18.	भड़ाका	Pop
19.	भडुआ	Piocurer
20.	भणना	Speak
21.	भड़ित	Told, Said
22.	भण्डन	Ruin
23.	भरतार	Husband
24.	भतीजा	Nephew
25.	भनक	Rumour
26.	भनकना	Utter
27.	भन्नाना	Territated
28.	भवका	Still

29.	भयंकर	Fearful
30.	भय	Fright
31.	भयानक	Dreadful, fearful
32.	भरतार	Husband
33.	भर्ती	Admission
34.	भरना	Fill
35.	भरपूर	Quite full
36.	भला	Good well
37.	भवन	House
38.	भविष्य	Future
39.	भाँड	Clown, Jester
40.	भाई	Brother
41.	भाग्य	Destiny, fate
42.	भानु	Sun
43.	भार	Load, Burden
44.	भालू	Bear
45.	भाषा	Speech, language
46.	भिखारी	Beggar
47.	भिजाना	Steep
48.	भिड़	Wasp
49.	भिक्षा	Begging, alms
50.	भीगना	Wet
51.	भीतर	Within, inside
52.	भुगतना	Enjoy
53.	भुजा	Arm, side
54.	भुलाना	Mislead
55.	भूख	Hungry
56.	भूनना	Parch
57.	भेड़	Sheep
58.	भेड़िया	Wolf
59.	भोजन	Diet, Food

"म"

S.No.	Hindi words	English meaning
1.	मंगलवार	Tuesday
2.	मंजन	Tooth powder
3.	मंत्री	Minister
4.	मकई	Maize
5.	मकान	House
6.	मक्का	Maize
7.	मक्खन	Butter
8.	मक्खी	Fly
9.	मंगल	Tuesday
10.	मचाना	Make, Produce
11.	मछली	Fish
12.	मछुआ	Fisherman
13.	मजदूर	Labourer
14.	मटकना	Ogle
15.	मटर	Pea
16.	मटुका	Pitcher
17.	मट्टी	Earth
18.	मठ्ठा	Butter-milk
19.	मण्डली	Club
20.	मदद	Help
21.	मधुर	Sweet, soft
22.	मन	Mind, Purpose
23.	मनुष्य	Man
24.	मन्द	Slow, Dull
25.	मरना	Die, Expire
26.	मरम्मत	Repair
27.	मरीज	Sick
28.	मबीन	Foul, Dirty
29.	मल्ल	Wrestler

30.	मल्लाह	Boatman, sailer
31.	मल्ल	Monkey
32.	मसाला	Spice
33.	मसूर	Lintil
34.	मस्त	Over Joyed
35.	महान	Great
36.	महिमा	Dignity
37.	महिला	Lady
38.	माँ	Mother
39.	माँछी	Fly
40.	माँडना	Knead
41.	माँस	Meat
42.	मातृभूमि	Mother country
43.	मारना	Kill – beat, hit
44.	मारपीट	Assault
45.	मार्ग	Road, Path
46.	माली	Gardener
47.	माह	Month
48.	मिट्टी	Earth
49.	मिठाई	Sweet meat
50.	मित्र	Friend
51.	मिलना	Meat
52.	मीठा	Sweet
53.	मुँदरी	Ring
54.	मुँह	Mouth
55.	मुर्गी	Hen
56.	मूर्ति	Figure
57.	मूली	Radish
58.	मेहमान	Guest
59.	मैं	I
60.	मोर	Peacock

"य"

S.No.	Hindi words	English meaning
1.	यंत्र	Engine, machine
2.	यंत्रण	Restraint
3.	यंत्रणा	Restraint
4.	यंत्रमंत्र	Sorcery
5.	यती	Asletic
6.	यत्न	Labour, care
7.	यथार्थ	Precise
8.	यथेष्ठ	Sufficient
9.	यथोक्त	Aforesaid
10.	यथोचित	Proper
11.	यद्यपि	Althouth
12.	यदा	While, when, whilst
13.	यदि	If
14.	यद्यपि	Though, although
15.	यम	Twin
16.	यमज	Twin
17.	यमल	Brace, pair, twin
18.	यवनाल	Millet
19.	यश	Fame
20.	यशस्वी	Glorious
21.	यह	This
22.	यहाँ	Here, hither
23.	यही	This very thing
24.	यहूबी	Jew
25.	यक्ष	Demigod
26.	याग	Sacrifice
27.	याचक	Suppliant
28.	याचना	Entreaty

29.	याचित	Solicited
30.	याक्षिक	Sacrificer
31.	यातना	Agony, torment
32.	यातायात	Transport
33.	यातृधान	Demon
34.	यात्रा	Departure
35.	यात्री	Pilgrim, traveller
36.	याद	Memory
37.	यामल	Twin
38.	यामिनी	Night
39.	यार	Friend, lover
40.	यासु	Whose
41.	यावत	Until, as long as
42.	याहि	This
43.	युक्ति	Skill
44.	युगति	Divice
45.	युग्म	Pair, couple
46.	युयुधान	Warrior
47.	युवा	Young
48.	योगफल	Sum
49.	यों	Thus
50.	योगिनी	Female ascetic
51.	योगी	Ascetic
52.	योग्य	Suitable, fit
53.	योग्यता	Merit, worth
54.	योजन	Junction, union
55.	योद्धा	Knight
56.	योधन	Battle, fighting
57.	योनि	Source, origin
58.	यौतुक	Dowry
59.	यौबन	Youth

"र"

S.No.	Hindi words	English meaning
1.	रंक	Poor
2.	रंग	Merriment, paint
3.	रंगत	Colour, condition
4.	रंगना	Paint, hue, dye
5.	रंगीन	Coloured, dyed
6.	रंडा	Widow
7.	रंडी	Harlot
8.	रकम	Wealth, amount
9.	रक्त	Blood
10.	रक्षक	Defender
11.	रक्षस	Demon
12.	रक्षा	Protection, safety
13.	रखवाली	Care, custody
14.	रखाई	Protection
15.	रखैया	Protector
16.	रगढ़	Rub, friction
17.	रक्त	Blood
18.	रचना	Creation, system
19.	रचाना	Make, set to work
20.	रज	Sin, dirt, dust
21.	रजक	Washerman
22.	रचनी	Night
23.	रजाई	Quilt
24.	रटना	Repeat
25.	रणवास	Harem
26.	रमणीक	Pleasing
27.	रमन	Enjoyment
28.	रवि	Sun
29.	रविवार	Sunday

30.	रस	Juice
31.	रसायन	Alchemy
32.	रासायनिक	Chemical
33.	रसीद	Receipt
34.	रसोईया	Cook
35.	रसोई घर	Kitchen
36.	रस्ता	Path, way
37.	रस्सी	Twine, string
38.	राक्षस	Demon, giant
39.	राखना	Save
40.	रागी	Lover
41.	राज	Rule, kingdom
42.	राजगीर	Mason
43.	राजधानी	Capital
44.	राजपद	Kingship
45.	राजगहल	Royal, palace
46.	राजमार्ग	Highway
47.	राजवंश	Royal, family
48.	राजसभा	Assembly
49.	राजभक्त	Loyal
50.	रामरस	Salt
51.	राष्ट्र	Territory, kingdom
52.	राष्ट्रीय	National
53.	रासि	Heap
54.	रास्ता	Path, road
55.	रिष्ट	Happy, pleased
56.	रिसना	Drizzie
57.	रीछ	Bear
58.	रुपया	Money, rupee
59.	रुई	Cotton
60.	रोना	Weep, wail

"ल"

S.No.	Hindi words	English meaning
1.	लंगड़ा	Lame, Crippled
2.	लंगर	Ape, baboon
3.	लंघना	Jump over
4.	लंठ	Foolish
5.	लंप	Lamp
6.	लपट	Sensual
7.	लम्ब	Prependcular
8.	लंबक	Plumb
9.	लंबरुप	Normal
10.	लंबा	Long, Lengthy
11.	लकड़हारा	Timber merchant
12.	लकड़ी	Wood, timber
13.	लकीर	Line
14.	लक्ष्य	Mark
15.	लगन	Attachment
16.	लगाम	Bridle
17.	लटकना	Swing
18.	लटना	Stagger
19.	लड़कपन	Boyhood
20.	लड़का	Boy, Child
21.	लड़ना	Fight, quarrel
22.	लड़वैया	Fighter
23.	लपक	Flash, radiance
24.	लफंगा	Loafer
25.	लफना	Spring
26.	लल्ला	Boy
27.	लल्ली	Girl
28.	लहरना	Swell
29.	लाज	Shame

30.	लाठी	Stick, Club
31.	लात	Leg, foot
32.	लाना	Bring, fetch
33.	लाभ	Advantage, profit
34.	लाश	Dead body
35.	लिपटना	Cling
36.	लुगाई	Woman, wife
37.	लेखक	Writer
38.	लेटना	Repose, Rest
39.	लेना	Take, accept
40.	लैस	Braid
41.	लोग	People, public
42.	लोच	Elasticity
43.	लोढना	Pick, hem
44.	लोन	Salt, charm
45.	लोनाई	Beauty
46.	लोपन	Destruction
47.	लोभ	Greed
48.	लोभी	Covetous, avaricious
49.	लोमड़ी	Fox
50.	लोलुप	Greedy, covetous
51.	लोहा	Iron
52.	लोहार	Blacksmith
53.	लोटित	Red
54.	लोटू	Blood
55.	लौंग	Clove
56.	लौडा	Boy, lad
57.	लौकी	Pumpkin
58.	लौटना	Return
59.	लौटान	Regress
60.	ल्यारी	Wolf

"व"

S.No.	Hindi words	English meaning
1.	वन्दना	Salutation
2.	वन्दी	Bard
3.	वंश	Bamboo
4.	वंशावली	Pedigree
5.	वंशी	Pipe, flute
6.	वक्त	Time
7.	वदन	Mouth, face
8.	वन	Wood, Forest
9.	वरदान	Boon
10.	वरना	Otherwise
11.	वर्ग	Class, kind
12.	वर्णन	Relation
13.	वर्तन	Pot
14.	वर्तुल	Round
15.	वर्षा	Rainfall
16.	वसा	Fat, Marrow
17.	वसुधा	Earth
18.	वस्तु	Thing, truth
19.	वस्त्र	Cloth
20.	वह	He, she, that, it
21.	वहाँ	There
22.	वाक्य	Sentence
23.	वाच	Speech
24.	वाचन	Reading
25.	वाजी	Horse
26.	बाण	Arrow
27.	वाणी	Voice
28.	बात	Air- wind

29.	वापस	Returned
30.	वायु	Wind
31.	वार्षिक	Yearly
32.	वाहन	Vehicle
33.	विकट	Horrible, difficult
34.	विकल	Confused
35.	विकल्प	Doubt, option
36.	विकाश	Splendour
37.	विचार	Notion, idea, thought
38.	विचारना	Suppose
39.	विचारी	Thinker
40.	विजय	Victory
41.	विज्ञान	Knowledge, science
42.	विदेशी	Foreignery, foreign
43.	विद्या	Science, learning, study
44.	विद्यार्थी	Pupil, student, scholar
45.	विद्यालय	School, college
46.	विद्रोह	Mutiny, riot
47.	विद्वान	Wise, scholar
48.	विध्वंश	Ruin, destruction
49.	विनाश	Ruin
50.	विनीत	Coy, modest
51.	विपत्ति	Calamity
52.	विप्र	Brahman
53.	विभाग	Division
54.	पिरोधी	Hostile
55.	विवाद	Dispute
56.	विवाह	Marriage
57.	विशुद्ध	Pure – true
58.	विशेष	Special, peculiar
59.	विषय	Article, point, matter, subject

"व"

S.No.	Hindi words	English meaning
1.	शंक	Dread, Alarm
2.	शंका	Doubt, danger
3.	शक्ति	Energy, strength
4.	शतरंज	Chess
5.	शत्वर्ष	Century
6.	शत्रु	Enemy
7.	शत्रुता	Enmity
8.	शनिवार	Saturday
9.	शब्द	Sound, voice, noise
10.	शरद	Autumn
11.	शराब	Wine
12.	शरीफ	Noble, gentle
13.	शरीर	Body
14.	शरीर	Wicked
15.	शर्करा	Sugar
16.	शर्मीला	Bashful, modest
17.	शस्त्र	Weapon
18.	शहद	Honey
19.	शहीद	Martyr
20.	शांत	Mild, quiet, silent
21.	शाकाहारी	Vegetarian
22.	शाखा	Twig, shoot
23.	शाप	Curse
24.	शायद	Perhaps
25.	शाला	House, room
26.	शासक	Rule, governor
27.	शास्त्र	Science
28.	शाह	King
29.	शिक्षक	Teacher

30.	शिक्षा	Education
31.	शिखर	Peak, tap
32.	शिथिल	Loose, weak, weary
33.	सिर	Head
34.	शिरा	Vein
35.	शिल	Rock
36.	शिला	Rock
37.	शिल्प	Art, handicraft
38.	शिविर	Tent, military camp
39.	शिशु	Infant, babe, boy
40.	शीत	Cold, trigid
41.	शुद्ध	Chaste, clean, right
42.	शुभ	Happy, auspicious
43.	शुल्क	Fee, price
44.	शूकर	Wild, boar, hog
45.	शैतान	Devil
46.	शोषण	Suction, drying
47.	श्रम	Labour
48.	श्री	Wealth, glory
49.	श्रीमान	Richman
50.	श्रुत	Heard
51.	श्रुति	Ear, news
52.	श्रेय	Credit
53.	श्रेष्ठ	Grand splandid
54.	श्रेष्ठता	Supremay
55.	श्रेष्ठी	Merchant, trader
56.	श्लथ	Fatigue
57.	श्लाहा	Praise
58.	श्वन	Dog
59.	श्वास	Breathing, asthma
60.	श्वेता	Couchsheu, sugar

"स"

S.No.	Hindi words	English meaning
1.	संकट	Distress, Calamity
2.	संकल	Chain
3.	संकलित	Amassed, Mixed
4.	संकल्प	Resolve
5.	संका	Doubt
6.	संकेत	Sign
7.	संकोच	Hitch
8.	संकोपना	Angry
9.	संक्राति	Union
10.	संख्या	Number, account
11.	संग	Friendship
12.	संगठन	League
13.	संघ	Monastery , society
14.	संघटन	Union
15.	संध्या	Evening
16.	संतरा	Orange
17.	संतान	Child
18.	संदेशा	News
19.	संघ	Union
20.	संध्या	Evening, dusk
21.	संबंध	Connection
22.	संयुक्त	United, Joined
23.	संवाद	Dialogue
24.	संश्लेषण	Uniting
25.	संसार	World
26.	संस्कृत	Purified polished
27.	संस्था	Society
28.	संस्थान	Situation

29.	संस्थापक	Founder
30.	सकना	Can
31.	सकरा	Narrow
32.	सकल	All, Whole
33.	सखा	Friend
34.	सखी	Female, friend
35.	सच	True, real, right
36.	सचित्र	Pictorial
37.	सच्चा	True, Real, Faithful
38.	सड़क	Road, Highway
39.	सड़ना	Rot, Decay
40.	सड़ियल	Bad, worthless
41.	सताना	Trouble, Torment
42.	सत्कार	Reception
43.	सत्तर	Seventy
44.	सत्य	Honest, true, right
45.	सदन	House
46.	सदस्य	Fellow, Member
47.	सदा	Always
48.	सदाचारी	Pious – Virtuous
49.	सदैव	Always – ever
50.	सन्	Year, Era
51.	सरोवर	Pine, Tree
52.	संध्या	Evening
53.	सम्मान	Respect
54.	सफेद	White
55.	सभा	Assembly
56.	सभ्यता	Decency
57.	समझ	Before
58.	समझना	Know

59.	समस्त	Whole – all
60.	समाचार	News, Tidings
61.	समाज	Company
62.	समान	Similar, Equal
63.	समाना	Penetrate, fill
64.	समाप्त	Finished
65.	समाप्ति	Expiry – End
66.	समीप	Near, About
67.	समुद्र	Sea, Ocean
68.	सरकान	Stir, giveway
69.	सरकार	Government
70.	सरल	Straight, Easy
71.	सरसों	Mustard
72.	सराप	Curse
73.	सर्दी	Coldness
74.	सर्प	Serpent, snake
75.	सर्वनाम	Pronoun
76.	सर्वश्रेण्ठ	Paramount
77.	सवाल	Question
78.	सवेरा	Morning, Dawn
79.	सहयोग	Help
80.	सहयोगी	Helper
81.	सहायता	Help
82.	सहारा	Support
83.	सही	Correct, Right
84.	साँकर	Chain
85.	साँस	Breath, sign, wind
86.	साथ	With, together
87.	साधारण	Common, ordinary
88.	साफ	Neat, clean
89.	साबुन	Soap

90.	सामग्री	Tools, stock
91.	सामर्थ्य	Ability
92.	सामान	Stock
93.	सामान्य	Public, common
94.	सारस	Stork
95.	सारांश	Gist, tract
96.	सारी	Thrush
97.	साल	Mortice, hole
98.	साला	Wife's brother
99.	सासा	Doubt, suspicion
100.	साहस	Boldness, courage
101.	साहसी	Rash, brave
102.	साहित्य	Combination
103.	सिंघ	Lion
104.	सिंघाड़ा	Water chestnut
105.	सिंचना	Irrigate
106.	सिंचाई	Irrigation
107.	सियार	Jackal
108.	सिकुड़न	Wrinkle
109.	सिखाना	Teach
110.	सिद्ध	Valid, ready, judged
111.	सिद्धान्त	Theory
112.	सिपाही	Soldier
113.	सिर	Head
114.	सिल	Stone, rock
115	सिबगना	Burn
116.	सिलप	Art
117.	सिलपत	Smooth
118.	सिला	Rock
119.	सिलाई	Sewing
120.	सिलाना	Getsewn

121.	सिविर	Camp
122.	सिसिर	Winter
123.	सींक	Wicker, stub
124.	सींग	Horn
125.	सींव	Boundary, limit
126.	सीख	Counsel
127.	सीटी	Pipe – whistle
128.	सीठा	Tasteless
129.	सीढ़ी	Ladder, stair
130.	सीधा	Straight – plain
131.	सीना	Sewestitch seam
132.	सीना	Breast, bosom
133.	सीमा	Border, margin
134.	सील	Moisture, wetness
135.	सीसा	Lead
136.	सुंदर	Beautiful, lovely
137.	सुअर	Pig, boar
138.	सुआ	Parrot
139.	सुख	Pleasure, comfort
140.	सुखना	Dry up
141.	सुखी	Happy,Glad
142.	सुगन्ध	Fragrance odour
143.	सुअर	Pretty
144.	सुधार	Reform
145.	सुनना	Hear, Listen
146.	सुनाना	Relate, Recite
147.	सुनार	Goldsmith
148.	सुप्रसिद्ध	Famous
149.	सुबूत	Proof
150.	सुमरना	Recollect
151.	सुसाना	Hiss, sob

152.	सुहावना	Charming
153.	सूअर	Hog, swine
154.	सूक्ष्मदर्शी	Sharp – sighted
155.	सूख	Dry
156.	सूखना	Dry, wither
157.	सूचना	Notice
158.	सूझ	Sight, fancy
159.	सूत्र	Yarn, formula
160.	सूना	Desolate, lonely, empty
161.	सूरज	Sun
162.	सूरत	Form, face
163.	सूर्य	Sun
164.	सूर्योदय	Sunrise, marning
165.	सृष्टि	Construction
166.	सेब	Apple
167.	सेम	Bean – kidney bean
168.	सेलखड़ी	Chalk
169.	सेवा	Service
170.	सैंकड़ा	Hundred
171.	सैना	Army
172.	सैनिक	Soldier
173.	सैर	Stroll
174.	सौंपना	Entrust
175.	सीखना	Absorb
176.	सोचना	Consider
177.	सोना	Lie, Sleep
178.	सोना	Gold
179.	सोभा	Beauty
180.	सौन्दर्य	Beauty
181.	सौगंध	Oath, swearing
182.	सौगंध	Fragrance

183.	सौंपना	Entrust
184.	सौभाग्य	Good luck
185.	स्तब्ध	Stupefied
186.	स्तर	Fold, layer
187.	स्तुति	Prayer
188.	स्त्री	Female
189.	स्थल	Site, place spot
190.	स्थाई	Permanent
191.	स्थान	Place, spot
192.	स्थायित्व	Fixing
193.	स्थित	Firm
194.	स्थिति	State, position
195.	स्थिर	Steady
196.	स्पर्धा	Rivalry
197.	स्पर्श	Touch, contact
198.	स्पष्ट	Clear
199.	स्मरण	Memory
200.	स्याही	Ink, Darkness
201.	श्रद्धा	Devotion
202.	श्रम	Labour
203.	स्रमित	Weary
204.	स्वच्छ	Clean, pure
205.	स्वतंत्र	Freedom, Independent
206.	स्वप्न	Dream
207.	स्वभाव	Nature, habit
208.	स्वम्	Heaven, paradise
209.	स्वरुप	Shape, form
210.	स्वर्ग	Heaven, paradise
211.	स्वर्गवास	Death
212.	स्वर्ण	Gold

213.	स्वस्थ	Sound, Healthy
214.	स्यात	Mind
215.	स्वागत	Welcome
216.	स्वाद	Taste
217.	स्वादन	Tasting
218.	स्वान	Dog
219.	स्वाभिमान	Self respect
220.	स्वामी	Lord, master, lover
221.	स्वार्थ	Selfishness
222.	स्वार्ष	Selfishness
223.	स्वार्थी	Selfish, selfseeking
224.	स्वाश्रय	Self – support
225.	स्वास्थ्य	Good health
226.	स्वीकरण	Promissing
227.	स्वीकार	Assent
228.	स्वीकृत	Accepted
229.	स्वीकृति	Obligation
230.	स्वेच्छा	Freeful
231.	स्वेत	White
232.	स्वेद	Sweet
233.	स्वैर	Independent, free
234.	स्थैरता	Wantonness

"ह"

S.No.	***Hindi words***	***English meaning***
1.	हँकवैया	Driver
2.	हँकाना	Drive away
3.	हंगामा	Tumult, uproar
4.	हंसना	Laugh, smile
5.	हँसिया	Reaping hook

6.	हँसी	Laughter
7.	हजाम	Barber
8.	हटकना	Forbid
9.	हटजा	Get away
10.	हटना	Shift
11.	हठ	Persistency
12.	हड्डा	Wasp
13.	हड्डी	Bone
14.	हत	Killed, spailed
15.	हत्या	Murder, slaughter
16.	हथिनी	Female elephant
17.	हथियाना	Seize, Pilfer
18.	हथियार	Tool, weapon
19.	हथोड़ी	Palm
20.	हथौड़ा	Hammer
21.	हद	Limit, boundary
22.	हमारा	Our our's
23.	हमेशा	Always
24.	हर	Seizing, killing
25.	हरकना	Forbid
26.	हरजा	Loss, harm
27.	हरण	Removing
28.	हरता	Plunderer
29.	हरना	Deer, stag
30.	हरवाहा	Ploughman
31.	हरा	Green
32.	हराई	Defeat
33.	हरैया	Planderer
34.	हर्ष	Joy, delight
35.	हल	Plough

36.	हलकना	Flicker
37.	हलका	Faint, easy
38.	हलचल	Cumult
39.	हलना	Toss about
40.	हलवाई	Confectioner
41.	हलुआ	Pudding
42.	हलुक	Light
43.	हलोसा	Gather, collect
44.	हल्दी	Turmeric
45.	हल्ला	Tumult
46	हवन	Fire sacrifice
47.	हवा	Air, wind
48.	हवादार	Airy
49.	हसित	Laughed at
50.	हस्त	Hand, cubit
51.	हस्ताक्षर	Hand writing
52.	हांकना	Drive away good
53.	हाँमी	Acceptation
54.	हाँड़ना	Loiter, Ramble
55.	हँसना	Laugh
56.	हाई	Alass
57.	हाऊ	Bugbear
58.	हाड़	Bone
59.	हाथ	Hand, paw, power
60.	हाथी	Elephant
61.	हानि	Harm, loss
62.	हाफु /अफीम	Opium
63.	हारिल	Wood, pigeon
64.	हार्दिक	Hearty, cordial
65.	हाल	Condition, state

66.	हालश	Wave, a gush of wind
67.	हाहा	Sulphat, of mercury
68.	हाहू	Trumult, uproar
69.	हिंडन	Wandering
70.	हिंदवाना	A water melon
71.	हिंसक	Killer
72.	हिंसा	Slaughter
73.	हिचक	Hesitation
74.	हिजडा	Eunuch
75.	हितचिंतन	Benefaction
76.	हितवादी	Kind
77.	हिताई	Relationship
78.	हितैषी	Kind
79.	हिम	Snow, frost
80.	हिरण्य	Gold
81.	हिरस	Jealousy, envy
82.	हिला	Tame
83.	हींग	Asafotida
84.	हीक	Hiccough
85.	हींचना	Hasitate
86.	हुंकार	Roar, cry
87.	हुडार	Wolf
88.	हुंडी	Draft
89.	हुआना	Howl
90.	हुचकी	Hicup
91.	हुडदंग	Hooliganism
92.	हुते	Towards
93.	हुलकना	Vomit
94.	हुलसी	Joy, happy
95.	हुलिया	Shape
96.	हूक	Pain, ache,

97.	हुटना	Remove
98.	हूल	Stab, push, ache
99.	हृद्यग्राही	Charming, attractive
100.	हेकड़	Strong, Rude, stout
101.	हेत्वाभास	Fallacy
102.	हेंमत	Cold season
103.	हेर	Search, investigation
104.	हेरफेर	Exchange
105.	हेल	Mud, heap of dung
106.	हेला	Disrespect
107.	होड़	Rivalry, wager
108.	होनहार	Hopeful, promosing
109.	होम	Sacrifice
110.	होरहा	Green pod of gram
111.	होश	Sensibility
112.	हौआ	Bug bear
113.	हौद	Reservoir
114.	हौलू	One who is easily terrified
115.	हौले	Slowly
116.	हौस	Desire
117.	हद	A large pond
118.	हस्य	Short, dwarfish
119.	हाद	Roaring of cloud
120.	ह्रास	Decline

Crys / Cries "आवाजे"

S.No.	***Hindi words***	***English meaning***
1.	हू हू करना	Hoej
2.	चीखना	Grunt
3.	भौंकना	Bark

4.	कांव कांव करना	Crow
5.	गीह चिल्लाना	Scream
6.	हाऊ हाऊ करना	Howl
7.	रंभाना	Low
8.	रेंकना	Bray
9.	हिनहिनाना	Neigh
10.	चह चहाना	Chrip
11.	टें टें करना	Talk
12.	बत्तख बोलना	Coo
13.	मिमियाना	Bleat
14.	म्यांऊ म्यांऊ करना	Mew
15.	बांग देना	Crow
16.	टर्र टर्र करना	Croak
17.	गुर्राना	Growl
18.	चीं ची करना	Gibber
19.	भिनभिनाना	Buzz
20.	हुंकारना	Hellow
21.	दहाड़ना	Roar
22.	चिंघाड़ना	Trumpet
23.	घड़घड़ाना	Rumble
24.	टन टन करना	Tinkle
25.	झंकारना	Clink
26.	चरमराना	Creak
27.	पट पट करना	Clap
28.	गरजना	Roar
29.	खटखटाना	Knock / bang
30.	किटकिटाना	Chatter
31.	खडखड़ाना	Rustle
32.	टप टप करना	Potter
33.	खनखनाना	Jeugle
34.	झनझनाना	Chatter

Homonyms "समोच्चरित शब्द"

S.No.	***Hindi words***	***English meaning***
1.	पहुंच	Access
2.	अधिकता	Excess
3.	ग्रहण करना	Adopt
4.	अनुकूल करना	Adapt
5.	सलाह	Advice
6.	सलाह देना	Advise
7.	हवा	Air
8.	उत्तराधिकारी	Heir
9.	प्रभाव डालना	Affect
10.	प्रभाव	Effect
11.	बलि देवी पूजा का स्थान	Altar
12.	बदलना	Alter
13.	जमानत	Bail
14.	समान का गट्ठा	Bale
15.	नंगा	Bare
16.	रीछ	Bear
17.	जन्म	Birth
18.	सोने का स्थान	Berth
19.	पैदा हुआ	Born
20.	लाया हुआ	Borne
21.	तोड़ना	Break
22.	रोकने का यंत्र	Brake
23.	दुल्हिन संबंधी	Bridal
24.	लगाम	Bridle
25.	फेंकना	Cast
26.	जाति	Caste
27.	मोटा कपड़ा	Canvas
28.	प्रचार करना	Canvass

29.	जांच	Check
30.	हुण्डी / रुक्का	Cheque
31.	पशु	Cattle
32.	केतली	Kettle
33.	प्रमाण पत्र	Cite
34.	दृष्टि	Sight
35.	कपड़ा	Cloth
36.	पोशाक	Clothe
37.	शव / मुर्दा	Corpse
38.	सेना का भाग / पलटन	Corps
39.	परिषद	Council
40.	वकील / सलाह	Counsel
41.	दुग्धालय	Dairy
42.	दैनन्दिनी	Diary
43.	मंहगा	Dear
44.	हिरण	Deer
45.	सम्मानीय	Decent
46.	कुलीनता / उत्तर	Descent
47.	भिन्नता	Difference
48.	आदर	Defference
49.	मरना	Die
50.	रंगना	Dye
51.	श्रेष्ठ	Eminent
52.	भयावह	Imminent
53.	उपयुक्त	Eligible
54.	अस्पष्ट	Illigible
55.	मेला / ठीक	Fair
56.	किराया	Fare
57.	फर्श	Floor
58.	आटा	Flour

59.	बन्दीग्रह	Gaol
60.	उद्देश्य	Goal
61.	फाटक	Gate
62.	चाल	Gait
63.	ओले	Hail
64.	स्वस्थ्य	Hale
65.	बाल	Hair
66.	खरगोश	Hare
67.	घाव भरना	Heal
68.	एंड़ी	Heel
69.	इकट्ठा करना	Hoard
70.	झुण्ड	Horde
71.	मानवीय	Human
72.	दयालु	Humane
73.	आलसी	Idle
74.	प्रतिमा / मूर्ति	Idol
75.	कठिन	Knotty
76.	नटखट	Naughty
77.	पाठ	Lesson
78.	कम करना	Lessen
79.	ढीला	Loose
80.	खोना	Lose
81.	झूठा	Liar
82.	वकील	Lawyer
83.	बाद	Later
84.	पत्र	Letter
85.	मुख्य	Main
86.	गर्दन पर बाल	Mane
87.	डाक	Mail
88.	पुरुष	Male

89.	कवच	Mail
90.	शादी करना	Marry
91.	आनन्द लेना	Merry
92.	खान में काम करने वाला	Miner
93.	नाबालिग	Minor
94.	व्यर्थ हस्तक्षेप वाला	Officious
95.	सरकारी	Official
96.	बाल्टी/घड़ा	Pail
97.	पीला	Pale
98.	डील डौल	Physique
99.	चिकित्सा	Physic
100.	मैदान	Plain
101.	हवाई जहाज	Plane
102.	दर्द	Pain
103.	कढ़ाई	Pan
104.	खम्बा	Pole
105.	सदस्य चुनने का स्थान	Poll
106.	अभ्यास	Practice
107.	अभ्यास करना	Practise
108.	प्रार्थना	Pray
109.	शिकार	Prey
110.	प्राचार्य	Principal
111.	सिद्धान्त	Principle
112.	उंडेलना	Pour
113.	रोमछिद्र	Pore
114.	बिलकुल	Quite
115.	शान्त	Quiet
116.	वर्षा	Rain
117.	राज्य करना	Reign
118.	जड़	Root

119.	उपद्रव	Rout
120.	ऊंचा उड़ना	Soar
121.	पीड़ा युक्त	Sore
122.	खट्टा	Sour
123.	आत्मा	Soul
124.	अकेला / जूते का तला	Sole
125.	बिक्री	Sale
126.	जल पर यात्रा करना	Sail
127.	बेचना	Sell
128.	लिखने की सामग्री	Stationery
129.	स्थिर	Stationary
130.	कहानी	Story
131.	मंजिल	Storey
132.	सीढ़ी	Stair
133.	घूरना / टकटकी	Stare
134.	सीधा	Straight
135.	संकुचित मार्ग	Strait
136.	प्रकृति	Temper
137.	दूषित करना	Tamper
138.	बहुतायत में उत्पन्न करना।	Teem
139.	समुदाय	Team
140.	घूंघट / परदा करना	Veil
141.	विलाप करना	Wail
142.	अच्छा	Well
143.	घमण्डी	Vain
144.	शिरा	Vein
145.	दिशा मापक यंत्र	Vane
146.	गाड़ी	Van
147.	अवकाश	Vacation
148.	व्यवसाय	Vocation
149.	लहर	Wave

150.	छोड़ना	Waive
151.	कमर	Waist
152.	नष्ट करना	Waste
153.	मौसम	Weather
154.	यदि	Whether
155.	घूमना	Wander
156.	आश्चर्य	Wonder
157.	घायल	Wounder
158.	पहनना	Wear
159.	विक्रय सामग्री	Ware
160.	सप्ताह	Week
161.	कमजोर	Weak
162.	जुआ	Yoke
163.	अंडे का पीला भाग	Yolk
164.	सूत/धागा	Yarn
165.	उत्सुक होना	Yearn
166.	दिनांक	Date
167.	खजूर	Date
168.	जन्म लेना	Bear
169.	सहन करना	Bear
170.	सजा	Sentence
171.	वाक्य	Sentence
172.	अराजकता फैलाने वाला	Anarchist
173.	अंकगणित	Arithmetic
174.	बीजगणित	Algebra
175.	व्यापार पद्वति	Bussiness method
176.	रसायन शास्त्र	Chemistry
177.	ग्रह विज्ञान	Domestic science
178.	अर्थशास्त्र	Economics
179.	भूगोल	geography

180.	व्याकरण	Grammer
181.	रेखा गणित	Geometry
182.	इतिहास	History
183.	न्याय शास्त्र	Logic
184.	साहित्य	Literature
185.	गणित	Mathematics
186.	माप	Mensuration
187.	भौतिक विज्ञान	Physics
188.	दर्शन शास्त्र	Philosophy
189.	सामुदायिक शास्त्र	Palmistry
190.	विज्ञान	Science
191.	स्थिति विज्ञान	Statics
192.	सांख्यिकी	Statistics
193.	जीव विज्ञान	Biology
194.	वनस्पति विज्ञान	Botony
195.	प्राणि विज्ञान	Zoology
196.	ज्योतिष विज्ञान	Astrology
197.	भाषा	Language
198.	नागरिक शास्त्र	Civics
199.	राजनीति शास्त्र	Political science
200.	मानव विज्ञान	Human science
201.	कौआ	Crow
202.	कोयल	Coockoo
203.	सारस	Crane
204.	नर बत्तख	Drake
205.	मादा बत्तख	Duck
206.	बाज	Eagle
207.	बाज	Falcon
208.	मुर्गी / मुर्गा	Fowl
209.	हंसनी	Goose

210.	मुर्गी	Hen
211.	बगुला	Heron
212.	नील कण्ठ	Jay
213.	चील	Kite
214.	भारद्वाज पक्षी	Lark
215.	बुलबुल	Nightingale
216.	उल्लू	Owl
217.	तीतर	Partridge
218.	तोता	Parrot
219.	मोरनी	Peahen
220.	कबूतर	Pigeon
221.	बटेर	Quail
222.	गौरैया	Sparrow
223.	अबाबील	Swallow
224.	हैरन	Swan
225.	गिद्ध	Vulture
226.	कठफोड़वा	Wood pecker
227.	बैया	Weaver
228.	शुर्तुमुर्ग	Ostrich
229.	चकवा	Skylark
230.	लेखक	Author
231.	पुस्तक विक्रेता	Bookseller
232.	कसाई	Butch
233.	ठेकेदार	Contractor
234.	हलवाई	Confectioner
235.	चमार	Cobbler
236.	धुनिया	Carder
237.	बढ़ई	Carpenter
238.	किसान	Cultivator
239.	दांतो का डाक्टर	Dentist

240.	बजाज	Drapper
241.	मेवा फरोश	Druggist
242.	रंगरेज	Dyer
243.	मछुवा	Fisherman
244.	पसारी	Grocer
245.	सुनार	Goldsmith
246.	फेरीवाल	Hawker
247.	जौहरी	Jeweller
248.	जादूगर	Magician
249.	राज	Mason
250.	मिस्त्री	Mechanic
251.	ग्वाला	Milkman
252.	तेली	Oilman
253.	कुम्हार	Potter
254.	वकील	Pleader
255.	नाविक / मल्लाह	Sailor
256.	मेहतर	Sweeper
257.	गड़रिया	Shepherd
258.	धोबी	Washer man
259.	पनीहार / कंहार	Waterman
260.	दमा	Asthama
261.	खून की कमी	Anemia
262.	फोड़ा	Boil
263.	अंधा	Blind
264.	मोतिया बिन्द	Cataract
265.	गूंगा	Dumb
266.	अजीर्ण	Despepsia
267.	मिर्गी	Epilepsy
268.	भगन्दर	Fistulla
269.	शीत ज्वर	Influenza
270.	कण्ठ माला	Goitre

271.	मस्सा	Mole
272.	नासूर	Sinus
273.	पथरी	Stone
274.	चेचक / शीतला	Pox
275.	गर्भपात	Abortion
276.	मुहासा	Acne
277.	मुंहासा / फुंसी	Pimples
278.	गंजा	Bald
279.	पित्त	Bile
280.	खांसी	Cough
281.	दस्त / अतिसार	Diarrhoea
282.	पेचिस	Desentery
283.	छाजन	Eczema
284.	बुखार	Fever
285.	चक्कर	Giddiness
286.	कोढ़ / कुष्ठ	Laprosy
287.	प्रदर	Leucorrhoea
288.	लकवा	Paralysis
289.	लू लगना	Qunstrope
290.	आलमारी	Almirah
291.	चांदनी	Bed sheet
292.	कंबल	Blanket
293.	झाड़ू	Broom
294.	तराजू	Balance
295.	कंघा	Comb
296.	गलीचा / दरी	Carpet
297.	मोमबती	Candle
298.	खाट	Cot
299.	पर्दा	Curtain
300.	सुराही	Jug
301.	कढ़ाई	Frying pan

302.	देगची	Kettle
303.	लालटेन	Lantern
304.	दर्पण	Mirror
305.	चटाई	Mat
306.	सुई	Needle
307.	इत्तर	Otto
308.	तकिया	Pillow
309.	चकला	Pastry , board
310.	बेलन	Pastry roller
311.	घड़ा	Pitcher
312.	रजाई	Quilt
313.	छलनी	Siev
314.	नांद	Tub
315.	ईधन	Tender
316.	ईंधन	Fuel
317.	बर्तन	Utensils
318.	फूकनी	Blowpipe
319.	चूल्हा	Stove
320.	मिट्टी का तेल	Kerosene